21世纪经济管理新形态教材·冷链物流系列

冷链仓储与库存管理

郭丽彬 ◎ 主 编
宋 颖 谭 林 ◎ 副主编

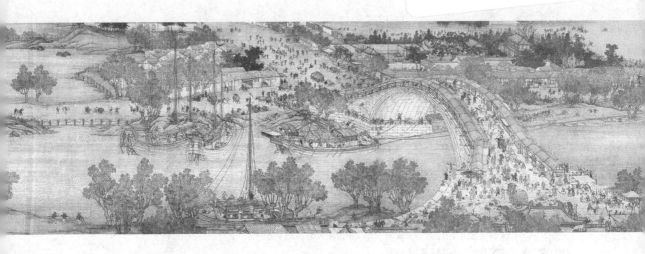

清華大学出版社
北京

内 容 简 介

本书是以习近平新时代中国特色社会主义思想为指导,贯彻落实党的二十大精神和 2023 年关于"三农"工作的中央一号文件(《中共中央 国务院关于做好 2023 年全面推进乡村振兴重点工作的意见》),在广泛吸收和借鉴国内外冷链仓储与库存理论和实践的基础上,编写的一部应用型专业教科书。本书从冷链仓储流程管理出发,立足于冷链仓储技术与信息管理,落点于冷链物流库存管理与控制,共分为七章,使冷链仓储管理的内容更具有完整性、教学组织更具有系统性。本书力求将冷链仓储与库存管理理论的系统性和完整性与冷链物流实践的应用性和实战性有机融合,以建立起理论和实践的桥梁与纽带。

本书融入冷链物流管理最新的教学理念,可作为物流管理、营销管理及工商管理等专业本科、研究生的教材或参考书,也可作为冷链仓储、冷链库存、冷链物流工程等领域管理人员的参考书或培训教材,对于广大社会读者也是一本有益的科普读物。

图书在版编目(CIP)数据

冷链仓储与库存管理 / 郭丽彬主编. -- 北京:清
华大学出版社,2024.7. -- (21 世纪经济管理新形态教
材). -- ISBN 978-7-302-66727-8

Ⅰ. F253

中国国家版本馆 CIP 数据核字第 2024K90Y51 号

责任编辑:张 伟
封面设计:汉风唐韵
责任校对:王荣静
责任印制:刘 菲

出版发行:清华大学出版社
    网 址:https://www.tup.com.cn,https://www.wqxuetang.com
    地 址:北京清华大学学研大厦 A 座 邮 编:100084
    社 总 机:010-83470000 邮 购:010-62786544
    投稿与读者服务:010-62776969,c-service@tup.tsinghua.edu.cn
    质量反馈:010-62772015,zhiliang@tup.tsinghua.edu.cn
    课件下载:https://www.tup.com.cn,010-83470332
印 装 者:三河市东方印刷有限公司
经 销:全国新华书店
开 本:185mm×260mm 印 张:13   字 数:299 千字
版 次:2024 年 7 月第 1 版   印 次:2024 年 7 月第 1 次印刷
定 价:45.00 元

产品编号:103417-01

前　言

党的二十大强调"加快构建新发展格局，着力推动高质量发展"，并明确提出"我们要坚持以推动高质量发展为主题，把实施扩大内需战略同深化供给侧结构性改革有机结合起来，增强国内大循环内生动力和可靠性，提升国际循环质量和水平，加快建设现代化经济体系，着力提高全要素生产率，着力提升产业链供应链韧性和安全水平，着力推进城乡融合和区域协调发展，推动经济实现质的有效提升和量的合理增长"。《"十四五"冷链物流发展规划》强调，到 2025 年，国内将初步形成衔接产地销地、覆盖城市乡村、联通国内国际的冷链物流网络，进一步增强冷链供应链对国民经济和社会发展的支撑保障作用。冷链物流在农产品上行和工业品下行之间实现了双向链接，大力发展冷链物流对于促进经济高质量发展具有重大意义。

习近平总书记在党的二十大报告中指出"加快建设农业强国，扎实推动乡村产业、人才、文化、生态、组织振兴"，同时，对物流供应链提出了更高要求，致力于建设高效顺畅的流通体系，降低物流成本。因此，冷链产业亟须建立起立足国内、融合国际的稳定牢固的供应链新体系，来增强抵御风险的能力，也有效满足广大群众对于美好生活的向往、增进人民福祉。

随着"双碳"发展目标的提出，各行各业都在积极落实国家绿色低碳发展要求。冷链物流作为物流业的一个主要分支，也是实现"双碳"目标的重点领域。冷链物流的低碳发展会带来新的需求和机遇，产生一批新技术、新业态和新模式，促进企业在绿色、低碳目标下实现更大发展。

2023 年关于"三农"工作的中央一号文件多次提到"冷链物流"，明确提出加快粮食烘干、农产品产地冷藏、冷链物流设施建设。冷链成为农产品流通环节中必不可少的重要一环。冷链仓储管理处于冷链产业链中游，直接决定着生鲜农产品的锁鲜程度，但冷链仓储管理面临人工成本高、设备要求高、市场变化快等因素制约，导致冷链难以成链，企业服务能力难以达到市场要求。因此，冷链仓储产业发展的方向必然是朝着现代化和信息化的轨迹优化与调整。

为积极贯彻落实党的二十大精神和 2023 年关于"三农"工作的中央一号文件，本书力求将冷链物流仓储管理的知识体系进行整合与优化，从冷链仓储流程管理出发，立足于冷链仓储技术与信息管理，对农产品、食品、医药、生鲜的专业化冷链物流仓储管理进行了系统阐释，并落点于冷链物流库存管理与控制，使冷链仓储管理的内容更具有完整性、教学组织更具有系统性。

本书主要内容包括冷链仓储管理概述、冷链仓储流程管理、冷链仓储管理技术与方法、冷链仓储信息管理、专业冷链物流仓储管理、冷链物流库存管理及模式以及冷链物流库存控制,以搭建学生知识体系为主线,以培养技能为导向。

本书提供了大量不同类型冷链物流仓储管理案例、丰富的知识资料,以供读者阅读;各章提供丰富的习题,以提供给学习者练习使用,内容直观简洁,注重理论联系实际,适应高等院校物流管理及相关专业教学需要,便于教师教学和学生对所学知识的巩固与能力的培养。本书为任课教师提供教辅材料,可从清华大学出版社官方网站下载,或扫描书后的二维码下载。

本书的主编为郭丽彬,具体负责选题策划、结构设计及进度安排,以及书稿的校对、审阅及统稿。具体撰写分工如下:郭丽彬负责撰写第1、4、6章;宋颖负责第2、3章;谭林负责第5、7章。此外,程向文、郑晓静、尚玉箫及郭响甜等也做了大量的资料收集与整理工作,在此对她们的辛勤工作表示由衷的感谢!

本书在编写过程中参阅了国内外许多同行的学术研究成果,作者尽可能详尽地在参考文献中列出,谨向这些专家、学者致以诚挚感谢!对可能由于工作疏忽或转载原因没有列出的,在此也表示万分歉意。

特别要感谢曲阜师范大学及其教务处对本书的大力支持和帮助,更要感谢管理学院的各位领导对编写团队的鼎力支持。

本书在编写过程中,由于时间紧迫,编写力量有限,加之冷链物流、仓储技术日新月异,难免有不足、缺点和问题,恳请同行、读者给予批评和指正。

郭丽彬

2024 年 1 月于曲阜师范大学

目 录

第 1 章

冷链仓储管理概述

【本章导航】

本章主要介绍：冷链仓储的内涵及特征；冷链仓储的主要功能；冷链仓储设备；冷冻冷藏仓储管理；冷库安全管理；冷库运营管理；冷链仓储库存管理,总结冷链仓储库存控制的发展及展望。

【本章学习目标】

1. 掌握冷链仓储的内涵及特征、主要功能。
2. 掌握冷冻冷藏仓储的定义、作用及优缺点。
3. 了解冷库安全管理、冷库运营管理。
4. 熟悉冷库仓储管理系统、库存管理及模型的分类、冷链仓储库存管理方式。
5. 了解冷链仓储库存控制的发展及展望。

【关键概念】

冷链仓储(cold chain storage)　冷链仓储设备(cold chain storage equipment)　冷冻冷藏仓储(frozen and refrigerated storage)　冷库安全管理(cold storage safety management)　仓库管理系统(warehouse management system)　冷库运营管理(cold storage operation management)　冷链仓储库存管理(cold chain warehousing inventory management)

冷库在生活和工业领域的重要性

冷库是冷链物流系统的枢纽和重要节点

中国作为一个农产品大国,随着我国农业生产方式的现代化,要实现从"田间到餐桌"的全程监控和品质保障,就需要建立完善的冷链物流体系。这是实现习近平新时代中国特色社会主义思想中"质量第一"理念的重要举措。通过发展冷链物流,利用先进的制冷技术和温度控制手段,可以确保农产品在储存、运输和销售各个环节的品质和安全性,这体现了以人民为中心的发展思想,让广大人民群众吃上放心、安全的好农产品。同时,冷链物流体系建设也需要科技创新和产学研深度协作,发挥各领域专业人才的智慧和创造力,这符合新时代中国特色社会主义的科教兴国理念。完善冷链体系是新时代推进农业供给侧结构性改革、提高农业品质效益的重要举措,需要各界共同努力,为人民造福。

冷库是冷链物流的核心组成部分,根据各类产品的使用场景对冷库要求各有不同,从冷链物流流通来看,冷库是冷链物流的核心组成部分。冷库是冷链物流系统的枢纽和重要节点。根据中关村绿色冷链物流产业联盟(以下简称"中冷联盟")2021年版《全国冷链物流企业分布图》统计数据,2017年至2021年,我国冷库容量从3 609万吨增长至5 224万吨,年复合增长率为9.7%,保持了稳定的增长率。两年前还是两位数增长,随着冷链基础设施政策的引导和企业布局完善,全国库容量基数较大,增长率首次低于10%。中国冷库行业整体集中度不高,根据中冷联盟2021年版《全国冷链物流企业分布图》统计数据,2021年全国冷库总容量为5 224万吨,其中冷库百强企业总库容量为2 037万吨,约占全国总库容量的39%,同比下降4个百分点,行业整体集中度不高,龙头企业头部企业还在酝酿成长,发展黄金周期依然存在。冷库企业呈现区域分布不均。

2021年冷库百强企业分布在23个省市地区,其中华东地区有4家入围百强企业,库容量为9 168万吨,占百强企业的45%,冷库分布总体呈现出"东多西少"区域分布不均的特点。

冷链资源配置水平有待进一步提高

冷库是整个冷链的核心节点,起到储藏、转运的作用。根据实际需求,冷库大致分为大型库、中型库、小型库和微型库。冷库建设规模较小,冷库是农产品运输过程中的关键环节,根据国际冷藏仓库协会(IARW)数据,2018年美国人均库容面积达到0.49立方米,日本为0.32立方米。中国仅有0.13立方米,人均冷库容量约占美国的1/4,反映出国内冷库建设规模仍有较大的成长空间。

2020年排名第一的美国Lineage,冷库容量5 066万立方米,几乎相当于中国的一半,而国内排名最高的中外运冷链物流,只有274万立方米,仅为Lineage的1/19,冷链资源配置水平有待进一步提高。

资料来源:2022年中国冷库行业市场现状与发展前景分析 冷库资源配置水平有待进一步加强[EB/OL].(2021-11-11). https://www.qianzhan.com/analyst/detail/220/211111-c7adb297.html.

问题:冷库对人们的日常生活和各种产业的重要意义有哪些?

近年来,我国冷链物流市场规模快速增长,国家骨干冷链物流基地、产地销地冷链设施建设稳步推进,冷链装备水平显著提升。《"十四五"冷链物流发展规划》指出,应建设产地冷链集配中心。结合新型城镇化建设,依托县城、重点镇布局建设一批产地冷链集配中心,改善产地公共冷库设施条件,强化产地预冷、仓储保鲜、分级分拣、初加工、产地直销等能力,提高农产品商品化处理水平,减少产后损失,实现优质优价。服务本地消费市场,拓展产地冷链集配中心中转集散、分拨配送功能,优化完善县乡村冷链物流服务。

未来,随着消费者对食品品质和安全性要求的进一步提高,以及科技的不断进步,冷链物流市场将迎来更加广阔的发展前景。

1.1　冷链仓储的内涵及特征

1.1.1　冷链仓储的内涵

随着经济水平提高,人们追求更新鲜、更高质的生鲜食品,近些年冷链市场发展迅猛。可以说,生鲜冷链逐渐成为一块"香饽饽"。但是,由于我国冷链基础设备设施落后,加上市场监管体系不完善等原因,尽管冷链物流企业得到了快速发展,但行业内存在的问题仍然很多。

冷链仓储一般用于生鲜农产品类,通过仓库对商品和物品进行储存与保管。产品生产、流通过程中因订单前置或市场预测前置而使产品、物品暂时存放。它是集中反映工厂物资活动状况的综合场所,是连接生产、供应、销售的中转站,对促进生产效率的提高起着重要的辅助作用。

冷链仓储管理,是通过温控设备来控制适宜仓储的温湿度,对所储存的商品提供最佳储存方式,保障存储商品的品质和性能,防止商品变质,降低商品在储存过程中的损耗。冷链仓储如图 1-1 所示。

图 1-1　冷链仓储

资料来源:统一生鲜品标准、共享冷链仓储物流生鲜电商只有合作才能共赢[EB/OL].(2022-02-09).
https://www.sohu.com/na/521653768_121220111.

1.1.2　冷链仓储的特征

1. 经济性

冷链仓储活动是冷链产品社会化大生产的重要组成部分,并且仓储活动也是生产性的。仓储活动和其他物质生产活动一样,具有生产力三要素,即劳动力、劳动工具和劳动对象。冷链仓储活动创造商品价值,并且随着仓储活动内容的增加,实现冷链产品价值的范围也在逐渐扩大。例如,延迟生产、再包装等作业过程在仓储过程中完成。

2. 技术性

随着科学技术的进步,现代冷链仓储管理中应用了大量的电子信息技术,仓储作业机械化程度也不断提高,这对仓储管理提出了更高的要求。在现代化的仓储管理中,仓储作业的机械化、仓储管理的信息化已是发展趋势,各种新技术得以运用等,这些充分体现了仓储管理技术性的特点。

3. 综合性

冷链物流作为跨行业、跨产业的服务功能与各行各业的运作特点紧密相连。冷链仓储是社会经济中一个不可缺少的部分,是各生产企业能保持正常生产的重要环节,是调节社会需求的重要手段。在整个冷链仓储管理过程中,要综合利用各学科理论,进行商品管理,进行库存控制,保证商品的正常生产和流通,降低成本。现代仓储管理包括新技术、新设备、新的管理理念与方法,涉及行业广泛。

4. 高成本性

为了保证生鲜果蔬等在流通各环节中始终处于规定的低温条件下,必须加装温控设备,用于冷藏车或低温仓库,使用先进设备的信息系统等。农产品冷链物流的成本要比其他物流系统成本偏高。

5. 时效性

由于易腐食品的时效性,要求冷链体系中的各个环节具备更高的组织协调性,所以食品冷链的运作始终是和能耗成本相关联的,有效地掌控运作成本与食品冷链的发展密切相关。

1.2　冷链仓储的主要功能

1. 冷藏

冷库通常用于储存和保鲜食品、饮料和药品等物品。冷库可以提供适宜的温度和湿度条件,以保持物品的品质和有效性。在冷库中,食品、饮料和药品等物品可以存放在适宜的温度范围内,以保持其新鲜度和品质。例如,肉类、鱼类、水果和蔬菜等食品在高温下会变质,而冷库可以提供适宜的温度来延长它们的保质期。同样地,饮料和药品也需要保存在特定的温度范围内才能保持其有效性和稳定性。在冷库中,这些物品可以保持其原有的品质和效果,避免因温度变化而变质或失效。

2. 保鲜

由于农产品易变质,其使用价值降低,因此在保管过程中就要选择合适的储存场所,采取合适的养护措施。冷库可以提供低温环境,用来储存和保鲜各种食品,以延长其保质期。低温可以减小食物中微生物生长酶的活性,延缓食品腐败和变质的速度。

3. 加工

由于冷链仓储需要保持在低温状态下,因此,冷链物品在仓储期间,仓储人需要根据存货人或客户的要求对仓储物的外观、形状、成分构成、尺度等进行加工,使仓储物发生所期望的变化。如对于肉类、鱼类等商品,可以根据客户需求进行切割和分割,以适应不同烹饪和食用需求。在切割过程中,使用专门的低温刀具和设备,确保切割面平整、无损伤。

4. 整合

整合是仓储活动的一个经济功能。通过这种安排,冷库可以将来自多个制造企业的产品或原材料整合成一个单元,进行一票装运。其好处是有可能实现最低的运输成本,也可以减少由多个供应商向同一客户进行供货带来的拥挤和不便。

为了有效地发挥冷链仓储整合功能,每一个冷链制造企业都必须把仓库作为货运储备地点,或用作冷链产品分类和组装的设施。这是因为,整合装运的最大好处就是能够把来自不同制造商的小批量货物集中起来形成规模运输,使每个客户都能享受到低于其单独运输的成本的服务。

5. 分类和转运

分类就是将来自制造商的组合订货分类或分割成个别订货,然后安排适当的运力运送到制造商指定的个别客户。

冷库从多个制造商处运来整车的货物,在收到货物后,如果货物有标签,就按客户要求进行分类;如果没有标签,就按地点分类,然后货物不在冷库停留直接装到运输车辆上,装满后运往指定的零售店。同时,由于货物不需要在冷库内进行储存,因而降低了冷库的搬运费用,最大限度地发挥了仓库装卸设施的功能。冷链仓储的主要功能及应用如表1-1所示。

表1-1 冷链仓储的主要功能及应用

主要功能	应 用
冷藏	食品、饮料和药品等物品可以存放在适宜的温度范围内,以保持其新鲜度和品质
保鲜	储存和保鲜各种食品,以延长其保质期
加工	对保鲜、保质要求较高的水产品、肉产品、蛋产品等食品,进行冷冻加工、防腐加工、保鲜加工等
整合	为温度敏感产品提供可靠的存储和运输解决方案,确保产品的品质和安全
分类和转运	订单组合或分割,然后安排适当的运输送给指定的客户

1.3 冷链仓储系统管理

党的二十大报告提出,全面推进乡村振兴。坚持农业农村优先发展,坚持城乡融合发展,畅通城乡要素流动。扎实推动乡村产业、人才、文化、生态、组织振兴。随着乡村振兴战略的实施,冷链物流基础设施建设利国利民,市场前景广阔。积极拓展全国范围内的冷链物流骨干网建设。在产业结构调整、人居环境整治、乡村治理创新、深化农村改革等方面持续发力,农业现代化实现程度、农民人均可支配收入等方面不断提升。

国务院发布的《"十四五"冷链物流发展规划》也明确规定,要继续完善国家骨干冷链物流基地布局,加强产销冷链集配中心建设,补齐两端冷链物流设施短板,夯实冷链物流运行体系基础等。同时,其对我国移动冷库的发展、物流园区、农产品批发市场冷库等方面提出了相应规划。随着全社会对冷链物流行业发展的关注热潮持续提升和政策层面进一步深化,冷链物流将迎来高质量发展的拐点。

1.3.1 冷链仓储设备概述

1. 冷库设备

冷库设备主要包括冷库保温系统设备、冷库制冷系统设备、冷库电气控制系统设备等。冷库保温系统设备主要包括冷库板、冷库门等,冷库制冷系统设备主要包括压缩机、冷凝器、膨胀阀、蒸发器等,冷库电气控制系统设备主要包括主控制器、传感器、LED(发光二极管)等。

1) 冷库保温系统设备

(1) 冷库板。冷库板(图1-2)也称冷冻板或保温板,是冷藏和冷冻设备的关键组成部分,其性能和质量直接影响到整个冷藏系统的效能和使用寿命。主要特性为:保温隔热、防腐蚀、绝缘性能好、吸声隔噪、环保无污染。

图1-2 冷库板

资料来源:冷库板[EB/OL].(2023-06-13).https://baike.baidu.com/item/%E5%86%B7%E5%BA%93%E6%9D%BF/9507103.

(2) 冷库门。冷库门(图1-3)是连接冷库内外的主要通道,是冷库的重要组成部分,其性能和质量直接影响到冷库的保温效果、使用效率和安全性。主要特性为:保温隔热、防潮防湿。

图1-3 冷库门

资料来源:冷库门[EB/OL].(2023-12-20).https://baike.baidu.com/item/%E5%86%B7%E5%BA%93%E9%97%A8?fromModule=lemma_search-box.

（3）风幕机。风幕机又称风帘机、空气幕,安装在冷库门上方,当开门时产生高速气流,有效隔绝冷库内外空气对流,保持冷库温度稳定,如图1-4所示。

图1-4　风幕机

资料来源:为什么冷库门上要安装风幕机?［EB/OL］.(2019-12-19).http://www.xueyi88.com/wenti/1306.html.

2)冷库制冷系统设备

（1）压缩机。压缩机相当于制冷系统的"心脏",通过做功来强迫制冷剂在制冷系统中冷凝、膨胀、蒸发和压缩,周期性不断地循环,起到压缩制冷剂的作用,如图1-5所示。

图1-5　压缩机

资料来源:冷库压缩机［EB/OL］.(2022-07-21).https://baike.baidu.com/item/％E5％86％B7％E5％BA％93％E5％8E％8B％E7％BC％A9％E6％9C％BA/5072761?fr=ge_ala.

（2）冷凝器。冷凝器是放出热量的设备,主要作用是将压缩机排出的高温高压制冷剂蒸气中的热量传递给冷却介质(如空气或水),使其冷凝成为液体制冷剂,如图1-6所示。

（3）膨胀阀。膨胀阀又称节流阀,对制冷剂起节流降压作用,同时控制和调节流入蒸发器中制冷剂液体的数量,并将系统分为高压侧和低压侧两大部分,如图1-7所示。

（4）蒸发器。蒸发器是制冷系统的主要换热装置,如图1-8所示。低温低压的制冷剂液体在其内蒸发变为蒸汽,吸收被冷却物质的热量,使物质温度下降,达到冷冻、冷藏食

图 1-6　冷凝器

资料来源：冷凝器[EB/OL].（2023-12-28）. https://baike. baidu. com/item/%E5%86%B7%E5%87%9D%E5%99%A8?fromModule=lemma_search-box.

图 1-7　膨胀阀

资料来源：膨胀阀[EB/OL].（2022-09-13）. https://baike. baidu. com/item/%E8%86%A8%E8%83%80%E9%98%80?fromModule=lemma_search-box.

品的目的。蒸发器内制冷剂的温度越低，被冷却物的温度也越低。

3）冷库电气控制系统设备

（1）主控制器。它是温度控制的"大脑"，通过用户自编程序，下载到内存中，当有需要处理的信号产生时，它就会发出相应指令，指挥其他外围电路的工作，同时根据温度的变化对执行机制进行控制，并且处理一些数据。

（2）传感器。传感器负责采集冷库及设备中的信号，并且把信号传送给单片机进行处理，同时主控制器根据功能会给出一个控制信号。

图 1-8 蒸发器

资料来源：蒸发器［EB/OL］.（2023-12-28）. https：//baike. baidu. com/item/％E8％92％B8％E5％
8F％91％E5％99％A8?fromModule=lemma_search-box.

（3）LED 显示屏。LED 显示屏提供一个直接的温度数值实时显示出来，让人直观地
了解冷库当前的温度。其具有故障提示功能，当某一类的故障出现时，通过显示不同的编
号来提示用户大致什么地方出了问题。

（4）提示报警电路。当温度不在设定的范围内或其他设备出现问题时，指示灯会提
示，并且有声音的提示。

（5）执行电路。当冷库中的温度达到一定的值时，执行电路就会带动加热或制冷装
置动作，从而实现控制温度。

2. 冷库类型[①]

从冷库的建筑形态、层高、承重、温区等维度来看，可将其分为 A、B 和 C 三类。A 类
是指按照国际标准设计和建造的专业冷库；B 类是指高标干仓和优质厂房参照专业标准
改造成冷库；C 类是指传统农批市场和农民仓。其中，A 类和 B 类为高标冷库，C 类为低
标冷库。

高标冷库的主要客户 90％以上是食品相关领域。生鲜线上零售是高标冷库租赁需
求中占比最大的行业，约占高标冷库总需求的 1/3。近年来，我国生鲜线上渗透率逐年提
高，生鲜线上零售进入高速发展阶段，拉动高标冷库需求增长。物流中心、农贸市场以及
商超等均积极建设大型化、集中化的冷库。同时，高标冷库的产品设计、建造品质等方面
更满足冷库租赁、资产交易的需求，将成为未来冷库开发投资的主要形态。我国高标冷库
相关企业包括嘉浩美库、亚冷、宇培、中外运、郑明、万纬冷链、恒源冷库等。目前，高标冷
库供给格局分散、市场集中度较低，头部企业占比不足 30.0％，但随着市场竞争加剧，高
标冷库市场将加快整合速度。

冷库建设规模的扩大，可以有效地节约建设成本和运营成本。目前国内已有 7 个重

---

① 中国冷链仓储行业现状深度研究与投资前景分析报告［EB/OL］.（2023-06-12）. https：//www.
shangyexinzhi. com/article/8780879. html.

要冷库市场（即北京、上海、深圳、广州、武汉、成都和重庆），部分已形成冷库群。上海的冷库存量最大，为90.23万平方米；其次是广州和北京。随着生鲜商品的储存和分销需求不断增长，以及易腐类医药的储藏诉求扩大，我国高标冷库需求不断增加，2022年我国高标冷链仓储行业的市场规模为523亿元。[①]

由于C类冷库多为传统冷库、农产品批发市场冷库以及部分私自改造的冷库，具有耗能高、保温效果不好的问题，因此部分C类冷库需要进行淘汰或者升级改造。根据《"十四五"冷链物流发展规划》，要加快冷链设施的改造和升级，并且要淘汰掉不合规、不合法的冷库，以及老旧耗电量高的冷库，未来按照专业的冷库标准进行设计、建造、运营和管理。建造高标准冷链物流冷库，形成衔接产地销地、覆盖城市乡村、联通国内国际的冷链物流网络。由于高标冷库建设标准高，目前我国低标冷库（C类）仍占据市场主要份额，2022年低标冷库市场规模为1 112亿元。[②]

3. 冷库货架

冷库的特点决定了进入仓库的货物需要具有周转快、存储量大等特点，以发挥冷库的较大价值，避免造成宝贵资源的浪费。冷库货架的选择就需要跟上这样的节奏。

（1）贯通式货架。贯通式货架是大中型冷库房中常规使用的仓储货架类型之一，如图1-9所示。之所以选用它作为冷库货架之一，首先是因为贯通货架在其结构上具备了批量化存储的功能；其次是因为它通廊式的结构、连续性的货位存储，可以最大限度地使用宝贵的冷库存储空间。冷库每天消耗巨大，高效地利用其存储空间才能实现最佳经济效益。

图1-9 贯通式货架

资料来源：贯通式货架［EB/OL］．（2023-02-17）．https：//baike. baidu. com/item/％E8％B4％AF％E9％80％9A％E5％BC％8F％E8％B4％A7％E6％9E％B6?fromModule＝lemma_search-box.

① 我国冷链仓储行业：高标冷库供应不足 龙头企业头部企业还在酝酿成长［EB/OL］．（2023-06-09）．https：//www. chinabaogao. com/market/202306/636732. html.

（2）穿梭式货架。穿梭式货架具备自动化、经济高效、极少人为参与等特点。穿梭式货架是传统货架与现代控制设备相结合的产物，由于库房中的冷环境的存在与影响，其系统上的穿梭车的功能就要与这种环境相融合匹配，以便保证穿梭式货架在相对应的冷库中长期稳定运行。与贯通式货架相似，它也是一种密集化的仓储货架，但由于它具有一定的自动化优势，又一定程度上优于贯通式货架，如图 1-10 所示。

图 1-10　穿梭式货架

资料来源：穿梭式货架［EB/OL］.（2024-01-23）. https://baike. baidu. com/item/％E7％A9％BF％E6％A2％AD％E5％BC％8F％E8％B4％A7％E6％9E％B6?fromModule＝lemma_search-box.

（3）重力式货架。重力式货架也是冷库中用到的仓储货架之一。相对来说，这种货架在造价上略微偏高，但其具有环保、低噪声、基本无耗能等特点，当资金等条件达到的时候，是值得采购的货架，如图 1-11 所示。重力式货架是横梁式货架经过优化结构而形成

图 1-11　重力式货架

资料来源：重力式货架的特点适用范围和注意事项［EB/OL］.（2020-11-09）. http://njoncc. com/news_detail. asp?id＝202.

的新的货架类型,在横梁上安装数个滚轮装置,并进行一定坡度的倾斜,很巧妙地利用地球重力的作用实现了货物的位移,属于先进先出的存储方法。

当然还有其他的货架类型,如双深度托盘式货架、后推式货架系统、重力式货架系统,主要根据客户的不同要求来选择。总体来说,没有最好,只有最适合。①

冷库货架能够为冷链仓储提供稳定、可靠和高效的解决方案。实际使用过程中,应遵守货架的使用规范和操作指南,确保货架的安全运行;定期对货架进行检查和维护,确保货架的完好和稳定;避免超载使用货架,防止货架因过载而损坏或倒塌。

 **1-1**

冷 藏 设 备

据 CBN(第一财经)报道,2019 年 6 月,比利时 SEA 投资集团(SEA-invest Group)的子公司 SAFT(南部非洲水果码头)的最新冷藏设备 SAFT Atlantic 投入使用并开始营业。

该设备可容纳 5 500 个托盘,位于大西洋山商业公园(Atlantic Hills Business Park),占地面积为 17 105 平方米。

SAFT Atlantic 是一种先进的制冷设备,设计用于保护冷藏链的完整性,并将易腐物品装入运往出口市场的集装箱中。该设备专为亚热带水果、柑橘、葡萄、核果和柚子而设计。

SAFT Atlantic 可以提供总容量为 5 500 个托盘、2 800 个托盘的空间容量、20 个(气闸装载)集装箱装卸区、20 个容器插件点、34 个强制风冷通道、5 间冷库且每间冷库带有550 个托盘(带货架预冷)、2 个用于装载和卸载已冷却的产品气闸和 2 个植物检疫设备等。

所有货物均根据 DAFF(农林渔业部)/PPECB(易腐产品出口管制委员会)指南进行预冷,以满足目的国的灭菌要求。这些货物的水果全程受到计算机系统的监控,并有值班人员全天候全面监督。运往美国、中国、以色列、印度、留尼汪、印度尼西亚、尼日利亚、泰国、约旦、马达加斯加和斯里兰卡的每个集装箱的装载均由一名 PPECB 检查员监督。此外,还为来自目的地国的 PPECB 和检查员提供检查设备,他们每天可以在任意时间通过该设备检查出口货物。

冷库服务的需求遵循季节性水果周期。运行一个全天候的冷库,以大西洋山冷库规模来说,需要可靠的电力和水供应,并要防止意外停机。SAFT 安装了 3 台备用发电机,能够为现场急需能源的蒸发冷却设备提供持续电力。

SAFT 是 MAXtend 在南非的经销商。MAXtend 是一种技术先进的控制大气产品,用于控制海运集装箱内大气条件。通过控制冷藏集装箱内的空气,MAXtend 可以使以前由于运输时间延长而鲜能保持完好状态的产品达到与空运相同或更好的状态。

MAXtend 的独特之处在于它可以安装在任何冷藏集装箱上。集装箱在从集装箱仓库释放进行填充之前,要进行泄漏率测试,以确保其符合 MAXtend 标准。MAXtend 的

---

① 孙昌翰.冷库环境下货架的设计与应用[J].物流技术与应用,2016,21(6):145-147.

其他显著优点还包括：通过减缓有氧呼吸和乙烯的产生来延缓水果成熟期、减少事故导致水果腐烂的情况并且这种技术可以在全世界范围内使用。

资料来源：先进冷藏设备助力水果出口商［EB/OL］. (2019-10-12). https://m. guojiguoshu.com/article/5330.

问题：

1. SAFT Atlantic 冷藏设备有哪些技术特点和先进功能来确保水果在运输和储存中保持新鲜状态？

2. 冷库设备主要包括哪些方面？

1.3.2　冷冻冷藏仓储管理

1. 冷冻冷藏仓储

冷库中储存的货品一般是处于半成品阶段并且对储存温度有要求的货品。确保货品在库过程中的质量完好，并提高冷库的运作效率是冷库管理所追求的目标。

1）冷冻冷藏仓储的含义

冷冻冷藏仓储是通过机械制冷方式，使库内保持一定的温度和湿度的仓库。对于需要冷冻的商品将温度控制在 0 ℃以下，使水分冻结、微生物停止繁殖、新陈代谢基本停止，从而实现防腐；对于需要冷藏的商品将温度控制在 0～5 ℃进行保存，在该温度下，水分不致冻结，不破坏食品的组织，具有保鲜的作用，但是微生物仍然具有一定的繁殖能力，因而保藏时间较短。

2）冷冻冷藏仓储的作用

冷冻冷藏仓储的作用如下：延长产品的保鲜周期；降低产品腐坏速度，保证产品安全；支持仓储保鲜；发展农副产品；产品质量管控；加快验货工作，降低物流成本。

3）冷冻冷藏仓储的优缺点

(1) 优点。保持低温，可供生鲜肉类等物品存储；储藏保鲜期长，经济效益高。

(2) 缺点。设计单一；成本高；容易产生气味和滋生细菌；火灾隐患多且不易灭火。

2. 冷冻冷藏仓储作业组织及流程

1）冷冻冷藏仓储作业组织

仓储作业组织就是按照预定的目标，将仓库作业人员与仓库储存手段有效地结合起来，完成仓库作业过程各环节的职责，为商品流通提供优质的仓储服务。

2）冷冻冷藏仓储作业组织的目标

冷冻冷藏仓储作业组织的目标为：快进、快出、高效、保质、低成本。

3）冷冻冷藏仓储作业组织的原则

(1) 连续性。环节不能脱节。如入库时人员设备过量、检验时人员设备不足都会引起脱节。

(2) 节奏性。节奏性明确，才能保证连续性。

4）冷冻冷藏仓储作业的空间组织和时间组织

(1) 空间组织。正确计划，安排仓库中各种功能区的位置，正确安排收货区、存货区、拣货区、临时存放区、货品检验区等功能区的位置。

（2）时间组织。通过各个环节作业时间的合理安排和衔接，保证作业的顺畅性，尽可能消除或减少作业过程中的停顿或等待时间。

1.3.3 冷库管理系统

在冷库的日常管理中，由于冷库温度低，为了减少热交换、降低能耗，冷库的开闭会有严格的时限，因此容易发生操作工被关到冷库里面的事故。冷库保管人员要严格遵守冷库操作规程，防止冻伤；不能在库内工作时间太长，防止人员缺氧窒息；妥善使用设备，防止碰撞，以免降低保温、隔热性能，甚至造成容器、管道局部开裂、折断、跑氨等事故。

近年来，许多港口建立了大量冷库。然而，使用者对冷库制冷系统缺少管理经验，存在盲区。他们没有采取必要的安全措施，也没有注重制冷技术的培训和安全知识的传授。在紧急事故发生后，他们不知道如何应对和处理，而一些小的疏忽可能引发严重事故，导致巨大损失。此外，安全管理人员缺乏必要的技术技能，没有依据相关规范建立规章制度，导致制冷系统缺乏必要的监测和管理，进而发生安全事故。[①]

1. 冷库安全管理

冷库安全管理包括设备安全管理、水电防火安全管理、库体安全管理和人身安全管理等方面，这里特别强调的是库体安全和人身安全。

1）库体安全

在气调库的运行过程中，安全阀内应始终保持一定水柱的液面。考虑到冬季运行时库外温度降到 0 ℃以下，应采取防冻措施，可以在水中加入盐类物质，有条件时，也可以加入汽车用的防冻液，避免安全阀里的水冻结成冰。除防水、防冻、防火之外，重点是防止温变效应。在库体进行降温试运转期间，绝对不允许关门封库，因为过早封库，库内温压骤降，必然增大内外压差，当这种压差达到一定限度之后，将会导致库体崩裂，使储藏无法进行。正确的做法是当库温稳定在额定范围之后再封闭库门，进行正常的气调操作。

2）人身安全

这里所说的人身安全是指出入气调库的安全操作。气调库操作是一种危险性较高的工艺操作，气调库工作人员必须参加有关安全规则的学习，切实掌握安全操作技术。操作维修人员必须了解气调库内的气体不能维持人的生命，当人们进入气调库工作时会因窒息而死。因而要了解窒息的症状，懂得不同症状的危险程度。

2. 冷库仓储管理系统

仓库管理系统（warehouse management system，WMS）是通过入库业务、出库业务、仓库调拨、库存调拨和虚仓管理等功能，集批次管理、物料对应、盘点、质检管理、虚拟仓库管理、实时库存管理等功能于一体的管理系统。有效控制和跟踪仓库业务的物流与成本管理全过程，实现完善的企业仓库信息化管理。WMS 的流程及功能如图 1-12 所示。

随着数字化的发展，WMS 成为一种能够助力企业冷库实现数字化管理的系统工具。冷库采用 WMS 可以实现合理控制库存，保证供给平衡、作业正确，以及实现产品追溯管

① 钱让龙，江发生，于强. 港口冷库制冷安全与节能技术要点分析[J]. 中国高新科技，2021(2)：159-160.

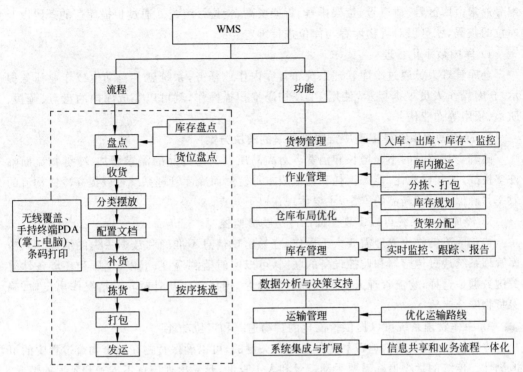

图 1-12　WMS 的流程及功能

理。WMS 赋能冷库数字化管理主要体现在以下四点。[①]

1）出入库数字化管理

根据冷库管理系统的策略,在入库时,系统会提示合适入库的位置,能够优化入库路径,仓库操作人员只需要按照系统指示,去指定库位上扫描入库就可以。在出库时,系统会提示指定的出库位置,优化出库路径,仓库操作人员只需要按照系统提示,去指定库位扫描出库就可以。在出入库任务完成后,相关的信息会自动保存到系统当中,相关的库存数量会自动增减。

2）货物库存信息数字化管理

冷库管理系统可以和 ERP(企业资源规划)系统进行对接,当有货物入库时,就可通过 ERP 系统将货物的相关信息实时同步到冷库管理系统中。冷库管理系统还可以使用一物一码技术,给每个货物或每个批次的货物赋予一个唯一的条码标签。通过扫描对应的条码,实现货物库存数量在冷库中实时变更,从而确保货物的名称、规格、数量、效期、入库时间、所在库位、操作记录等信息都可以在冷库管理系统中查看管理,实现库存信息数字化管理。

3）库位数字化管理

冷库管理系统还可以给冷库内的每个库位赋予一个唯一的条码标签,该库位的条码

————————
①　冷库管理系统 WMS 软件(冷链仓储管理系统)[EB/OL].(2022-10-18). https://baijiahao. baidu. com/s?id=1747018343149779371&wfr=spider&for=pc.

编号通常由库区号、通道号、货架排号、货架层高、货位号组成。通过扫描库存的条码以及库位的条码，就可以对货物库存与库位进行绑定。

4）库内数字化管理

仓库管理人员通过冷库管理系统布置库内作业任务，系统就会自动生成作业任务提示，仓库操作人员根据提示，使用 PDA 扫码枪扫描操作，就可以完成库内的盘点、调拨、质检、领用等作业任务。

3. 冷库管理系统是提高冷链物流效率的解决方案①

随着全球贸易的不断增长和消费者对高品质食品与药品的需求增加，冷链物流面临许多挑战，如气候变化、能源消耗和物流成本等。然而冷库管理系统可以提高冷链物流的效率并确保食品和药品的安全，主要体现在以下几点。

1）冷库管理系统可以实现全面的冷链物流监控

传统的冷链物流管理需要人工操作，容易出现信息不准确和数据丢失的情况。而冷库管理系统通过传感器和监控设备的联网，可以实时监测温度、湿度、气压和环境条件等关键数据。这样，物流管理人员可以随时了解货物的状况，及时对异常情况作出反应，确保货物安全运输。

2）冷库管理系统可以提供智能化的货物追踪和定位功能

冷链物流中，货物的追踪和定位是非常关键的，可以确保货物在整个物流过程中的可追溯性。传统的货物追踪需要手动记录和人工查询，容易出现信息不准确和延误的情况。而冷库管理系统可以通过利用物联网和 GPS（全球定位系统）技术，实时跟踪和确定货物的位置，并提供实时数据反馈。这样，物流管理人员可以清楚地知道货物的位置，及时进行调度和安排，提高物流的效率和准确性。

3）冷库管理系统可以实现智能化的库存管理

冷链物流中，货物的库存管理是非常重要的，可以确保货物的及时采购和配送，避免供应链中断。传统的库存管理需要人工操作和手动记录，容易出现信息不准确和仓储错误的情况。冷库管理系统可以通过自动化技术和数据分析，实时监控和管理库存数据。物流管理人员可以随时了解库存的情况，及时采取补货和调度措施，提高库存周转率和减少库存积压。

4）冷库管理系统可以提供智能化的提醒和预示功能

在冷链物流中，货物的安全是至关重要的，任何温度波动和环境异常都可能对货物造成破坏和损失。传统的提醒和预示需要人工观察与判断，容易出现信息延误和事故。冷库管理系统可以通过传感器和监控设备的实时反馈，及时发出提醒与预示信号。物流管理人员可以迅速作出反应，避免货物的损失和事故的发生。

因此，冷库管理系统是提高冷链物流效率的一种解决方案。它通过全面的冷链物流监控、智能化的货物追踪和定位、智能化的库存管理以及智能化的提醒和预示功能，可以提高冷链物流的效率并确保货物的安全。未来，随着物联网技术的不断发展和应用，冷库管理系统将更加智能化和高效化，给冷链物流带来更多的便利和保障。

---

① 冷库管理系统：提高冷链物流效率的解决方案[EB/OL].（2023-08-24）. https://it.sohu.com/a/714386999_730776.

1.3.4　冷库运营管理

1. 冷库操作管理

1) 正确使用冷库和保证安全生产

冷库是用隔热材料建筑的低温密闭库房,它结构复杂,造价高,具有怕潮、怕水、怕热气、怕泡、怕冷等特性,如图 1-13 所示。最忌隔热体内有冰、霜、水。一旦损坏,就必须停产修理,否则严重影响生产。为此,在使用库房时,要注意以下问题。

图 1-13　冷库储存

资料来源:渝北区电商|食品|-冻品一件代发性价比高详细介绍[EB/OL]. https://xianyixian.gys.cn/supply/4966821904.html.

(1) 防止水、气渗入隔热层。

(2) 防止冻融循环把冷库建筑结构冻酥。

(3) 防止地坪(楼板)冻坏和损坏。

(4) 库房内货位的间距要符合要求。

(5) 冷库门要经常进行检查。

(6) 库内排管除霜时,严禁用钢件击排管。

2) 改进管理工作和确保商品质量

提高和改进冷加工工艺,保证合理的冷藏温度,是确保商品质量的重要一环。食品在冷藏间如保管不善,易出现腐烂、干枯(干耗)、脂肪氧化、脱色、变色、变味等现象。为此,要求有合理的冷加工工艺和合理的贮藏温度、湿度、风速等。

2. 库房卫生管理

1) 冷库的环境卫生

食品进出冷库时,都需要与外界接触。如果环境卫生不良,就会增加微生物污染食品的机会,因而冷库周围的环境卫生是十分重要的。冷库四周不应有污水和垃圾,冷库周围的场地和走道应经常清扫,定期消毒。垃圾箱和厕所应与库房有一定距离,并保持清洁。运输货物用的车辆在装货前应进行清洗、消毒。[1]

―――――――――――

① 食品冷库的卫生清洁及管理[EB/OL]. (2022-07-06). https://www.sohu.com/a/564559359_121123737.

（1）冷库的库房是进行食品冷加工和长期存放食品的地方。库房的卫生管理工作是整个冷库卫生管理的中心环节。在库房内,霉菌较细菌繁殖得更快些,并极易侵害食品。因此,库房应进行不定期的消毒工作。

（2）运货用的手推车以及其他载货设备也能成为微生物污染食品的媒介,应经常进行清洗和消毒。

（3）库内冷藏的食品,不论是否有包装,都要堆放在垫木上。垫木应抛光,并经常保持清洁。垫木、小车以及其他设备,要定期在库外冲洗、消毒。

（4）冷库内的走道和楼梯要经常清扫,特别在出入库时,对地坪上的碎肉等残留物要及时清扫,以免污染环境。

（5）紫外线一般用于冰棍车间模子等设备和工作服的消毒,不仅操作简单、节约费用,而且效果良好。

2）冷库工作人员的个人卫生

（1）冷库工作人员经常接触多种食品,如不注意卫生,本身患有传染病,就会成为微生物和病原菌的传播者。对冷库工作人员的个人卫生应有严格的要求。冷库工作人员要勤理发、勤洗澡、勤洗工作服,工作前后要洗手,经常保持个人卫生,同时必须定期检查身体。如发现患传染病者,应立即进行治疗并调换工作;未痊愈时,不能进入库房与食品接触。

（2）库房工作人员不应将工作服穿到食堂、厕所和冷库以外的场所。

3. 冷库节能与科学管理

1）采用新工艺、新技术、新设备的设计方案

（1）减少冷库围护结构单位热流量指标。

（2）缩小制冷系统制冷剂蒸发温度与库房温度的差别。

（3）根据不同的冷藏食品和不同的贮藏期确定相应的贮藏温度。

（4）冻结间配用双速或变速电机的冷风机。

（5）冷却物冷藏库配用双速电动机的冷风机。

2）加强科学管理

（1）建立能耗管理制度,日常运行管理填写工作日记,按月进行统计。

（2）制定单位冷量耗电定额。

（3）制定单位产品耗电定额。

（4）及时进行技术改造,淘汰能耗大的设备。

（5）合理堆垛,提高库房利用率。

 1-2

优博讯冷链仓储设备——专业冷链手持终端 RT40

（1）超远距离扫码:可选配15米超远距扫描头,扫码距离最远可达15米,轻松解决高货架货物的扫码问题,无须在货架上爬上爬下;对于放置在低处的货物,无须弯腰扫码,便利性大大提升。

　　(2) 条码扫描: RT40 搭载专业扫码引擎,支持国际通用一维/二维识读,皱褶、磨损、无损、扭曲、脱裂码等非常规条码也能识读,条码识别率高,毫秒级反应速度。

　　(3) 超强耐低温性能:优博讯专业冷链手持终端 RT40 配备了耐低温电池和专业抗冷凝屏幕,在低温情况下,屏幕、扫码窗能够自动加热,即使处在－30 ℃的低温环境下,也能像在常温场景下一样正常使用。

　　(4) IP68 工业防护:RT40 应用了特殊防雾装置技术,机身内部结构采用了防水渗入密封设计,防水防尘等级达到 IP68 级别,密封性能优秀;除此以外,设备具备跌落保护,数千次实测 1.8 米跌落地面毫发无损,非常坚固可靠,完全无惧冷库"危机四伏"环境。

　　(5) 热插拔电池:支持热插拔电池,在不切断电源的情况下实现电池的更换,提高了系统对灾难的及时恢复能力,有效保护数据,避免重要信息丢失。

　　(6) GPS 定位:内置 GPS 定位系统,可对库内物资实时定位追踪,并同步传输相关信息至后台,让人员和资产随时处于高度可视化的监控环境下。

　　(7) 超高清摄像头:RT40 配置 1 300 万像素的摄像头,在仓库或者物流运输中遇到任何情况,第一时间拍摄记录下来。即使是雾气缭绕的冷库,也能保证照片清晰可见。

　　(8) 强大续航能力:5 200 mah 大容量电池,支持快充,3 个小时即可充满。搭配精心设计的电源管理系统,保证设备在冷链环境下也能长时间工作。

　　(9) 超稳定 Wi-Fi(无线网络):内置双 AP(接入点),Wi-Fi 传输距离更远,有效解决冷库信号覆盖不够难题,大大降低企业布网成本;优化 Wi-Fi 漫游协议,漫游切换低延时,超低丢包率,让设备随时在线,数据实时互通。

　　(10) 高配置系统:采用安卓 10.0 操作系统,配备 8 核 CPU(中央处理器),酷爽的操作体验让工作流程更加顺畅。

　　资料来源:什么是冷链仓储? [EB/OL]. (2022-03-06). https://zhuanlan.zhihu.com/p/476535145.

　　问题:冷链手持终端 RT40 的这些技术特点和功能对冷链仓储有哪些影响?

1.3.5　冷链智能仓储

1. 智能仓储

　　智能仓储主要是利用传感器和物联网技术,实时监测仓库的温湿度、货物的存储状态、仓库设备的运行状态等信息。同时,可以通过平台对数据进行分析,从而发现潜在问题和优化空间,还可以预测需求、优化仓储布局、提高货物流转效率等,提高仓储管理的水平。

　　通过人工智能技术可以对仓储数据进行智能决策和优化。通过分析历史数据和实时数据,可以自动调整仓库的存储布局、优化出货计划、预测库存需求等,有效提高仓储管理的准确性和效率。仓储数据以直观的图表和报表形式可视化地进行展示,使仓储管理人员能够清晰了解仓库的运行状况、货物的存放情况等。同时其可以及时发现问题、作出决策,并对仓库进行优化和改进。

2. 冷链智能仓储

冷链智能仓储利用物联网技术和云计算技术,将传统仓储管理与先进的信息技术相结合,通过实时监测、数据分析和智能决策等手段,提高冷链产品的仓储管理效率和准确性。

冷链智能仓储管理信息系统是专门为了规范农产品的仓储方式而开发的,需要实现的功能包括对仓位进行高效利用,减少运输与存储过程中农产品的浪费,同时对产品库存数量进行控制、控制产品出入库数据等。与此同时,还需要实现统计不同种类农产品的流通情况、预测库存供应能力等。某具体功能如下。[①]

(1)货区与货位的布局优化。在系统中,应用 CAD(计算机辅助设计)软件对仓库内的货区与货位的布局优化,为农产品的出入库选择最科学的路径以及合适的时间点,实现分离管理。

(2)温度与湿度的智能监控。对不同的产品,可以通过系统分别放在不同的位置上,利用传感器进行温度与湿度的实时检测,并将具体数据反馈给中心系统,借助系统数据库储存的信息对货区内的温度及湿度进行自动化、智能化调节。

(3)智能仓储管理系统的研发。在研发冷链智能仓储管理信息系统时,必须将系统的不同模块进行分解,并对模块进行整合,将系统调试完善。实现产品出库入库作业、仓库温度及湿度自动控制、临界库存预警以及库存信息实时更新等功能,实现智能化管理。

1.4　冷链仓储供应链

仓储是供应链的重要组成部分,冷链产品从供应商到客户的供应链中,仓储发挥着关键作用。因此,冷链企业做好仓储供应链管理至关重要,这关系到产品的质量和客户满意度。做好冷链仓储供应链管理主要体现如下。[②]

1. 建立高效的仓储管理系统

企业发展过程中,需要进行信息化建设,除了上游 ERP、WMS(仓储管理系统)等可以实现全流程精益化管理,还包括对库存货品的实时监控、订单处理、出入库管理等功能,通过线下作业和系统数据的对应,实时记录人工作业,提高作业效率和准确性。

2. 优化仓库布局

根据产品特性和储存要求,合理划分温度控制区域,确保不同食品的储存环境符合要求。规划货物流通路径,确保在库产品的顺畅流动。设立快速通道,便于拣选人员快速准确地找到所需产品。

3. 强化库存控制

建立完善的库存控制机制,确保库存水平适中,避免积压和浪费。在仓储管理系统中定期进行库存盘点,确保库存数据的准确性。根据销售数据和市场趋势,及时调整库存水

---

① 吴琳娜. 农产品冷链智能仓储管理信息系统的初步研究[J]. 商场现代化,2017(8):31-32.

② 冷链企业,如何做好仓储供应链管理?(EB/OL). (2023-11-01). https://baijiahao. baidu. com/s? id=1781331239641264340&wfr=spider&for=pc.

平,避免积压和浪费。

4. 加强人员培训和管理

对仓库管理人员进行专业培训,提高他们的业务素质和操作技能。建立完善的绩效考核制度,激励员工积极参与仓储管理工作。鼓励员工之间的交流和合作,共同提高仓储管理水平。

1.5 冷链仓储库存控制

1.5.1 冷链仓储库存管理

传统的冷库管理只能依靠人工大量出入单据和各种所需数据,随着冷链物流的快速发展,传统冷库也在逐渐摆脱这种落后的方式,不断提升自己的信息自动化处理能力,升级企业的经营战略和管理方式,借助互联网、物联网与区块链等技术,打通生产商、供应商、销售商以及消费者之间的信息壁垒,使冷链物流资源利用率达到最大化。

1. 库存管理

"库存"(inventory)一词的定义是:"以支持生产、维护、操作和客户服务为目的而存储的各种物料,包括原材料和在制品,维修件和生产消耗品,成品和备件等。"

2. 库存管理模型的分类

不同的生产和供应情况采用不同的库存模型。

(1) 按订货方式,库存管理模型可分为五类。

定期定量模型:订货的数量和时间都固定不变。

定期不定量模型:订货时间固定不变,而订货的数量依实际库存量和最高库存量的差别而定。

定量不定期模型:当库存量低于订货点时就补充订货,订货量固定不变。

不定量不定期模型:订货数量和时间都不固定。

以上四类模型属于货源充足、随时都能按需求量补充订货的情况。

有限进货率定期定量模型:货源有限制,需要陆续进货。

(2) 按供需情况,库存管理模型可分为确定型和概率型两类。确定型模型的主要参数都已确切知道;概率型模型的主要参数有些是随机的。①

(3) 按库存管理的目的,库存管理模型又可分为经济型和安全型两类。经济型模型的主要目的是节约资金,提高经济效益;安全型模型的主要目的则是保障正常的供应,不惜增加安全库存量和安全储备期,使缺货的可能性降到最低限度。库存管理的模型虽然很多,但综合考虑各个相互矛盾的因素求得较好的经济效果则是库存管理的共同原则。

3. 冷链仓储库存管理方式

1) 冷链单级库存管理

(1) 供应商管理库存(VMI)。VMI是指供应商在与零售商达成自动补货协议,综合

---

① 库存管理方法有哪些_库存管理模型的分类(2)[EB/OL].(2022-04-28).https://wenku.baidu.com/view/d2fb9c2251ea551810a6f524ccbff121dc36c543.html?_wkts_=1677762925456.

考虑供应链库存水平、运输成本等的基础上,为零售商管理其商品的订单、送货和库存等工作,取代零售商烦琐的日常补货工作,如图1-14所示。供应商通过及时调整企业的生产和对客户的供货从而快速地响应市场的需求。① 最近的几年中,供应商管理库存在商品分销系统中使用越来越广泛,有学者认为这种库存管理方式是未来发展的趋势,甚至认为这会导致整个配送管理系统的改革,支撑这种理念的理论非常简单:通过集中管理库存和各个零售商的销售信息,生产商或分销商补货系统就能建立在真实的销售市场变化基础上,从而提高零售商预测销售的准确性、缩短生产商和分销商的生产和订货提前期,在链接供应和消费的基础上优化补货频率和批量。

（2）客户管理库存(CMI)。相对于VMI,CMI是另一种库存控制方式,配送系统中很多人认为,按照和消费市场的接近程度,零售商在配送系统中由于最接近消费者,在了解消费者的消费习惯方面最有发言权,如图1-15所示。因此其应该是最核心的一环,库存自然归零售商管理。持这种观点的人认为,配送系统中,离消费市场越远的成员就越不能准确地预测消费者需求的变化。

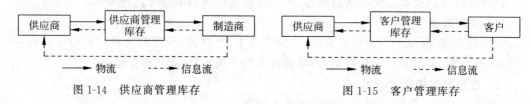

图1-14　供应商管理库存　　　　　图1-15　客户管理库存

2) 冷链多级库存管理

多级库存的概念早在20世纪60年代就是库存理论的研究热点,但是至今尚未形成统一的定义。最早开始研究多级库存的学者是克拉克(Clark)和斯卡夫(Scarf),他们提出了"级库存"这个概念,供应链的级库存=某一库存节点现有库存+转移到或正在转移给其后续节点的库存。② 多层级中管理库存的复杂性在不断增加。所有这些分销点是在一个单一企业的内部控制之下。在单个层级状态,尽管你不需要在供应商和终端客户之间的仓库或者DC(配送中心)进行补货,但是你仍然需要解决供应商和DC之间的其他分销点的补货问题。多级库存管理的目的是在最小网络库存的情况下(而这些库存是分散在各个不同的层级中的),实现令终端顾客满意的服务。

3) 冷链联合库存管理

联合库存管理(JMI)是一种风险分担的库存管理模式,体现了战略供应商联盟的新型企业合作关系,如图1-16所示。它结合了对产品制造更为熟悉的生产商或供应商,以及掌握消费市场信息、能更快更准确反映消费者消费习惯的零售商的优点,因此能更准确地对供应和销售作出判断。在配送系统的上游,通过销售点提供的信息和零售商提供的库存状况,供应商能够更加灵敏地掌握消费市场变化,销售点汇总信息使整个系统都能灵活应对市场趋势;在系统另一端,销售点通过整个系统的可视性可以更加准确地控制资金的投入和库存水平,通过在配送系统成员中减少系统库存,可以增加系统的灵敏度。由

① 陈杰,潘卫刚.VMI策略下的综合生产计划研究[J].运筹与管理,2004,13(3):125-129.

② 徐伟,赵嵩正,孙宜然.供应链环境下多级库存管理模式的分析比较[J].物流技术,2008(6):93-96.

于需求不确定性的减少和应对突发事件的高成本降低,系统整体都可以从中获益。在
JMI 环境下,零售商可以从供应商那里得到最新的商品信息以及相关库存控制各种参数
的指导或建议,但是由于是独立的组织,零售商同样需要制定自己的库存决策。[①]

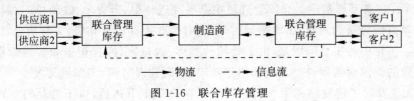

图 1-16　联合库存管理

4. 冷链仓储库存委托保管方式

1）接受用户的委托

由受托方代存代管所有权属于用户的物资,使用户不再保有库存,甚至可不再保有保
险储备库存,从而实现零库存。受托方收取一定数量的代管费用。这种零库存形式优势
在于受委托方利用其专业的优势,可以实现较高水平和较低费用的库存管理,用户不再设
仓库,同时减去了仓库及库存管理的大量事务,集中力量生产经营。但是,这种零库存方
式主要是靠库存转移实现的,并未使库存总量降低。

2）协作分包方式

这种结构形式可以以若干分包企业的柔性生产准时供应,使主企业的供应库存为零;
同时,主企业的集中销售库存使若干分包劳务及销售企业的销售库存为零。

5. 冷链仓储库存实现形式

1）即进即售

即进即售指当产品入库后,在正常库存周期将所有的产品都销售出去,并同时收回货
款。这种方式是最理想的销售方式,但除非是处于垄断地位或极为畅销的产品,否则这种
情况几乎不可能存在。

2）即进半售

即进半售指当产品入库后,除即进即售情况外,可以采取接受定金或分期付款的办
法,将产品半卖半“送”,这是实际销售中最主要的方式,是比较好实现的。

3）超期即“送”

对于超过正常库龄但仍保有其质量的产品,可不付款“送”给用户先使用,即赊销的办
法。对于长期处于呆滞状态的库存产品,可采取用它们支付有关费用的办法“送”出去,如
用呆滞产品代替现金支付广告费、赞助费用、运费、仓储费等。

6. 冷链仓储库存管理存在的问题

库存管理是企业管理的重要组成部分。在企业生产经营活动中,库存管理既必须保
证生产车间对原材料、零部件需求,又直接影响采购、销售部门的购、销活动。为盘活企业
流动资金,加快资金周转,在保障供给的前提下,最大限度地减少压库资金,直接牵动着企
业的经营效益。冷链仓储库存管理方面普遍存在如下问题。

---

① 马士华,林勇.供应链管理[M].北京:机械工业出版社,2005.

（1）不能及时获得库存信息。在企业运作过程中，有时必须获知各种货品当前的库存量，但由于冷链货品种类多、数量大，需要进行仔细的核算，这不仅费时，而且易出错，从而影响企业快速有效地运转。

（2）库存信息不够准确。仓库管理员根据各种送货单、退货单、收料单、发料单、领料单和退料单进行物料的入库、出库搬运后，要随时修改库存信息和借、欠料信息，以便反映库存状况。工作中的主要问题是，由于货品种类多、数量大，库存记录和实际库存时常不是严格一致的。因而需要通过盘点来纠正差错，这既耽误时间，工作量又大。

（3）无法及时了解发料和生产用料情况。在公令单下达后，由于货品与生产线的关系复杂，根据送料员的个人经验给各配料点送料时，常缺少发料、用料记录和相关信息，经常出现生产线缺料才知道需要送料的情况，导致生产和用料发生混乱，无法了解发料和生产用料的实际情况。

 **1-3**

上海浦东盒马鲜生产业智慧冷链物流基地项目

该项目位于上海市浦东新区航头镇，占地面积约 117 亩（1 亩≈666.67 平方米），总建筑面积约 10 万平方米，主体建筑层高 24 米，共设四层，将综合运用 5G、物联网、大数据、云计算、区块链等技术，建设全球最高水平生鲜商品加工中心、半成品及成品食材研发中心、无人自动化冷链物流中心。

依托新型零售模式，项目集农产品加工、成品食材研发、半成品冷冻储藏、中央厨房、冷链物流配送等为一体，拥有 3 个冷库和 1 个加工中心。其中冷库温区分为−18 ℃、0～4 ℃、5～10 ℃、10～15 ℃多个，并配备−18 ℃与 0～4 ℃的变温库。

项目工期要求仅有 609 天，需完成基础施工至竣工交付的所有施工内容，包括 ALC（自动载荷控制）、电气、空调、通风、制冷、保温等 10 多个分包的穿插作业，施工任务繁杂，协调任务艰巨。因此项目团队制定详尽的招标策略，保证分包提前进场、提前深化、提前插入施工。针对厂房单层面积大、楼层少的特点，细化平面分区，组织平面流水，充分发挥无支撑体系的优势，单层结构完成后就插入后续工序的穿插施工。

盒马鲜生产业基地建成后，将进一步加快构建乡村振兴发展共同体，优化产业结构，凸显产业集聚效应，推动区域产业转型升级，实现高质量发展。

资料来源："冻"力十足，一起走进全国最大智慧冷链物流基地项目！[EB/OL].（2022-04-22）.https://baijiahao.baidu.com/s?id=1730816494440946390&wfr=spider&for=pc.

问题：上海浦东盒马鲜生产业基地项目的建设折射出怎样的冷链物流发展新态势？

1.5.2 冷链仓储库存控制的发展及展望

为了认真贯彻落实党的二十大精神，持续推进冷链物流骨干网建设，让快速高效的建造技术在冷链建设中发挥更大作用，打通农村物流"下乡与进城"的双向快捷通道，提高农产品的附加值和市场竞争力，助力乡村振兴跑出加速度。

1. 冷链仓储库存控制的发展

《"十四五"冷链物流发展规划》对冷链物流的现状形势进行了确切分析。近年来,我国肉类、水果、蔬菜、水产品、乳品、速冻食品以及疫苗、生物制剂、药品等冷链产品市场需求快速增长,营商环境持续改善,推动冷链物流较快发展,但仍面临不少突出瓶颈和痛点、难点、卡点问题,难以有效满足市场需求。我国进入新发展阶段,人民群众对高品质消费品和市场主体对高质量物流服务的需求快速增长,冷链物流发展迎来新的态势。

1) 冷库保有量和需求量将迅猛增加

中国传统上是一个农业国,生产的易腐水果和蔬菜数量居世界之首。[1] 近年来,随着我国冷饮市场、冷鲜肉市场、肉类延伸品市场、水产品市场、水果蔬菜市场的不断扩大,人们对这些易腐食品消费量的快速增长,将促进冷库需求量的进一步增长。虽然我国冷库容量近年来增长较快,但与发达国家相比仍有较大差距。

2) 冷库的分布范围更广泛

我国的主要冷库聚集区有:长三角地区;香港、台湾及珠三角地区;环渤海湾地区;西南地区;其他主要城市如西安、郑州、武汉等。我国冷库在沿海地区和大型城市发展很快,但在中西部地区和二、三线城市的发展缓慢,随着各地区物流发展规划的出台和实施,作为冷链物流的中心环节和核心设施,冷库资源建设将会向中西部地区和二、三线城市扩张。

3) 冷库类型结构更趋合理

果蔬产区应集中建设气调冷库,规模应以大、中、小型相结合,以发展中型为主。机械气调库的建设应择优推广预制生产、现场装配模式冷库工程化工业产品,果蔬产地适于建单层冷库和中小型冷库,尽快推广塑料薄膜、大棚、大帐、硅窗、塑料薄膜小包装等气调设施是我国近期发展的重点。在经济较发达的城市,发展中型冷库,建立冷冻食品贮藏批发市场。将中小型冷库向社会开放,提供有偿的仓库服务、信息服务、经营后勤服务。

4) 冷库管理规范化

冷库虽然不会发生爆炸、燃烧等恶性危险事故,但其低温、封闭的库房对人员还是可能会产生伤害,这种伤害性事件时有发生。冷库技术工人是执行冷库管理制度和实施直接操作的工人骨干,其人数和素质直接关系到冷库的生产与贮存货物的质量。因此应加强行业组织化、加强职业技能培训,持证上岗,提高从业人员素质。管理的规范化,也有助于强化行业自律精神,维护市场秩序,有效改进无序竞争现状。从业人员素质的提高,更有助于确保冷库贮存产品的质量。

2. 冷链仓储库存控制的展望

2023 年中央一号文件《中共中央 国务院关于做好 2023 年全面推进乡村振兴重点工作的意见》强调,农产品冷链物流体系的发展逐步向上下游延伸,为能够更好地提升农产品质量,冷链技术涵盖农产品流通全环节。构筑农产品骨干冷链物流网络,完善关键冷链物流节点,打通冷链物流通路,都将大大提升冷链物流运营及管理效率,并实现助力农业发展。园区链化、规模化、系统化、技术化都是目前冷链物流产业所呈现出的发展态势,多

---

[1] ZHAO H X, LIU S, TIAN C Q, et al. An overview of current status of cold chain in China[J]. International journal of refrigeration, 2018, 88: 483-495.

元化现代冷链物流体系将是未来主流发展方向之一。

农产品冷链物流作为农业发展的重要组成部分之一,对于农业绿色发展程度具有较大影响。作为"能耗大户",冷链物流近几年持续关注绿色化发展战略,并在"双碳"政策的指引下,通过技术、模式、规划、管理等多个维度,推动冷链物流绿色化发展。2024 年,冷链物流行业还将继续践行绿色化发展路径,助力农业绿色发展。

1) 从"仓储"走向"冷链物流配送"

目前,我国完整独立的冷链系统尚未形成,市场化程度较低,冷冻冷藏企业有条件的可改造成连锁超市的配送中心,形成冷冻冷藏企业、超市和连锁经营企业联营经营模式。建立食品冷藏供应链,将易腐、生鲜食品的收购、加工、贮藏、运输、销售,直到消费者的各个环节都纳入标准的低温环境之中,以保证食品的质量,减少不必要的损耗,防止食品变质与污染。[①]

同时,按城市的物流发展规划调整现有冷藏库布局,构建新的食品冷链物流配送体系。今后在城市建造冷链物流配送中心,都将离开中心城区,并按城市的物流发展规划和道路网络,建在有便利的运输设施的区。

2) 从中小型走向规模化

我国农产品需求不断增长,农业技术持续更新,对于农产品和食品的深加工起到了很大的促进作用。相应地,冷冻冷藏市场也水涨船高。而冷库建设与农产品发展息息相关,未来农场化、集团化作业方式备受期待,势必促进冷库朝向规模化进程。

3) 从单一方式走向组合冷库

从市场对冷库的需求趋势来看,我国现有的冷库容量十分不足。我国各类冷藏库,不论规模大小或功能如何,以往均按土建工程的模式建造,到目前这种模式仍占主导地位,这种建筑结构不合理,不适用现代冷链运作模式,必须进行冷库资源的整合改建与新冷库的建设。

冷库未来的发展,可以参照和借鉴国外冷库的现有运作模式以及发展路径。在国外有很多公共冷库,使用者采用租赁的形式,冷库建设的规模扩大可以有效地节约成本,所以大的综合型冷库是中国冷库设备未来发展的一个必然趋势。

4) 从普通型走向节能安全型

由于冷库建设引发的火灾、氨气泄漏等安全事故层出不穷,冷藏行业布局以及安全隐患问题也上升到了一个新的关注高度,要想使企业短期内改变安全状况,应把冷库作为社会基础设施进行维护。同时,企业自身也要适应当下市场要求,推进转型升级,提供更多可靠的产品和技术。此外,人民的思想意识不断提高,对于"节能""绿色"等观念日渐重视,市场上节能减排、绿色环保的产品备受青睐。

麦当劳的冷链物流

麦当劳公司对其食品冷链物流的管理不是采取自营模式,而是将业务外包给夏晖公

---

① 中国冷库市场的四大发展趋势[EB/OL].(2015-09-30).http://www.360doc.com/content/15/0930/17/4981404_502497868.shtml.

司进行管理。麦当劳之所以将冷链物流的管理业务外包,除了想为自身赢得更全面、更专业化的服务外,还能在解决本企业资源有限的同时,更专注于核心业务的发展以及带来增值性服务。麦当劳公司通过对夏晖公司冷链物流的过程管理,从而实现对自己餐厅销售的食品质量的控制。一般麦当劳公司通过订单和库存与配送进行管理。麦当劳餐厅的经理需要预先估计安全库存,一旦库存量低于安全库存,便进入订货程序。麦当劳公司采取在网上下订单,将订单发往配销中心的做法。夏晖公司在接到订单之后,便能够在最短的时间内完成装货、送货等一系列过程。只有这种网上订货的方式还不够。

　　每天,麦当劳餐厅经理都要把订货量与进货周期对照,一旦发现问题,立刻进入紧急订货程序。虽然紧急订货不被鼓励,但一经确认,两个小时后货品就会被送到餐厅门口。麦当劳公司通过对其订单的有效管理,实现了仓库储备的货物总能保证在安全库存之上,随时能够满足消费者对食品的任何要求。

　　资料来源:冷链物流及案例分析[EB/OL]. (2021-06-27). https://wenku. baidu. com/view/37da1196a06925c52cc58bd63186bceb18e8ed00. html? fr=income2-doc-search.

问题:

1. 麦当劳的冷链仓储库存实现方式是什么?
2. 冷链仓储库存管理需要注意什么问题?

【本章小结】

　　冷链仓储一般用于生鲜农产品类,通过仓库对商品和物品进行储存与保管。它是产品生产、流通过程中因订单前置或市场预测前置而使产品、物品暂时存放。它是集中反映工厂物资活动状况的综合场所,是连接生产、供应、销售的中转站,对促进生产效率的提高起着重要的辅助作用。

　　冷链仓储的特征:经济性、技术性、综合性、高成本性和时效性。

　　冷链仓储的主要功能有冷藏、保鲜、加工、整合、分类和转运等。

　　冷链仓储设备包括冷库货架等基本仓储设备以及冷库保温系统设备、冷库制冷系统设备、冷库电气控制系统设备等。

　　冷冻冷藏仓储是通过机械制冷方式,使库内保持一定的温度和湿度的仓库。对于需要冷冻的商品将温度控制在 0 ℃以下,使水分冻结、微生物停止繁殖、新陈代谢基本停止,从而实现防腐;对于需要冷藏的商品将温度控制在 0~5 ℃进行保存,在该温度下水分不致冻结,不破坏食品的组织,具有保鲜的作用,但是微生物仍然具有一定的繁殖能力,因而保藏时间较短。

　　冷冻冷藏仓储的作用:延长产品的保鲜周期;降低产品腐坏速度,保证产品安全;支持仓储保鲜;发展农副产品;产品质量管控;加快验货工作,降低物流成本。

　　冷冻冷藏仓储的优点:保持低温,可供生鲜肉类等物品存储;储藏保鲜期长,经济效益高。缺点:设计单一;成本高;容易产生气味和滋生细菌;火灾隐患多且不易灭火。

　　冷冻冷藏仓储作业组织:仓储作业组织就是按照预定的目标,将仓库作业人员与仓库储存手段有效地结合起来,完成仓库作业过程各环节的职责,为商品流通提供优质的仓储服务。

冷冻冷藏仓储作业组织的目标：快进、快出、高效、保质、低成本。

冷冻冷藏仓储作业组织的原则：连续性、节奏性。

冷冻冷藏仓储作业的空间组织：正确计划，安排仓库中各种功能区的位置，正确安排收货区、存货区、拣货区、临时存放区、货品检验区等功能区的位置。

冷冻冷藏仓储作业的时间组织：通过各个环节作业时间的合理安排和衔接，保证作业的顺畅性，尽可能消除或减少作业过程中的停顿或等待时间。

冷库操作管理包括正确使用冷库和保证安全生产以及改进管理工作和确保商品质量。

冷库节能与科学管理可以通过采用新工艺、新技术、新设备的设计方案和加强科学管理来实现。

冷库仓储管理系统体现为出入库数字化管理、货物库存信息数字化管理、库位数字化管理、库内数字化管理。

冷链仓储库存管理方式分为冷链单级库存管理、冷链多级库存管理、冷链联合库存管理。

冷链仓储库存委托保管方式主要有接受用户的委托和协作分包方式。

冷链仓储库存实现形式：即进即售、即进半售、超期即"送"。

冷链仓储库存管理存在不能及时获得库存信息、库存信息不够准确、无法及时了解发料和生产用料情况等问题。

冷链仓储库存控制的发展：冷库保有量和需求量将迅猛增加；冷库的分布范围更广泛；冷库类型结构更趋合理；冷库管理规范化。

冷链仓储库存控制的展望：从"仓储"走向"冷链物流配送"；从中小型走向规模化；从单一方式走向组合冷库；从普通型走向节能安全型。

【课后习题】

1. 简述冷链仓储的特征。
2. 简述冷冻冷藏仓储的概念。
3. 简述冷链仓储的主要功能。
4. 简述冷链仓储库存实现形式。
5. 什么是 WMS?
6. 什么是 VMI?
7. 简述冷链仓储库存控制的发展及展望。
8. 冷库安全管理体现在哪些方面？需要注意什么？

即测即练

第 2 章

冷链仓储流程管理

【本章导航】

本章主要介绍：冷链仓储流程管理；冷链仓储出入库管理及理货集货管理；冷链仓储的环节及各流程设计；冷链出入库业务的基本操作流程及任务分配；冷链仓储如何进行理货集货的管理。

【本章学习目标】

1. 掌握冷链仓储管理的流程。
2. 了解仓储管理流程中冷库人员职责和权限、冷链仓储优化策略、冷链物流冷库的功能。
3. 掌握冷链仓储入库出库作业流程。
4. 了解第三方冷链出入库操作流程、冷链仓储的理货集货管理。

【关键概念】

冷链仓储理货（cold chain warehouse tally）　储位编号（storage location number）
冷链仓储集货（cold chain storage and store goods）　生鲜冷链仓储（fresh cold chain storage）

生鲜冷链行业实现全流程可追溯化管理

生鲜冷链仓储行业中相关管理方法的应用越来越广泛。在过去的几年里，生鲜冷链行业的 WMS 系统已经取得了一定的进展。然而，由于生鲜冷链行业的特殊性质，仍然存在许多挑战和问题，如温度监测和控制、仓储规划、货物追溯和安全等方面。

对于生鲜冷链行业来说，由于产品易腐、易变质等特性，对于物流、库存等方面的管理和控制需要更加精细与严谨，因此需要一套专门的 WMS 系统解决方案。

随着物联网技术、人工智能技术和大数据技术的不断发展与应用，WMS 系统在未来将会实现更高水平的智能化和自动化管理。例如，通过物联网技术，WMS 系统可以实现对冷链设备和货物的实时监测与控制，从而确保货物的安全和质量；通过人工智能技术，WMS 系统可以对仓库数据进行分析和挖掘，实现更精确和高效的货位管理与库存管理；通过大数据技术，WMS 系统可以实现更智能的运输规划和配送管理。

生鲜冷链行业的快速发展，WMS 系统在过去、现在和未来都扮演不同的角色。

过去的发展

在过去,由于物流和信息技术的限制,生鲜冷链行业的物流管理和控制存在很大的局限性。WMS系统的应用也主要集中在简单的库存管理和订单跟踪等方面。但是,随着信息技术的发展和全球贸易的加速,WMS系统的应用范围和功能不断扩展与完善。

现在的发展

随着物流技术和信息技术的飞速发展,生鲜冷链行业的 WMS 系统已经从过去的简单库存管理系统转变为一个高度智能化的综合物流管理平台。现在的 WMS 系统包括货位管理、库存监控、装载卸货管理、运输管理、温度监测、作业管理等多个方面,并且大大提高了运作效率和准确性。

未来的发展

随着物流行业的数字化、智能化和高效化发展趋势,生鲜冷链行业的 WMS 系统也将朝着更加高效、智能和自动化的方向发展。未来的 WMS 系统将更加注重数据的分析和挖掘,通过大数据和人工智能技术来预测市场需求、优化运作流程、提升客户服务体验,并为生鲜冷链行业的可持续发展提供更多的支持。

温度控制:WMS 系统需要实时监测仓库内温度,确保生鲜冷链产品的储存和运输温度符合要求,并可以及时发出预警和报警。

批次管理:生鲜冷链行业的产品需要按照批次管理,WMS 系统需要对批次进行清晰的标识和追踪,确保产品的可追溯性。

库存管理:WMS 系统需要对库存进行精细化管理,包括库存监控、库存调配、库存分布等,确保仓库内的物流运作顺畅。

作业管理:WMS 系统需要对仓库的运作数据进行分析和挖掘,帮助企业优化物流运作流程和提升管理水平。基于生鲜冷链行业的 WMS 系统解决方案需要有针对性地设计,满足该行业对于物流、库存、作业和资源等方面的高效管理与控制需求。

温度监测与控制:WMS 系统可以对货物的温度进行实时监测,并通过传感器对仓库的温度进行自动控制。通过这种方式,WMS 系统可以使生鲜货物在仓库中的温度始终保持在合适的范围内,从而有效避免货物的损坏和质量问题。

智能仓储规划:WMS 系统可以通过对仓库的数据分析和挖掘,实现货位管理、库存监控、订单跟踪和作业管理等多个方面的优化与智能化管理。通过这种方式,WMS 系统可以提高仓库的运作效率和准确性,减少错误和损耗,从而节省成本和提高利润。

货物追溯与安全:WMS 系统可以实现货物追溯和安全管理,对生鲜货物的来源、质量、运输和储存等环节进行跟踪与管理,从而确保货物的安全和可靠性。

高效配送和快速响应:WMS 系统可以实现智能化的运输管理和装载卸货管理,对配送路线进行优化和规划,提高配送效率和速度,并能够快速响应客户的需求和变化。

生鲜冷链行业的 WMS 系统解决方案可以实现多个仓储场景,从而实现仓储和物流的高效化和智能化管理。未来生鲜冷链行业的 WMS 系统将会成为更加智能化、高效化和可持续化的仓储和物流管理方案,为生鲜冷链行业的进一步发展提供更好的支持和保障。

资料来源:智能化 WMS 仓储管理系统:生鲜冷链行业实现全流程可追溯化管理[EB/OL].(2023-03-10). https://www.shushangyun.com/article-7376.html.

问题:

1. 什么驱动了生鲜冷链行业的转变?

2. 生鲜冷链行业面临的挑战有哪些?有什么解决方案?

3. 生鲜冷链行业发展趋势是什么样的?

2.1　冷链仓储的管理流程

2.1.1　冷链仓储管理流程及基本内容

1. 准确调节制冷系统

冷链仓储管理流程中冷库制冷系统在实际运行中,由于工况条件是不断变化的,只有依靠冷库管理人员的精心操作并准确地调节制冷设备的运行,才能使制冷系统始终处在最理想的工作状态,达到高效节能的效果。[①]

2. 合理规划冷库物品存放位置

总要求:冷库必须合理利用仓容,不断总结,改进商品堆垛方法,安全,合理安排。

(1) 所堆码货物与地面之间,必须放置垫板,确保底部货物通风。

(2) 货物码放垫板最多并排两块后必须留不低于 0.3 米通风道,否则将影响冷气循环。

(3) 货物码放距冷库制冷排管下侧(或顶部)0.3 米,距冷风机周围 1.5 米,距无排管的墙 0.2 米。

(4) 库内货物码放不得有倾斜等易倒情况。

(5) 有解冻现象的货物必须打开箱体、平铺货物,如叠放货物将影响货物复冻。

3. 及时出入库

及时出入库是指确保冷链物流产品在规定的时间内完成入库和出库操作,以保证产品的质量和安全,并满足客户的需求。商品出入库时,应设定明确的入库和出库时间窗口,确保货物在规定时间内完成操作。对于紧急订单或特殊要求,应优先安排出入库,以满足客户需求。

4. 库内保管

(1) 各类冷库库房必须按设计规定用途使用,冷却物、结冻物冷藏间不能混淆使用。原设计有冷却工艺的冻结间,如改为一次冻结,要配备足够的制冷设备。[②] 冷却物冷藏间、结冻物冷藏间、原设计的两用间确需改换用途的,由设计部门设计并按程序报批。

(2) 空库时,冻结间和冻结物冷藏间应保持在 -5 ℃以下,防止冻融循环。冷却物冷藏间应保持在零点温度以下,避免库内滴水受潮。

(3) 在码垛过程中,应充分考虑易损产品(如条状产品、豆类产品等)的安全性;对蒜等有异味的产品必须隔离堆放。

---

① 冷链仓储管理的流程?仓库主管都收藏的冷链管理流程[EB/OL]. (2019-12-23). https://www.50yc.com/information/guanli-jiqiao/16487.

② 冷库管理 冷库管理规范(试行)[J]. 商品与质量,1996(2): 24-26.

5. 冷链仓储安全管理

（1）设施安全：包括冷库设备的定期检查和维护，防火、防盗等安全设施的配置。

（2）货物安全：确保货物在储存过程中不受损害，如分类储存、标识管理、贮存限制等。

（3）人员安全：为作业人员提供安全教育培训，确保工作过程中正确穿戴劳动保护用品，并遵守安全操作规程。

（4）应急处理：制定应急预案，处理可能发生的紧急情况，如冻伤、火灾等。

通过建立安全监督管理制度，定期对冷链仓储安全管理进行检查和评估，确保各项安全措施得到有效执行。

6. 冷链仓储节能管理

（1）合理利用库房，节能减耗。冷藏间的耗电量是按冷藏间耗冷量的多少来计算的，通常包括两部分：一是货物冷却和冷藏时的耗冷量；二是冷藏间本身（即围护结构）及操作管理的耗冷量。节约用电的关键在于冷藏间的利用率，利用率低的冷藏间耗冷多，耗电也就多。在实际操作中，由于压缩机所配备的电动机功率是按该机制冷能力选定的，也就是库房的耗冷量小于制冷机的制冷能力。冷库在淡季运行时，由于冷藏间存放的货物较少，压缩机运转是"大马拉小车"，浪费了电能。因此，在淡季时可将几个冷藏间内的货物按贮藏温度及时并库，以减少能耗。

（2）冷库内照明系统的节能。冷库照明应在安全、科学、合理的基础上，从节能和环保的角度出发，根据冷库间的面积、高度及库房温度等综合考虑。冷库内的照明一般集中在工作区域内。应在保证操作人员安全的情况下做到及时关灯，以减少库房的热负荷及电能消耗。同时要尽量采用高效低耗耐压的照明灯具以减小灯具的更换频率。LED照明系统具有环保省电、照度均匀、低温时发光效率良好及供电效率高的优势，是一种极有前景的新型光源，也是今后冷库内照明系统的发展方向。

（3）定期放油、除垢和放空气，确保良好的热交换效果。当蒸发器盘管内有0.1毫米厚的油膜时，为保持设定的温度要求，蒸发温度就要下降2.5 ℃，耗电量增加10%以上；当冷凝器内的水管壁结垢达1.5毫米时，冷凝温度就要比原来的温度上升2.8 ℃，耗电量增加9.7%；当制冷系统中混有不凝结气体，其分压力值达到0.196 MPa时，耗电量将增加约18%。

（4）冷库蒸发器的合理调节与及时除霜。一般而言，冷库蒸发温度每提高1 ℃，可节能2%～2.5%。因此，在能够满足产品制冷工艺要求的前提下，可通过调整供液量，尽量提高蒸发温度。霜层的热阻一般比钢管的热阻大得多，当霜层厚度大于10毫米时，其传热效率下降30%以上。当管壁的内外温差为10 ℃、库温为−18 ℃时，排管蒸发器的制冷系统运行1个月后，其传热系数k值大约为原来的70%。冷风机结霜特别严重时，不但热阻增大，而且空气的流动阻力增加，严重时将无法送风，所以要适时对蒸发器的表面进行除霜处理。在大中型冷库的制冷系统中，一般不采用能耗高的电热融霜方式，而小型氟利昂制冷系统为简化管路，可采用电热融霜方式，但是应根据霜层融化所需的热量配置适宜的电热功率。

（5）合理利用峰谷电运行及昼夜温差运行。在不影响被冷物冷藏质量的前提下，冷库可以利用夜间"谷价"运行，减少白天制冷压缩机的运行时间，避开白天用电高峰期。目前,我国主要省市制定的分时电价制度峰谷电价比为 3～4：1,所以可利用蓄冷装置或调整开机时间,提高"谷电"使用率,降低运行成本。

此外,我国地域辽阔,不少地区昼夜温差较大。通常海洋性气候地区昼夜温差为 6～10 ℃,大陆性气候地区昼夜温差为 10～15 ℃。夜间环境温度低,可根据产品贮藏特性,调整延长夜间开机时间,由于冷凝温度相对较低,有利于冷库的节能。

 2-1

水蜜桃冷库能帮助水蜜桃延长保质期

延长水蜜桃的保质期,可以说是冷库最重要的要求,但不是买来一个冷库,直接将水蜜桃堆积在一起就可以了,使用水蜜桃冷库需要科学性,那么应如何科学地使用水蜜桃冷库呢?

一、冷库消毒

水蜜桃在采收前要对储藏水果的冷库进行消毒,因为冷库再被重复使用后上一季的水果会留下多种细菌和真菌,水蜜桃在冷藏时容易被这些细菌侵蚀而腐烂变质。首先要将冷库彻底打扫干净等待地面完全干燥时才可以进行消毒。按照每平方米 5 克的标准放入烟熏消毒剂,用报纸点燃冒出浓烟后迅速关闭冷藏室门。烟熏消毒 4～6 小时后,重新打开冷库门进行通风工作。通风前要观察消毒剂是否完全燃烧,一般情况消毒剂不再冒烟就可以判定已经完全燃烧。确定消毒剂彻底燃烧后就开启电源设备通风半小时,直到没有刺鼻的味道,然后关闭冷库门避免遭到再次污染。完成这些步骤后还要预先把温度设成 4 ℃,使库房充分冷却约 12 小时。

二、采收

在冷库降温的 12 小时之内,采收工作就可以进行了。水蜜桃最好选择在晴天的上午 6—10 点的这段时间内进行采收,如果遇到中雨以上的降水,最好把采收时间推迟两天。为了更好地保存,最好采收八分熟的水蜜桃。在采收时先将包裹水蜜桃的桃袋撕开一条小缝,将整个手掌连同桃袋一同握住稍用力将两者一起扭动下来,轻轻放入筐中。注意不要扔掉采摘下来的果袋,因为它可以防止桃子之间相互摩擦和碰撞。采摘水蜜桃时一定要扭动采摘,用力要均匀。切记不要用直接拔、拉的动作采摘。

三、筛选

筛选时要去除桃袋,将部分有病虫害和机械伤害的剔除进行下一轮更为细致的筛选。接下来挑出八分熟或接近九分熟的可直接进行销售,其他的装箱运入冷库进行冷藏。

四、预冷与保鲜

水蜜桃运来后不能直接放入 4 ℃的冷库中,因为一般刚采摘的水蜜桃温度在 30 ℃以上。将水蜜桃放入冷库的缓冲间,进行第一次预冷。缓冲间的温度控制在 15 ℃左右,约 20 分钟后第一次预冷结束。把缓冲间的水蜜桃放入冷库中,把放水蜜桃的箱口打开,迅速关上所有冷库门。接下来的 24 小时内对水蜜桃进行第二次预冷。第二次预冷后,将保鲜袋内冲入空气,将保鲜袋口用绳子扎紧,箱口仍然敞开。关好库门并检查室内温度是否为 4 ℃,这样就开始正常冷藏了,在冷藏期间随时检查室内温度是否为 4 ℃,定期检查水蜜桃的质量。

资料来源:水蜜桃冷库能帮助水蜜桃延长保质期[EB/OL]. (2016-12-28). http://www.nbjingxue.com/news/402.html.

问题:

1. 科学管理冷库、全流程管理的重要性是什么?
2. 在冷链管理中有哪些关键要点?

2.1.2　仓储管理流程中冷库人员的职责与权限

1. 冷库主任的职责与权限

冷库主任负责冷库的全面日常运行管理。要为冷库工作的高质量发展努力奋斗,不断提升自己的政治觉悟和领导能力,确保冷库安全生产。还要组织指挥协调和控制整个冷库工作流程,保证冷库工作顺利进行,带领冷库工作人员努力提高自身业务水平和管理素质,确保安全生产工作,承担工作管理失误造成的一切责任。

2. 保管员的职责与权限

冷库原料及成品保管员,全面负责所有进、出库货物管理工作。认真负责地完成每一笔进、出库业务,数据准确无误;协助检验检疫部门、客户、质检部门的取样、检查工作,对进、出库的各种货物要及时开单、记账、存档,做到日清月结,工作中要坚持"质量第一"的理念,严格操作规程,认真负责地记录每一笔数据,确保所有产品符合质量标准。

管理好冷库内的所有设施,确保冷库温度在-18 ℃及以下温度条件下,发现温度异常升高,立即报告动力设备科,加强制冷量供给,并及时关闭库门,进、出库必须及时关闭库门。检查进、出库成品的外包装,如有破损,及时更换。定期对垫板进行卫生清理、日光消毒,破损垫板及时清理出冷库不再使用,以防破损物污染产品,要增强规则意识,遵守操作规范,确保产品卫生和库内秩序。

库内外禁止吸烟、携带火种,及时对库门上锁管理,杜绝外来无关人员随意进出冷库。发现问题及时上报主任,共同研究纠偏措施,保持谦虚谨慎态度,及时汇报问题,与同事共同完成工作。对隐瞒不报者,追究当事人责任。

冷库原料和成品的管理对保证食品安全与质量至关重要,要树立服务意识,配合各部门开展检验取样工作,以务实精神推进冷链现代化建设。作为一名冷库保管员,肩负着重大责任,应当时刻牢记职业道德和社会责任,用实际行动践行社会主义核心价值观。

3. 微机员的职责与权限

微机员要将录入工作视为保卫国家物资安全的一项重要任务,保证每一笔业务的准确录入。与保管员紧密对账,确保数字绝对准确,以严谨作风来要求自己,做到毫不马虎、不放过任何疏漏。同时,要时刻关注库温,记录并报告温度变化,以确保库内物品的安全。

微机员还应当严格遵守检验检疫部门的要求,管理好相关软件,保持详细的记录,确保与检验检疫部门的合作顺畅无误。重视防鼠、防疫、防蝇、防虫等卫生预防工作,积极参与并监督工人、冷库内、月台、院子、更衣室的卫生和预防工作,为员工提供一个清洁、健康、安全的工作环境。此外,微机员还应当积极协助和配合检验检疫部门的检查工作,保证冷库合规运营。

4. 装卸班长的职责与权限

装卸班长要将每一次的装卸工作视为对国家物资运输安全的守护。接到装卸工单后,合理分工,轻拿轻放,妥善保护好成品的外包装,确保货物不受损害。同时,要精心计划每个品种成品的装箱时间表,确保高效率、高速度、准确无误地完成每一次装卸任务。装卸班长还应当关心工人和叉车司机的日常工作,积极协助保管员清点、验收货物,时刻关注安全生产,将安全第一、预防为主的思想贯穿到每一项工作中,为员工提供一个安全的工作环境。要不断监督、检查员工的安全生产情况,确保工作场所卫生、安全、有秩序,同时要承担管理失误可能造成的责任和处罚。

5. 叉车司机的职责与权限

叉车司机除了维护和保养设备,还要制订合理的维修计划,确保设备处于良好的工作状态,做到工作细致、耐心、精益求精。同时,要承担清洁和消毒运输工具的责任,为员工提供一个干净、卫生的工作环境。叉车司机要无条件服从装卸班长的安排,爱护冷库的一切设施,绝不开快车、不酒后驾驶、不野蛮装卸。在进、出库操作时,要严格遵守安全规定,鸣笛示警,以预防库内设施和人员的损伤。若不慎违反规定导致事故,要勇于承担个人责任,接受相关处罚。

6. 装卸工的职责与权限

装卸工应当无条件服从装卸班长和保管员的安排,认真对待每一项工作。在工作中,装卸工要时刻遵守国家法律法规,绝不带火种进入冷库,杜绝吸烟行为,避免采取粗暴的装卸方式,以保护货物的完整性和安全性。此外,要保持清醒的头脑,绝不带酒上班,远离打架、偷拿物品、破坏和偷懒等违规行为,对于任何违规事故,要勇于承担个人责任,并接受相应的处罚。

2.1.3　冷链仓储优化策略

1. 冷链仓储单元化与标准化

在经济全球化发展的过程中,加强绿色物流的发展对于我国电力企业提升综合竞争力具有至关重要的作用。对于电力企业而言,推动包装的绿色化发展,加强仓储管理的单元研究,有助于促进电力物资的节能、降耗发展。[①]

冷链仓储系统主要包含托盘等单元器具、各类货架、搬运设备、温湿度监控系统与管理信息系统等。规范冷链仓储的装载单元、集成单元,包括货架的包装单元尺寸、托板尺

---

① 喻琤,陈恩繁,潘丐多,等.绿色物流视角下的电力物资包装标准化及仓储单元化研究[J].质量与市场,2021(20):157-159.

寸和其他配套设施,是确定整个冷链标准的基础。[①]

冷链仓储对存储设备、存储环境的要求很高,在对冷链仓储系统进行规划设计时,由于冷链仓储的装载单元、集成单元的非标准化、定制化直接关联到所有冷链对接设施的技术尺寸,是冷链仓储设施进行设计规划的基础技术数据来源之一,直接影响仓储系统解决方案的确立、规划设计与优化、存储设备库容量及其搬运设备的运行效率,也不利于第三方冷链企业之间进行仓储管理与运作服务。因此,实现冷链仓储的单元化、标准化,可通过对资源的最佳配置,让冷链仓储系统在为客户提供满意服务的同时,降低物流系统总成本,获得最佳经济效益。

2. 关注冷链仓储环境下的控制要素

冷链仓储环境下的控制要素包含产品特性、冷链仓储设备、处理工艺和作业管理等方面。

(1)产品特性方面的控制要素包括原料品质和耐藏性等。不同原料存储温度条件、冷却方法和单元包装要求等都会有差异。冷藏产品的品质变化主要取决于控制温度计温度的可变化范围,存储物品的温度影响,甚至存储物品表面温度与内在温度间的梯度也会对其品质产生影响。在常温中暴露 1 小时的食品,其质量损失可能相当于在 $-20\ ℃$ 下贮存半年的质量损失。

(2)冷链仓储设备的控制要素包括:冷链仓储设备的数量、质量及其在库房内的布局与控制管理模式、温湿度监控系统与管理运营平台、低温环境和保鲜贮运工具等。针对冷藏冷冻手段与工艺选择合适的冷链仓储设备,以确保冷链仓储环境符合环境温度、湿度、气体成分、卫生等要求。

(3)处理工艺条件的控制要素包括:冷链仓储的工艺水平、包装条件和清洁卫生程度等。

(4)人为条件的控制要素包括:管理模式、快递作业和对食品的爱护等。

(5)影响冷藏或冷冻效果的要素还包括:存储物品的生化特性、冷却方法和冷藏工艺条件等,如采用人工调节冷链仓储环境下的氧气和二氧化碳的比例,以减缓新鲜制品的生理作用及生化反应的速度,延长存储物品的货架期。其中,有些因素是互相影响的,如冷链仓储设备条件对处理工艺、管理和作业过程均有直接影响。

3. 规划冷链仓储环境下货架钢结构的设计

通过对冷链仓储环境下的货架结构的设计规划与思考,分析与冷链仓储相关的设备所设计规划的侧重点,严格控制每一个影响因素,既充分发挥每种设备的性能优势,又利用不同设备的特点进行互补,从冷链仓储整体系统的角度去优化布局和管理,实现最佳的冷链仓储运行效率,服务于整个冷链系统。

(1)确定货架钢结构尺寸、链接、构造等。

(2)在钢货架结构设计规划之初甄别出结构影响因素。

---

① 张卫国.冷链仓储解决方案分析[J].物流技术与应用,2016,21(S1):61-64.

（3）冷链钢货架结构设计规划要有系统观和发展观。

（4）冷链钢货架结构设计规划的其他细节。

根据已确认的冷链仓储钢货架结构规划方案，合理布局温湿度监控节点、信号反馈布线、照明系统、搬运系统等，建立完善的运作监控系统与管理运营平台，合理调配存储货运，建立合理的存储作业环境、出入库频次和顺序，确保冷链仓储品质和存储效能。

4. 合理地选择冷链仓储解决方案

常温冷链物流中心主要业务包括仓储保管、初步加工、产品展示等，作业功能区包括理货区、暂存区、常温区、阴凉区、冷藏区、低温冷冻区、展示区、流通加工区、拣货区、废物集中区、商务区等，需要分析冷链物流中心的功能区域、设备布局、物流走向和运作流程，依据各功能区域之间的物流数据分析寻找内部物流频繁的区域以及物流相对较少的区域，确定各作业功能区的密切程度，再结合作业单位的可规划利用面积，合理设计布局、模拟运行，以确定相对合理的冷链仓储解决方案。钢货架结构及其类型是其中比较关键的应用技术之一，直接决定仓储量、进仓物品的最短与最长存储期、周转率及其运行效能等。随着物流和电商行业的飞速发展，钢货架结构从单纯提供货物存储功能的简单机械类产品逐步向高位立体库、库架合一式建筑发展，这对货架结构的安全性提出更高要求。[①]

目前，冷链仓储系统中最常见的钢货架结构形式有驶入式货架、后推式货架、重力式货架、电动移动式货架、阁楼式货架及其物流平台、穿梭式货架、自动立体仓库等密集存储系统。此外，也可以根据存储物品的特性、库房结构与作业模式等，采取地堆存储、垛码存储形式或者其他低密度存储货架结构，如托盘式货架结构、悬臂货架结构等。冷链仓储解决方案评价的首要标准是适合、高效、可行，满足客户的需求，其次才是冷链仓储解决方案本身的经济性，以比较或者合理整合各冷链仓储解决方案的优势，并根据实际案例的运营效果，建立合适的方案评价指标。

有关资料统计与测算，相同的 2 000 平方米仓库，穿梭式仓储解决方案可将库容量提高 1.8 倍，而使建筑造价降低 30%，建立一个低成本、高效率、智能化的冷链仓储系统，不仅可以降低客户长期的运营成本，还能显著提高客户的物流响应速度、工作效率。

案例分析 2-2

24 小时不掉"链"，冷链管理对疫苗有多重要？

作为生物制品，疫苗对温度的要求严格，高温可能会导致疫苗变性甚至失效。这样一来，疫苗就"白打了"，甚至可能因为没有产生免疫而导致死亡，比如狂犬病……

从生产、储存、配送运输到接种，疫苗都必须在适宜的温度下保存，一整条"冷链"不能中断。一般液体疫苗需要 2～8 ℃冷藏保存，冻干疫苗则需要−20 ℃冻存。那么，疫苗储运要满足什么样的程序和条件呢？

为规范疫苗储存、运输，加强疫苗质量管理，保障预防接种的安全性和有效性，我国制定和发布了《疫苗储存和运输管理规范》，明确规定疫苗储存、运输的全过程应当始终处于

---

① 赵宪忠,戴柳丝,黄兆祺,等.钢货架结构研究现状与关键技术[J].工程力学,2019,36(8)：1-15.

规定的温度环境,不得脱离冷链,并定时监测、记录温度。

这是疫苗从出厂、运输、储存直到接种使用,每一个环节都应当严格遵守的,这个过程称为"冷链管理"。

疫苗储存的"神器"

疫苗的储存设备通常有普通冷库、低温冷库或低温冰箱、医用冰箱、冷藏包、冰排,还要有自动温度监测设备和报警设备,疫苗的储藏温度被严格控制在2~8℃。

冷库、冰箱

普通冷库、低温冷库属于大型的冷藏设备,通常在疫苗存储量大的疫苗生产企业和疾控中心使用,内室底部面积为20~60平方米,有一扇厚约10厘米的大门,安装大功率压缩机,不停地吐出冷气。医用冰箱通常在疫苗接种单位使用,要求具备医疗器械注册证。

温度表

无论是大型冷库还是小型医用冰箱,都需要安装温度监控设备。有一种"微电脑多路温度表",这是自动温度监测系统,有不间断监测、连续记录、数据存储、显示及报警功能。

温度表可以监测数个冰箱的温度变化。4.8、4.5……显示器上的数字随着监控不同的冰箱在不断变化。一旦出现温度异常可能危及疫苗的时候,报警设备就会将信号传输到网络中,与24小时值班的人员的手机互联,立即传递给他们,以便他们及时采取措施。

为了确保不间断供电,有条件的地方还配备双路供电系统。此外,工作人员须常规每天上午和下午各进行一次人工温度记录并填写温度记录表。

冷藏包

遇有短时停电或临时短途运转,需要把疫苗放进冷藏包,先在包的底层放上冰排,保证里面温度为6℃左右。冷藏包起到隔热的作用,其外层银箔箱会避光,最外层泡沫箱则会起到防潮的作用。

冷藏包里的小盒子叫冰排,里面装了一种特殊的液体,冰排会在箱子中自行制冷,在常温下,冰排可以自行制冷24小时左右。冷藏包的温度监测可用温度计,现在还有一种具有外部显示功能的疫苗专用冷藏包。

疫苗运输车有啥特殊

疫苗的运输要使用冷藏车或疫苗运输车,通常是白色的厢体运输车,运输疫苗的冷藏车和普通的厢体车不同,车门要密封好,有三层保温胶膜,车厢内的温度保持为2~8℃。

车厢底部不是平的,有一道道沟槽,这是导流槽,使车底部气体流通,车厢内温度均匀。车内的温控装置监控车厢温度,在2~8℃时,停止制冷,高于8℃时自行启动。

大多数疫苗冷藏车装有GPS定位装置,沿途所用的时间、方位以及车厢内的温度都会实时地传回监控中心。

资料来源:24小时不掉"链",对疫苗有多重要? 问题疫苗的背后,冷链管理不得不提! [EB/OL].(2020-11-10). http://www.360doc.com/content/20/1110/15/72266506_945145902.shtml.

问题:
1. 技术与监测手段如何提高冷链管理的效率和精准性?
2. 冷链管理的全流程管理在整个疫苗供应链中的作用有何重要性?
3. 疫苗运输中特殊的冷链车和冷藏包是如何确保疫苗在途中保持适宜温度的?

2.2　冷链仓储的出入库管理

2.2.1　冷链物流冷库的功能

物流冷库功能由传统冷库的"低温仓储"型向"流通"型、"冷链物流配送"型转变,其设施按照低温配送中心的使用要求进行建造。

(1) 建有低温穿堂、封闭式站台并设置电动滑升式冷藏门、防撞柔性密封口、站台高度调节装置(升降平台),实现"门对门"式装卸作业已成为现代化物流冷库的标志。

(2) 货物进出频繁、吞吐量大,根据生产经营的需要设置专门的理货间(区),理货区的温度一般控制为 0～7 ℃。

(3) 物流冷库的制冷系统设计更加注重环保和节能要求。库房温度控制范围宽,冷却设备的选型、布置和风速场设计考虑适用多种货物的冷藏要求。配有完善的库温自动检测、记录和自动控制装置。

(4) 建立完善的计算机网络系统,使冷藏供应链配送管理科学化,做到食品安全的可追溯性。在欧盟、美国和日本,食品供应链中的所有企业都有实施追溯系统的法定义务。

(5) 冷冻冷藏仓储方式开始向货架式、托盘化转变,以实现货物按"先进先出"的原则进行管理,有利于提高商品贮藏质量和减少损耗。

(6) 立体自动化冷库采用计算机管理,可以实现库内装卸和堆垛及库温控制、制冷设备运行全自动化,库内不需任何操作人员。采用计算机管理,能随时提供库存货物的品名、数量、货位和库温履历、自动结算保管费用和开票等,提高了管理效率,并大大减少了管理人员。

2.2.2　冷链仓储入库、出库作业流程

为更好管理冷链仓储入库的产品,保证入库产品的质量和数量,会制定入库管理制度,对入库的流程也有比较详细的规定。

1. 冷链仓储入库流程

1) 熟悉入库的货物

在货物入库之前先掌握货物的品种、属性、大小、出入库时间。

2) 制订仓储计划

根据货物的情况,对将要入库的货物制订相应的计划,需要考虑的因素如下。

(1) 出库时间。

(2) 剩余仓位的安排。

(3) 货物在库时的维护计划。

3) 入库前准备

(1) 整理仓库剩余仓位。

(2) 检查相关基础设施是否正常。

(3) 制作与该批货物相关的标识卡等物。

（4）根据货物性质对库位进行温湿度控制。

4）接运货物

（1）商定接货地点。

（2）办理预收相关手续。

（3）选择合适的运输工具。

5）货物的验收

（1）检查外箱是否完整，是否有被拆开、破坏的痕迹。

（2）检查相关标签是否具备。

（3）在商定之后随机打开一两箱货物检查箱内货物的质量。

（4）核对单据，包括数量、型号、尺寸、质量。

6）相关资料的整理

（1）相关单据分类保存。

（2）根据实际情况与计划时产生的偏差进行总结。

（3）上报相关业务。

2．冷链仓储出库流程

出库流程是保证出库工作顺利进行的基本保证，为防止出库工作失误，在进行出库作业时必须严格履行规定的出库业务工作程序，使出库有序进行。商品出库的程序包括出库前准备、审核出库凭证、出库信息处理、拣货、分货、出货检查、包装、刷唛、点交和登账。

（1）出库前准备。通常情况下，仓库调度在商品出库的前一天，接到送来的提货单后，应复核提货单并安排好出库的时间和批次，及时正确地编制好有关班组的出库任务单，安排好配车吨位、机械设备等，并分别送给机械班和保管员或收、发、理货员，以便做好出库准备工作。

（2）审核出库凭证。审核出库凭证的合法性、真实性；手续是否齐全，内容是否完整；核对出库商品的品名、型号、规格、单价、数量；核对收货单位、到站、开户行和账号是否齐全和准确。

（3）出库信息处理。出库凭证经审核确实无误后，对出库凭证信息进行处理。

（4）拣货。拣货是依据客户的订货要求或仓储配送中心的送货计划，尽可能迅速地将商品从其储存位置或其他区域拣取出来的作业过程。拣取过程可以分为人工拣货、机械拣货和半自动与全自动拣货。

（5）分货。分货也称为配货作业。根据订单或配送路线等的不同组合方式进行货物分类工作，即分货。分货方式主要有人工分货和自动分类机分货两种。

（6）出货检查。为了保证出库商品不出差错，在配好货后企业应立即进行出货检查。将货品一个个点数并逐一核对出货单，进而查验出货物的数量、品质及状态情况。

（7）包装。出库商品包装主要分为个装、内装和外装三种类型。包装根据商品外形特点、重量和尺寸，选用适宜的材料，以便装卸搬运。

（8）刷唛。在包装完毕后，要在外包装上写清收货单位、收货人、到站、本批商品的总包装件数、发货单位等。字迹要清晰，书写要准确。

（9）点交。出库商品无论是要货单位自提，还是交付运输部门发送，发货人员都必须向收货人或运输人员按车逐渐交代清楚,划清责任。

（10）登账。在点交后,保管员应在出库单上填写实发数、发货日期等内容并签名。然后将出库单同有关证件及时交给货主,以便货主办理结算手续。保管员根据留存的一联出库凭证登记实物储存的细账,做好随发随记,日清月结,账面金额与实际库存和卡片相符。

2.2.3　第三方冷链入库、出库操作流程

1. 入库

第三方冷链入库操作流程如图 2-1、表 2-1 所示。

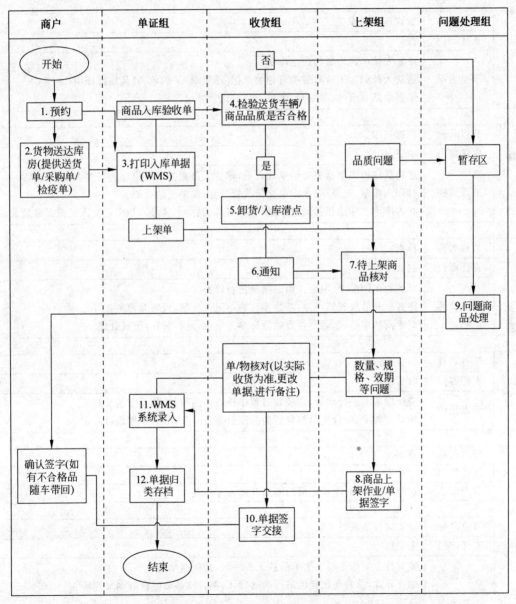

图 2-1　冷链入库流程

表 2-1　入库流程描述

入库流程描述		
1	节点名称	预约
	责任部门	商户
	节点说明	商户在商品送达库房之前,对接单证进行送货预约 预约时提供商品到库时间、商品数量等信息 单证人员根据商户预约情况,对商户送货车辆到达时间进行合理的沟通安排,防止多客户多车辆集中到货
2	节点名称	货物送达到库
	责任部门	商户
	节点说明	商户安排车辆将货物送达库房 送货人员到达库房时需携带相关单据[送货单/采购单、商品检疫证明(如需)] 单据信息齐全(商品编号、名称、规格、送货数量等)
3	节点名称	单据打印
	责任部门	单证组
	节点说明	送货员将相关单据提交给单证人员,单证人员根据单据信息进行 WMS 系统录入 打印入库单、上架单(入库单交给收货员/上架单交给上架员) 在入库单上标注相关到货信息(客户名称、到货车牌号),指引送货人员找到收货员
4	节点名称	检查
	责任部门	收货组
	节点说明	对到货车辆温度、卫生及商品质量进行检查 将客户利益放到第一位,严禁不合格品进入库房,侵害客户利益 对于商品质量、车辆不符合收货标准的情况,进行暂存/拒收处理
5	节点名称	卸货/清点
	责任部门	收货组
	节点说明	安排搬运工进行卸货,在装卸过程中检查商品质量,禁止野蛮装卸 核对送货单据/收货单与到货商品信息是否一致,并对单据进行登记
6	节点名称	通知
	责任部门	收货组
	节点说明	通知上架组,对收货完成的商品开始入库作业
7	节点名称	待上架商品核对
	责任部门	上架组
	节点说明	核对待上架商品与上架单信息是否一致,抽检商品质量 如有异常,及时与收货组进行沟通确认,不合格品临时存放到暂存区

续表

<table>
<tr><td colspan="3" align="center">入库流程描述</td></tr>
<tr><td rowspan="3">8</td><td>节点名称</td><td>上架作业</td></tr>
<tr><td>责任部门</td><td>上架组</td></tr>
<tr><td>节点说明</td><td>每板商品填放货位标示卡,将商品存放到合适储位
作业完成后,与收货组进行核对,确认无误后在上架单上签字,并将上架单交还单证组</td></tr>
<tr><td rowspan="3">9</td><td>节点名称</td><td>问题处理</td></tr>
<tr><td>责任部门</td><td>商户/收货组</td></tr>
<tr><td>节点说明</td><td>将不合格品退回或暂存处理(与客户有其他协定除外)</td></tr>
<tr><td rowspan="3">10</td><td>节点名称</td><td>单据签字交接</td></tr>
<tr><td>责任部门</td><td>收货组/商户</td></tr>
<tr><td>节点说明</td><td>卸货完成后,与送货员核对送货、收货信息是否一致
如有异常,核实后以实际到货数量为准,并在单据上进行修改,并双方签字确认
收货完成后,将相关单据交给单证组</td></tr>
<tr><td rowspan="3">11</td><td>节点名称</td><td>WMS 系统录入</td></tr>
<tr><td>责任部门</td><td>单证组</td></tr>
<tr><td>节点说明</td><td>核对送货单、入库单、上架单信息是否一致,并将收货数据在 WMS 系统中进行录入</td></tr>
<tr><td rowspan="3">12</td><td>节点名称</td><td>单据存档</td></tr>
<tr><td>责任部门</td><td>单证组</td></tr>
<tr><td>节点说明</td><td>WMS 系统录入后,单据进行装订,分类存放</td></tr>
</table>

(1) 到货入库。货到仓库后,仓库管理员与送货人进行大件核实登记签字,确认外包装无破损,出现破损的拒绝收货。一小时内完成清单与实物的核对,而后通知财务部进行入账,并由仓库管理员依照成品存储标准进行产品的分类存放。

(2) 退货入库。退货到仓库后,仓库管理员凭手写退货单据(须由业务人员签字)进行验货,如非公司产品则拒绝签收,如是公司产品且产品的品类与数量皆与退货单相符,则与业务人员进行签字交接,在 ERP 上分类对产品进行入账,而后将退货单交由主管或客服进行入账审核,并将退货产品依照产品存储标准进行分类分区存放。

2. 出库

第三方冷链出库操作流程如图 2-2、表 2-2 所示。

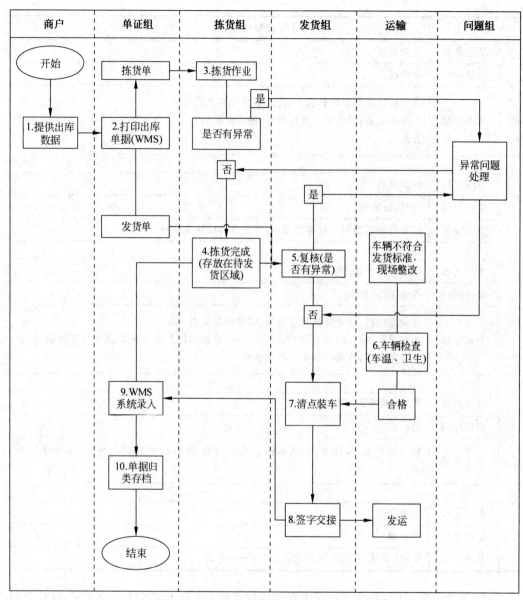

图 2-2 冷链出库流程

表 2-2 出库流程描述

		出库流程描述
1	节点名称	提供出库数据
	责任部门	商户
	节点说明	向单证提供出库数据(包含收货人、发货日期、商品、车辆等相关信息)

续表

		出库流程描述
2	节点名称	打印出库单据
	责任部门	单证组
	节点说明	打印拣货单、上架单(拣货单交给拣货组,发货单交给发货组)
3	节点名称	拣货作业
	责任部门	拣货组
	节点说明	根据单据显示的信息,按商品库位、数量、规格、生产批次等信息进行拣货作业 拣货过程中,如发现异常(如商品和提供库位的信息不符)及时沟通单证组进行调整,保证系统拣货信息与实际拣货操作信息一致
4	节点名称	拣货完成
	责任部门	拣货组
	节点说明	拣货完成后,将商品存放到待发货区域 在每板货上面填放发货版头纸(包含收货人、发货日期、商品箱数等信息) 操作完成后,通知发货组
5	节点名称	复核
	责任部门	发货员
	节点说明	根据发货单,对已拣配完成的商品进行复核 如有异常,及时确认调整,保证发货单信息与货品一致
6	节点名称	车辆检查
	责任部门	发货组/司机
	节点说明	车辆到达库房、发货前,对运输车辆进行测温,对卫生等进行检查 不符合运输条件的车辆进行现场整改/调配新的车辆
7	节点名称	清点装车
	责任部门	发货组
	节点说明	协同司机对货品逐品项进行清点 如有异常,现场进行调整解决,保证发货单信息与实际发货货品一致 清点无误后安排搬运人员进行装车 装车时根据车厢空间合理摆放,禁止野蛮装车
8	节点名称	交接签字
	责任部门	发货员/司机
	节点说明	装车完成后,与司机进行确认,确认无误后,双方在发货单上进行签字 将发货单留底交给单证组
9	节点名称	WMS 系统录入
	责任部门	单证组
	节点说明	核对拣货单、发货单信息是否一致,并将发货相关信息录入系统,系统确认发货

	出库流程描述	
	节点名称	单据存档
10	责任部门	单证组
	节点说明	WMS系统录入后,对单据进行装订,分类存放

（1）发货前的准备工作。这包括确保货物已经到齐、所有的单据都已经准备好、必要的文件和标签都已经整理好。

（2）确认订单详情。在发货前,需要确认订单的详细信息,包括收件人的姓名、地址和电话号码等。同时,还需要核对货物的数量、规格和品种等信息。

（3）选择合适的运输方式。根据订单的实际情况,选择合适的运输方式。

（4）准备运输文件。根据订单的需求,准备相关的运输文件,如提货单、发票等。

（5）安排装车发货。在确认好所有信息后,安排装车发货。在装车过程中,需要注意货物的摆放方式和位置,避免货物在运输过程中受损。

（6）完成发货记录。在发货完成后,需要进行发货记录,记录发货的时间、地点、货物数量、运输方式等信息。

（7）通知客户发货情况。在发货完成后,需要通知客户发货情况,包括货物的发货时间、运输方式、预计到达时间等信息。

以上是冷链出入库操作流程的基本步骤,具体操作可能会因实际情况而有所不同。

2.3　冷链仓储的理货、集货管理

2.3.1　冷链仓储的理货管理

1. 冷链仓库理货工作内容

仓库理货是仓库管理人员在货物入库现场的管理工作,其工作内容包括理货和货物入库的一系列现场管理工作。

1）清点货物件数

对于件装货物（包括有包装的货物、裸装货物、捆扎货物）,根据合同约定的计数方法,点算完整货物的件数。如合同没有约定,则仅限于点算运输包装件数（又称大数点收）。合同约定计件方法为约定细数及需要在仓库拆除包装的货物,则需要点算最小独立（装潢包装）的件数等,包括捆内细数、箱内小件数等;对于件数和单重同时要确定的货物,一般只点算运输包装件数;对入库拆箱的集装箱,则要在理货时开箱点数。

2）查验货物单重、尺寸

货物单重是指每一运输包装的货物的重量。单重确定了包装内货物的含量,分为净重和毛重。对于需要拆除包装的,需要核重净重。货物单重一般通过称重的方式核定。对于以长度或者面积、体积进行交易的商品,入库时必然对货物的尺寸进行丈量,以确定入库货物数量。丈量的项目（长、宽、高、厚等）根据约定或者货物的特性确定,通过使用合法的标准量器,如卡尺、直尺、卷尺等进行丈量。同时货物丈量还是区分大多数货物规格的方法,如管材、木材的直径及钢材的厚度等。

3)查验货物重量

查验货物重量是指对入库货物的整体重量进行查验。对于计重货物(如散装货物)、件重并计(如包装的散货、液体)的货物,需要衡定货物重量。货物的重量分为净重和毛重,毛重减净重为皮重。根据约定或具体情况确定毛重或净重。

衡重方法如下。

衡量单件重量时,总重等于所有单件重量之和。

分批衡量重量时,总重等于每批重量之和。

入库车辆衡重时,总重＝总重车重量－总空车重量。

抽样衡量重量时,总重＝抽样总重/抽样件数。

4)检查货物表面状态

理货时应对每一件货物的外表进行感官检验,查验货物外表状态,以接收货物外表状态良好的货物。外表检验是仓库的基本质量检验要求。确定货物有无包装破损、内容外泄、变质、油污、散落、标志不当、结块、变形等不良质量状况。

5)剔除残余

在理货时发现货物外表状况不良,或者怀疑内容损坏等,应将不良货物剔出,单独存放,避免与其他正常货物混淆。待理货工作结束后进行质量确定,确定内容有无受损以及受损程度。对不良货物可以采取退货、修理、重新包装等措施处理,或者制作残损报告,以便明确划分责任。

6)货物分拣

仓库原则上采取分货种、分规格、分批次的方式储存货物,以保证仓储质量。对于同时入库的多品种、多规格货物,仓库有义务进行分拣、分类、分储。理货工作就是要进行货物确认和分拣作业。对于仓储委托的特殊的分拣作业,如对外表分颜色、分尺码等,也应在理货时进行,以便分存。当然需要开包进行内容分拣,则需要进行独立作业。

7)安排货位、指挥作业

由理货人员进行卸车、搬运、垛码作业指挥。根据货物质量检验的需要,指定检验货位,无须进一步检验的货物,直接确定存放位置。要求作业人员按照预定的堆垛方案堆码货或者上架。对货垛需要的垫垛,堆垛完毕的苫盖的铺设,指挥作业人员按要求进行。作业完毕,要求作业人员清扫运输、搬运工具、收集地脚货。

8)处理现场事故

对于在理货中发现的货物残损,不能退回的,仓库只能接收,但要制作残损记录,并由送货人、承运人签署确认。对作业中发生的工损事故,也应制作事故报告,由事故责任人签署。

9)办理交接

由理货人员与送货人、承运人办理货物交接手续。接收随货单证、文件,填制收费单据,代表仓库签署单证,提供单证由对方签署等。

2. 冷链仓储理货的作用

理货就是清洁、整理仓储货物,使仓储更加整齐干净,但做到整齐干净还远远不够,最终目标是使库存易于操作和管理,来提高运营效率和操作速度,使成本降低。即使下次需要使用的时候,也能很快地找到。但是不同的货位系统下,理货操作也是不一样的。经常性的、有效的理货操作,对于保持库存整齐有序、提高生产操作效率,有着积极影响。

1)快速流转的商品放在易于拣货的位置

快速流转,即快进快出,这意味着商品的销售量较大。这类商品放在易于拣货的位置后,热销商品的拣货路径可以缩短,整体的拣货效率提高。

在实际操作中,一般按如下操作:在货位上专门设置一个快速流转区,每周会看前一周销售量排前 100 名的 SKU(单品),然后保证这些 SKU 的货位在这个快速流转区中。这个快速流转区一般会离出货区域很近。

2)减少一个 SKU 多个货位的情况

当一个 SKU 有多个货位时,在该货位系统中,操作人员并不了解某一个货位上的库存数量,因此在每一次拣货时,系统都必须将所有货位都提供出来。而操作人员在操作时,也需要从数个货位中挑选一个货位去拣货,如果碰巧这个货位上的库存数量不足,则必须走到多个货位才能完成拣货需求。这样对于拣货路径的设计也是非常不利的。

减少多个货位的操作方法一般是,将系统中所有具有多个货位的 SKU 清单导出,逐个拣查,将某一 SKU 的库存全部集中到一个货位上去,而删除其他的所有货位。

3)减少同一个货位上的类似 SKU

同一个货位上可能会放置多个 SKU,但是为了操作方便,一般不会在同一个货位上放置类似的 SKU。因此,在理货时要注意将类似的 SKU 放置到不同的货位上去。

正常情况下,库房中的货物量是少于最大库存容量的。也就是说,一般情况下库房是装不"满"的,库存有所多余。这部分多余的库存容量如何管理呢?这要根据自己的业务特点自行设计。

例如,一个库房中,库存容量的使用率是 60%,剩余的 40% 的富余容量应该如何分布才是比较好的情况呢?

首先谈一个极端状况,即极端分散化的情况,也就是说所有的富余容量在大量的货位上,而且这些货位本身已经被某些 SKU 所占据。那么这种情况下,任何新品 SKU 的引入都无法单独占用一个货位,也就是说必然存在一个货位中有多个 SKU 的情况,这和前面所讲的原则是有冲突的。

对于富余容量也类似。首先,富余容量应适当地集中化,某一块富余空间应能应付某一个新品 SKU 或者某一已有 SKU 库存数量突然增加的情况;其次,小块集中化的富余容量应分散在库房中,使得整个库房中都具有类似的弹性功能。

仓储人员在理货时要注意:商品条码有破损、模糊不清的及时更换条码,以防商品库存不准确,出现拣错货的情况,对商品经常清洁,货架走廊之间不要有垃圾存在,保持商品和库房的整洁。

2.3.2 冷链仓储的集货管理

1. 冷链仓储集货的定义

冷链仓储集货是将已分拣好的商品按门店—线路别集中存放等待装车出车。

2. 冷链仓储集货流程

将已分拣好的商品按门店—线路别集中存放等待装车出车。规划集货作业流程的目的是规范低温集货作业流程,确保集货作业准确、适时。

(1) 储位编号。在流利架每一储位后端给予一个编号用以识别集货区域别、台车别、线路别和装车次序别,该号不进电脑系统仅为集货装车识别(图 2-3)。

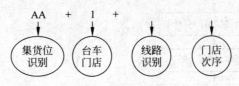

图 2-3　储位编号

(2) 集货位编号。用于置放集货用台车的地面位置的编号 AA。

(3) 台车内门店位编号。用于叠放门店周转箱位置的标识编号 1。

(4) 线路识别编号和线路内门店次序编号:用于装车次序识别 0101+0012。

集货人员的主要任务是负责商品集货理货,并将商品移入台车集货暂存区。

冷链仓储集货具体操作流程如图 2-4 所示。

(1) 集货作业人员按规定上班时间至责任区域就位准备作业。

(2) 将空物流台车推入流利架后集货位内,台车需在集货位线框内。

(3) 确认责任区域内每一集货位均放置好空物流台车。

(4) 从 AA1 巡察至 XX8(AA1—XX8 为责任区域)。

(5) 发现流利架后端有已满周转箱。

(6) 将该周转箱平移出流利架 1/2,左手向上托。

(7) 查看箱内商品是否整齐排放。

(8) 若不整齐,左手托箱,右手整理商品,直至商品整齐排放。

(9) 查看该周转箱所在储位编号前三位如 AA1 并记住。

(10) 左手托周转箱带有门店标识或条码的一端,右手托另一端。

(11) 将该周转箱平移出流利架。

(12) 找到集货位为 AA 的物流台车,进入台车左侧位置。

(13) 将周转箱平放向右推入 AA 物流台车上的 1 号位置,周转箱有标识的一端面向自己。

(14) 用 RF(射频)扫描该周转箱条码,无线便携式打印机自动打印该周转箱可视标签,将该标签贴在该周转箱指定位置,标签显示该门店号、周转箱号、集货位置、日期,核对无误该箱集货完成。

(15) 巡视责任区域内其他储位。

(16) 有已满周转箱。重复上述的所有步骤;循环上述流程直到本批次结束。

(17) 批次结束,警示灯亮,本责任区域内流利架所有周转箱均移出,本批次集货结束。

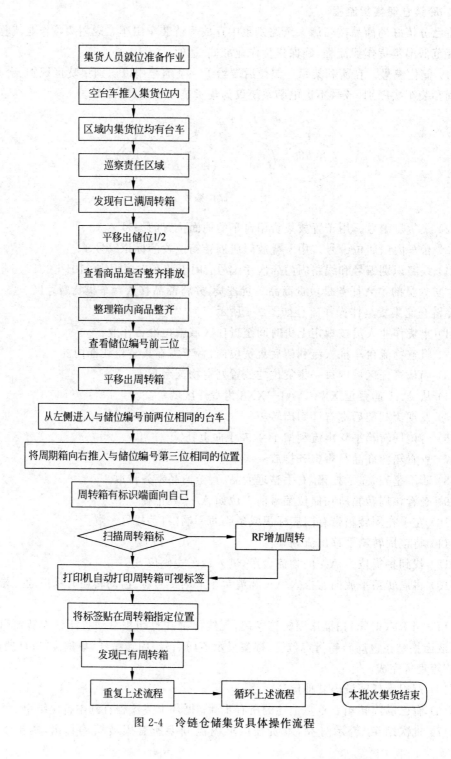

图 2-4　冷链仓储集货具体操作流程

 2-3

中国电信浙江公司：建设高效、集约、规范的集中仓储物流体系

一、企业概况

中国电信浙江公司（以下简称"浙江电信"）是中国电信股份有限公司下属分公司，是中国电信首批在海外上市的四家省级公司之一，是浙江省内规模最大、历史最悠久的电信运营企业。公司旗下拥有 11 个市分公司、63 个县（市）分公司、1 个直属单位（省长途电信传输局）、2 个专业分公司（省公用电话分公司、省号码百事通信息服务分公司）。

二、案例介绍

（一）建设背景

1. 战略背景

为深入贯彻党的十九大以来供应链发展国家战略，落实集团工作会议要求，提升供应链现代化水平，加快供应链数字化建设，加强支撑企业高质量发展具体举措落地，保安全、强服务、提价值，持续打造廉洁规范、高效协同、集约经济、安全可靠、智慧运营的现代供应链运营体系，向建设"国内一流、央企领先的现代化企业供应链"总体目标迈出坚实步伐，集团公司决定进一步推进集中仓储体系建设工作，并下发《关于进一步加强集中仓储库存体系建设的指导意见》。浙江电信积极响应集团建设管理要求，大力推进仓储集约化、标准化、信息化。

2. 问题分析

浙江电信原以地市为单位的三级仓储物流运营体系，存在采购集约力度弱、仓库数量众多、库存金额高等问题，存在较大的仓库管理风险，具体包括以下几个方面。

（1）自有库存高。浙江电信通用物资库存金额与呆滞物资库存金额居高不下，物资共享及流转效率低，相应库存及呆滞管理指标均在全集团排名靠后。

（2）供应商管理协同难。浙江电信原分散管理模式下，存在对供应商的谈判能力弱、对供应商管理难度大、地市分散检测背景下，送检率低、物资质量管理不足、供应商供货不及时、送货数量稳定性差等问题。

（3）单据流程不规范。各地市自行下单、挂账、付款，存在单据操作标准不统一、流程不规范、付款不及时等问题。例如，为了在保证市场响应的同时满足库存指标，分公司存在未及时收货入库、系统外领用等不规范操作，造成库存账实不符，存在较大经营风险。

（4）仓储集中率低。仓储资源较分散，人力、仓库、设施存在交叉冗余。县库数量较多，省库面积不足，存在仓储资源分配不合理、管理优势不突出等问题。

（二）主要做法

1. 优化仓储集约策略

1）成立订单与配送中心

通过订单及仓储物流集约化管理，提高运营效率、加强规范操作，实现降本增效，有效控制库存风险。

2) 构建两级仓储管理体系

（1）设立省级仓储配送中心：集中存放供应商 VMI 备货物资,响应地市批量备货需求,集中配送至市分屯库,具备集货、备货、储存、配货、加工等主要功能。

（2）弱化地市分屯库：存放当期建设或市场需要的自有物资、应急响应物资和逆向回收物资等,具备临时存储和中转功能。

（3）逐步取消县分屯库：临时存放待建工程物资、营销物资、办公用品等,短期维持现状以支撑生产,逐步取消县库。

3) 建立与集中仓储体系相适应的物资分类分级存储体系

建立物资存储规则,在保障物资及时供应的前提下,推进库存物资"横向""纵向"集中仓储,提高物资集中存储度。横向推动工程建设、运维营销、行政办公等各类物资纳入配送中心、分屯库集中存储;纵向推动物资由县库向地市分屯库、地市分屯库向省配送中心集中存储,持续提升储备集约度。

4) 建立采购-需求联动、省-市联动机制

充分发挥需求部门纵向管理职能,开展年度需求预测与月度、季度备货需求管理,协调省公司需求部门组织地市公司填报物资需求,由省公司需求部门审定后提交采购部组织备货。

2. 做优做强省级配送中心

充分考虑浙江电信仓储网络整体布局,结合物流服务水平和物流成本,设置杭州、宁波、金华、温州 4 个配送中心,实现 200 千米、4 小时响应服务圈。秉承共享节约的原则,在省配送中心所在城市,配送中心与地市分屯库共享仓储资源,实现资源的有效利用。其中杭州配送中心利用中通德清物流园区现代化资源,做全国标杆。

在保证满足配送时限的要求下,尽可能降低主实业总物流成本。终端等价值高、体积较小的物资(库存持有成本较高、物流成本较低的物资),可以在德清物流园区集中仓储,合理控制库存,充分降低主业库存持有成本;光缆等价值低、体积较大的物资(库存持有成本一般、物流成本较高的物资),可以分散在 4 个配送中心,降低实业物流成本。

加强主实业协同和资源共享,充分利用主实业现有资源进行配送中心和分屯库建设,通过推进仓储业务托管、外包提升专业化管理水平。

资料来源：中国电信浙江公司：建设高效、集约、规范的集中仓储物流体系［EB/OL］.（2021-10-08）.http://www.chinawuliu.com.cn/xsyj/202110/08/561197.shtml.

问题：

1. 数字化和现代化战略如何共同推动企业在国家层面的发展？
2. 数字化和集约化的策略如何实质性地帮助企业更好地应对挑战,提升管理效能？
3. 资源共享与协同管理对于整体仓储网络的效益提升有何具体影响？

策划实例分析

如何规划食品冷链物流中心(冷库)

冷库或物流中心是冷冻食品的存储和配送节点,位于冷链最核心的环节。建设过程

中涉及土建、制冷、保温、消防、电气、机械等不同专业。

冷库的类型通常包括保鲜库 0～5 ℃、冷藏库－18 ℃以上和冷冻库－18 ℃以下，以及超低温的深冷库和速冻库。作为食物储存，在冷库的建设中首先应确定食品的类型，不同食品类型的冷藏温度是不同的。科学的冷库建设不再是满足于食品不变质的需求。

在不同的低温环境下，食品的口感、鲜度、香味等也会发生不同的变化，因此冷库的温度并非越低越好，过低的温度存储除了有能耗问题，还会使一些食品失去香味和口感。

新常态下，冷库的建设由分散化、小型化逐渐过渡为中心化、规模化。在进行大型冷库的建设中，我们应注意以下问题。

➢冷库低温过程链不中断；➢防止冷桥及减少库内发热设备；➢减少开门与设立温度过渡区；➢冷库的消防措施应用；➢制冷的均衡性；➢密集存储以降低能耗；➢消除或减少人员入库作业；➢产品的完全可追溯性。

以华美冷库物流中心为案例来介绍冷库的建设。该项目位于深圳，由正中集团投资建设，为正中集团冷链产业的首个自动化冷库配送中心项目。设计采用 16 台双深位堆垛机进行存储，整体结构采用单层库架一体形式。库高 45 米，拥有 7 万个存储位，存储温度－25 ℃。

项目的功能为肉类/食品的低温冷冻库及华南地区冷链配送中心。本项目是目前已知的全球最高的库架一体冷库项目。

➢承载工具：欧标托盘 1 200 mm×1 000 mm×150 mm；➢实托盘：低温库 1 250 mm×1 050 mm×1 750 mm，重量：1～1.2 吨；➢存储物料：实托盘和空托盘组；➢配送中心占地 20 000 平方米，库区占地面积 10 000 平方米。

冷库从初期的规划和工艺设计便基本决定了其作业效率以及它的能耗。其主要内容包括流程、组织和管理设计，建筑结构，温度区域和区域之间的通道、保温门，制冷系统、内部设备尺寸。尽量减少通道和门的数目，并使门被打开的频率和时间最小化在设计初期就应考虑完善。

设计时有如下几个方面需要考虑。

建筑结构

项目采用了库架一体的形式，最大化地缩小了制冷区域，10 000 平方米的库区存储能力达到 7 吨/平方米。同时库架一体的形式大幅缩短了整体建造时间。仓库在设计中采用了三个温度区，即存储区：－25～－18 ℃；穿堂区：－10～－5 ℃；人员作业区：+5～+10 ℃，0 ℃以下区域为全自动化无人作业。

出入口设计小空间门斗，减少温区间空气对流。温控和位置尺寸设计参考欧洲 2006 ASHRAE Handbook Refrigeration（手册）。

冷库制冷

全球主流的制冷系统 70% 以上采用了氨制冷剂。本项目也同样采用这一方案。但冷风机的布置有一定的特殊性，采用了下喷流的方式，这是根据这一超高冷库的内部特性模拟对流仿真而确定的。

消防系统

吸收国外先进技术与理念，采用低氧的消防方案，进行主动防火，这是大型仓库消防应用的创新。取消了蓄水系统、管路系统的投入,大幅缩减了消防系统的投入。

节能

第一,通过软件系统对作业流程与管理的优化,减少排冷量;任务调度优化提高设备作业效率,减少单位作业时间和能耗。第二,主体设备采用馈电系统,将刹车和减速产生的动能转化为电能。设备自加热减少了能量输送。第三,选择合适的保温板和地面挤塑板保温材料,同时在接口、缝隙及过渡区域进行填充。第四,设计防止冷桥发生。

信息系统

除了 WMS 的标准管理功能外,特别需要加强温区管理和监控以及可追溯性管理。对物品的跟踪要考虑在不同温区的停留时间。结合相关食品标准,将冷藏品质的控制纳入管理范畴。

机电设备

在低温环境和温差过渡环境,机械、电气部件的选型和应用有其自身特点。耐低温、抗凝露和潮湿环境的元件与材料需做特别的选型。因低温环境下,人员在冷库内的作业时间按规范不超过 30 分钟,设备维护和维修均存在明显的不便。因此,设备的稳定性要求相比一般仓库将更加严格。

资料来源:【案例】新常态下食品冷链物流中心的规划与创新实践[EB/OL]. (2016-12-13). http://news. soo56. com/news/20161213/78417w1_0. html.

问题:

1. 如何在冷库的设计和建设中充分考虑可持续性和环保因素?

2. 如何更好地整合信息系统,确保温区管理、监控和可追溯性管理的有效运行?如何确保设备在运营中的可靠性和便捷维护?

【本章小结】

冷链仓储管理的流程包括准确调节制冷系统、合理规划冷库物品存放位置、及时出入库、库内保管、安全管理及节能管理。

仓储管理流程中冷库人员有其职责和权限。通过对冷链仓储单元化与标准化,关注其控制要素,规划冷链仓储环境下货架钢结构的设计,合理选择冷链仓储解决方案等策略可以对冷链仓储管理流程进行优化。

冷链仓储中的货物进出必须遵循一定的出入库流程,同时做好冷链仓储的理货、集货管理。

【课后习题】

1. 简述冷链仓储管理的流程。

2. 简述冷链仓库理货工作内容。

3. 简述冷链仓储理货的作用。

4. 简述储位编号的概念。

5. 什么是冷链仓储集货?

6. 简述冷链仓储集货流程。

7. 冷链仓储优化策略体现在哪些方面?

即测即练

第 3 章

冷链仓储管理技术与方法

【本章导航】

本章主要介绍冷链仓储管理技术、冷链仓储管理模式、冷链仓储管理的方法。

【本章学习目标】

1. 了解高密度储存解决方案的类型。
2. 熟悉冷库管理系统的类型及工作流程。
3. 掌握冷链仓储企业仓库管理及运营发展模式。
4. 了解冷链仓储企业运营发展模式的差异。
5. 熟悉冷链仓储存在的具体问题及具体操作。
6. 掌握冷链仓储管理提高运作效率的途径。

【关键概念】

冷链仓储管理（cold chain warehouse management） 高密度储存（high-density storage） 库位管理（warehouse location management） RFID 仓库管理系统（RFID warehouse management system） 仓库管理软件（warehouse management software，WMS）

《国务院办公厅关于印发"十四五"冷链物流发展规划的通知》
推进冷链物流全流程创新

一、加快数字化发展步伐

推进冷链设施数字化改造。推动冷链物流全流程、全要素数字化，鼓励冷链物流企业加大温度传感器、温度记录仪、无线射频识别（RFID）电子标签及自动识别终端、监控设备、电子围栏等设备的安装与应用力度，推动冷链货物、场站设施、载运装备等要素数据化、信息化、可视化，实现对到货检验、入库、出库、调拨、移库移位、库存盘点等各作业环节数据自动化采集与传输。构建全国性、多层级数字冷链仓库网络。开展数字化冷库试点工作，推动形成一批可复制、可推广的经验。

完善专业冷链物流信息平台。支持国家骨干冷链物流基地建设运营主体搭建专业冷

56

链物流信息平台,广泛集成区域冷链货源、运力、库存等市场信息,通过数字化方式强化信息采集、交互服务功能,为冷链干线运输、分拨配送、仓储服务、冷藏加工等业务一体化运作提供平台组织支撑。鼓励商会协会、骨干企业等搭建市场化运作的冷链物流信息交易平台,整合市场供需信息,提供冷链车货匹配、仓货匹配等信息撮合服务,提高物流资源配置效率。推动专业冷链物流信息平台间数据互联共享,打通各类平台间数据交换渠道,更大范围提高冷链物流信息对接效率。

二、提高智能化发展水平

推动冷链基础设施智慧化升级。围绕国家骨干冷链物流基地、产销冷链集配中心等建设,加快停车、调度、装卸、保鲜催熟、质量管控等设施设备智慧化改造升级。鼓励企业加快传统冷库等设施智慧化改造升级,推广自动立体货架、智能分拣、物流机器人、温度监控等设备应用,打造自动化无人冷链仓。

加强冷链智能技术装备应用。推动大数据、物联网、5G、区块链、人工智能等技术在冷链物流领域广泛应用。鼓励冷链物流企业加快运输装备更新换代,加强车载智能温控、监控技术装备应用。推动冷库"上云用数赋智",加强冷链智慧仓储管理、运输调度管理等信息系统开发应用,优化冷链运输配送路径,提高冷库、冷藏车利用效率。推动自动消杀、蓄冷周转箱、末端冷链无人配送装备等研发应用。

资料来源:国务院办公厅关于印发"十四五"冷链物流发展规划的通知[EB/OL].(2021-11-26). http://www.gov.cn/zhengce/zhengceku/2021-12/12/content_5660244.htm.

问题:

1. 在推进冷链物流全流程数字化的过程中,为什么要加大温度传感器、温度记录仪、RFID 电子标签等设备的安装与应用力度?

2. 国务院办公厅提到了完善专业冷链物流信息平台,这个平台的建设对冷链物流有什么作用?

3. 在提高智能化发展水平中,如何推动冷链基础设施的智慧化升级?

4. 在智能化发展水平中,如何应用大数据、物联网、5G、区块链、人工智能等技术在冷链物流领域?

3.1　冷链仓储管理的技术

冷链仓储的作用不仅是保管,更多是物资流转,对仓储管理的重点不仅仅是物资保管的安全性,更多关注的是如何运用现代技术,如信息技术(仓储管理系统)、自动化技术(自动化仓库)来提高仓储运作的速度和效益。

我国冷链物流起步于 20 世纪 60 年代,当时为满足市场供应、调节淡旺季的需求,开始在原产地、枢纽城市兴建大型冷库;20 世纪 90 年代,终端零售业兴起,市场对于冷链的需求进一步扩大,由此现代冷链在国内获得了发展契机,同时也推动了冷链各环节的设备与技术开发、制造与建设;国内物流装备企业也随着冷链行业的发展,为其提供了各类型的仓储系统。[①] 从最初建立大型冷库保障市场供应,到随着零售业发展而扩大冷链规模,再到现代建设自动化、信息化的大型冷库,中国冷链物流的发展充分体现了推动社会发展的重要作用,并服务于社会经济发展。

冷库的建设、使用成本远远高于普通仓库;传统的冷库为保证空间合理分配、降低能耗,多数采用楼库结构,多楼层、多隔间形式在一定程度上满足了业主的需求,此类冷库一般使用巧固架以提高库内的利用率。

随着零售市场需求增长,其对冷链仓储的要求越来越高。自 20 世纪末以来,单体大型冷库逐渐成为主流,物流装备行业针对冷库的特性,提供了驶入式货架、穿梭式货架等多种密集存储的解决方案,但仍未更好地满足冷库无人化、智能化、自动化、信息化的作业需求。当前,智能化冷库建设仍面临挑战,需要继续推动科技创新和管理创新,提高冷链仓储效率,降低能耗和损耗。这将有利于进一步增强冷链物流保障食品安全、减少浪费的能力,从而更好地服务社会发展。

冷链物流的发展路径是适应和服务经济社会发展需求的路径,也是在推动和繁荣社会发展过程中不断进步与发展的路径。这充分彰显了其推动社会进步发展的重要作用,体现了其推动社会发展的价值取向。

3.1.1 高密度储存解决方案

穿梭式立体库系统、子母车高密度存储系统、四向托盘穿梭车高密度存储系统是目前冷链行业常见的高密度储存解决方案,可实现冷库无人化、自动化、智能化、信息化的作业模式。

1. 穿梭式立体库系统[②]

单机版穿梭车在货架系统的应用,解决了驶入式货架必须由叉车进入货架区域存取托盘而带来的风险,但仍不属于自动化的解决方案。物流装备厂商凭借穿梭车的特性,以巷道式堆垛机进行 X 轴、Z 轴方向的物料搬运,这样的解决方案不仅实现了冷库内的自动化、无人化作业,也极大提高了冷库的空间利用率,如图 3-1 所示。合理的穿梭式立体库系统方案布局,空间利用率一般超过 80%。

在实际出入库效率较低,且未来对效率需求较恒定的情况下,穿梭式立体库系统的性价比尤为突出,并且巷道式堆垛机经过几十年的发展,性能、质量均较稳定,极少发生堆垛机故障导致冷库作业瘫痪的状况。

以华中某水产企业自用冷库项目为例,如图 3-2 所示,该方案概况如下。

(1) 存储货型尺寸为 1 200 毫米×1 000 毫米×1 525 毫米,货盘重 1 000 千克。

(2) 货位数共计 11 398 个,库房的利用率达到 85%。

(3) 库房净高度 15.7 米,设计 7 层穿梭车轨道。

(4) 本案右侧内月台设计两个入库口,采用电动地牛入库;外月台设计两个出库口,采用叉车作业,货物出库产生的空托盘由叉车送往生产线,且无拆零尾盘回库处理。

---

① 李学工,李靖,李金峰. 冷链物流管理[M].北京:清华大学出版社,2017.
② 天津万事达物流装备有限公司.冷链物流自动化存储趋势及技术运用[J].物流技术与应用,2020,25(S2):66-69.

图 3-1 智库智能四向穿梭式冷链仓储系统

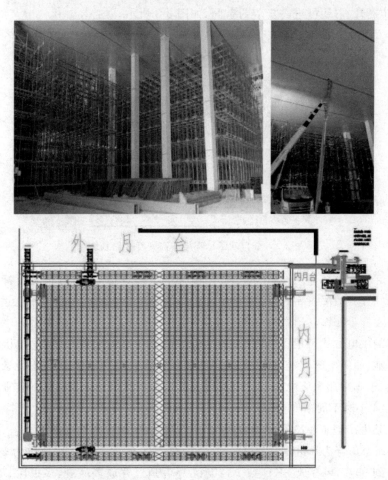

图 3-2 华中某水产企业自用冷库项目

（5）本案匹配 2 台巷道堆垛机，均可以实现出入库作业功能，4 台网络版穿梭车及出入库输送线，可满足出入库 38 盘/小时的作业能力。

（6）在自动化密集储存系统方案中，此方案以较低的投入实现了客户企业的效率需求，并较充分地利用了冷库内空间，同时库内实现了无人化、自动化、智能化、信息化的现代化作业方式。

2. 子母车高密度存储系统

由于巷道式堆垛机的作业效率恒定，穿梭式立体库系统难以解决效率需求较大、对未来作业效率有拓展要求的方案，子母车高密度存储系统有效地解决了这两个问题。

由母车完成 X 轴的物料搬运，由提升机完成 Z 轴的物料搬运，子车、母车、提升机通过 WCS（仓库控制系统）调度协同作业，各流程之间互不等待，可极大提升设备利用率，有效提高系统整体作业效率。子母车高密度存储系统的空间利用率可达 90%，并可根据业主的远、近期作业效率需求合理规划设备数量，根据近期效率需求配置子母车和提升机数量，未来可根据产能、销售额的增长再配置子母车等硬件设备达到增加作业效率的目的。子母车通过提升机到达任意层作业，一台母车可同时对应多台子车同层作业，如果选择换层/货物一体提升机，还可进一步节约空间，如图 3-3 所示。

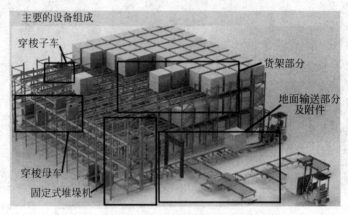

图 3-3　全自动子母穿梭车高密度存储系统

相对于穿梭式立体库系统，子母车高密度存储系统具备高效、可拓展等特性，自动化硬件设备之间互为故障备份，不会由于单一设备故障造成系统或单巷道不能运作，更可通过转驳设备发挥母车多巷道共享功能。

子母车的供电方式可根据实际需要予以配置，母车可采用滑触线、电池供电方式，子车可采用电池、超级电容供电方式，灵活多样的供电方式适用于多种作业场景，比如母车采用滑触线、子车采用超级电容的供电配置尤其适用生产型企业流水线的作业方式，可满足 365 天×24 小时不间断作业模式。

以华北某生产型企业冷库项目为例，如图 3-4 所示，该方案概况如下。

（1）平面布局分为 3 进深、22 进深、3 个存储区域，4 层轨道。货位数为 2 900 个，库房利用率达到 90%，可存放 SKU 数≥120 个，单巷道可存放多品规、多批次，尽可能最大化利用货位。

（2）在运行效率方面，可满足入库效率 75 盘/小时、出库效率 140 盘/小时。

（3）本案匹配 8 套子母车、5 台货物提升机、2 台换层提升机、输送系统 1 套、WMS/

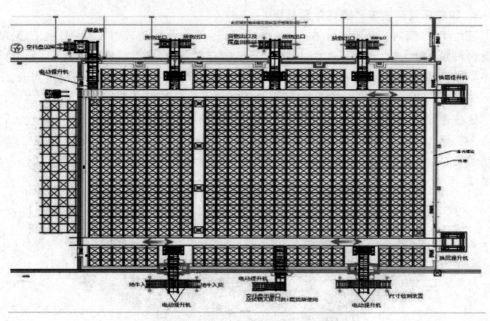

图 3-4　华北某生产型企业冷库项目

WCS 系统 1 套。

（4）本案母车采用滑触线供电、子车采用超级电容供电，可满足客户 365 天×24 小时不间断作业模式。

（5）该项目的经济效益分析具体见表 3-1。

表 3-1　年度节约费用统计

类　别	名　称	项目前数量	项目后数量	节约费用/万元	概　述
人工类	物流叉车工	8 人	0	88.70	由于项目实施，叉车工全部取消。该费用按照 2017 年预算核算
	生产入库工	15 人	8 人	46.20	该项目实施后生产入库工从 15 人优化到 8 人
能耗	冷库	2 个	1 个	51.55	目前使用 2 个冷库，该项目运行后只需 1 个冷库即可满足需求
供应租库费用	2 号库	1 260平方米	0	26.28	目前库房紧张，需要外租库房满足，按照租赁市场价格，一年预计节约费用 26.28 万元
叉车折旧费用	叉车	5 辆	0	13.31	项目运行后取消叉车，每年折旧费用节约 13.31 万元
叉车维修保养费用	叉车	5 辆	0	8.70	项目运行后取消叉车，每个维修费用节约 8.7 万元
托盘损耗费用	托盘	273.33万元	0	5.11	项目运行后托盘损耗几乎可以避免
合计				239.85	两年半即可收回投入成本

3. 四向托盘穿梭车高密度存储系统

近几年来,四向托盘穿梭车在食品、医药、冷链等行业得到较好的应用,拥有 X 轴、Y 轴物料搬运能力,灵活性较高,尤其适用于异形仓库布局,适用高密集储存的同时也适用于品规较多、批量较少的作业模式,对于第三方冷链物流企业也可满足其使用需求。

同层运行多台四向托盘穿梭车,是四向托盘穿梭车高密度存储系统基本运作模式,完善的货位管理(WMS)水平,以及设备调度能力(WCS),可保证整体系统稳定、高效运行,如图 3-5 所示。为避免四向托盘穿梭车与提升机作业等待,提升机与货架之间设计缓存输送线,四向托盘穿梭车、提升机均将托盘交接给缓存输送线进行转驳作业,从而提升作业效率。

图 3-5   四向托盘穿梭车

在总体规划中,可充分发挥四向托盘穿梭车的优势,通过打通墙体、连廊等方式将各个库区连接,四向托盘穿梭车通过系统调配进入任意库区,以达到设备共享的目的,如图 3-6 所示。

图 3-6   四向托盘穿梭车进入库区

穿堂区域在以往的设计中往往会采用输送线、RGV(有轨制导车辆)等设备进行托盘输送,四向托盘穿梭车在此区域也可作为平面搬运设备,从而进一步节约用户企业的采购成本。

以西南某冷链物流企业冷库项目为例,如图 3-7 所示,该方案概况如下。

图 3-7　四向托盘穿梭车在货架内进行四向运行

（1）托盘含货物规格为 1 200 毫米×1 100 毫米×1 540 毫米，载重达 1 200 千克/托。

（2）平面布局进深划分 12/3 进深，采用先进后出模式，货架立面布局 6 层轨道，货位数总计 13 619 个，实现了 88％库房利用率。

（3）本案匹配 6 台四向托盘穿梭车，效率满足 112 盘/小时，可实现 24 小时不间断的出入库作业。

（4）实现库区之间四向托盘穿梭车共用模式，其中某个库区集中出入库时，系统会调配其他库区四向托盘穿梭车集中作业，从而减少设备投入，同时提高单库区的作业效率。

（5）为了避免制冷量散失，项目将库房分割成大小不等的多个小库房，产品存储量较小时可利用小库区存储。

（6）最大化利用库内空间，穿堂区域设计双向四向托盘穿梭车运行轨道，利用四向托盘穿梭车作为穿堂区域的平面搬运设备，提高效率的同时，也减少了用户企业的资金投入。

总的来说，穿梭式立体库系统、子母车高密度存储系统、四向托盘穿梭车高密度存储系统是目前冷链行业常见的高密度储存解决方案，实现了冷库无人化、自动化、智能化、信息化的作业模式，出、入库口采用缓冲间控制空气交换，能够极大降低能量损失，冷链企业可以利用最小的建筑面积获取更大的空间利用率，通过上位软件系统进行货位管理，降低货品库内损耗。

3.1.2　冷链仓储管理软件

随着市场细化，冷库逐渐区分为企业自用存储库、自用配送库、第三方冷链物流库等多种功能，对仓库管理软件、仓库控制软件（WCS）的适用性也提出更高要求。[①]

1. RFID 仓库管理系统

RFID 仓库管理系统在现有仓库管理中引入 RFID 技术，对仓库到货检验、入库、出

---

① 李洪臻.自动化高密度存储技术在冷链行业的应用[J].物流技术与应用，2020,25(S1)：66-69.

库、调拨、移库移位、库存盘点等各个作业环节的数据进行自动化的数据采集,保证仓库管理各个环节数据输入的速度和准确性,确保企业及时准确地掌握库存的真实数据,合理保持和控制企业库存。通过科学的编码,还可方便地对物品的批次、保质期等进行管理。利用系统的库位管理功能,更可以及时掌握所有库存物资当前所在位置,有利于提高仓库管理的工作效率。[①]

1) RFID 电子标签

通过为每一个库内托盘、库位发放 RFID 电子标签,配合各种专用设备,可实现自动识别托盘及货物存放信息,大大方便用户管理库存货物。

通过 RFID 电子标签与货品绑定,可以准确区分批次、型号、品名、入库时间、供应商、状态等实际管理难题,管控更加符合现代管理需求。

2) 收货环节

日常的收货任务,可以自动同步到 RFID 手持设备上,不需要纸质单据就可以知道任务详细情况。收货数据不需要手动记录,系统自动采集并统计,确保收货数据的准确。货品入库后,系统会自动更新入库库存数量,单据也会变成已完成状态。

3) 上架环节

RFID 仓库管理系统与 RFID 叉车集成后,可以下达上架任务给 RFID 叉车执行。

RFID 叉车自动扫描托盘,并将托盘的货物信息与入仓信息显示实时提交货物存放位置,增加上架库存。

4) 拣货环节

系统会自动优化拣货行走路径,无须来回走动,只需一次行走就可以拣完货品。RFID 叉车通过扫描 RFID 托盘标签,快速核对出库货物信息,且能进行先进先出验证,提升库存周转率。出库完成后,自动减少出库库存。

5) 盘点环节

不需要纸质盘点单据,RFID 移动工作平台可无线联网查询系统单据。不需要手动记录盘点数据信息,系统支持现场操作记录。盘点精度达到库位级别、托盘级,盘点更容易实施与进行;支持盘点与进出仓业务同时进行。结合 RFID 叉车使用,盘点速度更快,盘点差异数据自动汇总。

通过 RFID 仓库管理系统的应用,大大简化仓库日常各环节作业,数据变为自动采集和更新,免去了手工录入的工作,从而为企业打造一个智能化、自动化仓库中心,实现降本增效。

2. WMS 系统

1) 精细的货位管理提高仓库的吞吐量

WMS 系统通过录入货位信息实现货位的一对一管理,记录货位的使用情况。当农产品上架时,系统会根据农产品的热销程度、周转效率,智能推荐上架货位,实现货位价值的最大化应用。

---

① 黄兆牛.基于 RFID 的自动化立体仓库管理系统的设计与实现[J].物流技术,2015,34(3):285-287.

2) 全流程条码扫描加快库存周转

大多数农产品保质期较短,不易长久储存在仓库中,加快库存周转是所有冷链仓库关注的重要课题。"WMS 系统＋条码技术"可以实现商品信息的快速录入,省去人工录入环节的同时,也为拣货效率的提升提供数据支撑。

3) 与企业系统对接提供一站式服务

WMS 系统具有开放性的 API(应用程序编程接口),可与企业的 OMS(订单管理系统)、TMS(运输管理系统)、ERP、硬件管理系统对接,让数据在各个系统中流转起来,解决仓储、运输等各环节信息不对称难题,为用户提供集库存管理、智能拆单、车辆调度、费用计算于一体的一站式服务。

随着生鲜食品需求增长,仅依靠传统人工管理模式已经难以适应冷链仓库运营。然而,现代科技为我们提供了各种新工具,我们要充分利用库位管理、"条码＋批次码"管理、库存管理、自动计费管理等技术手段,建立智能化的冷链仓库管理系统。我们要调动冷链从业者和科技工作者的积极性、主动性和创造性,坚持技术创新和管理创新"双轮驱动",以中国智慧推动冷链现代化,在冷链信息化管理领域创造出崭新的"中国模式"。

在这样的背景下,企业必须采用基于冷链行业的冷库管理系统解决方案,解决现有冷库问题,打造柔性供应链,节约人力成本,提升服务水平。

1) 库位管理

通过库位模块,给予每个货架和库位唯一的编号,规划好库区库位。入库时系统推荐仓位,减少仓管员寻找库位的时间,员工利用 PDA 设备实现商品与库位绑定,便于后续出库。同时用 PDA 设备扫描库位条码,即可了解货架上商品信息。

2) "条码＋批次码"管理

冷库管理系统可以与 PDA 设备衔接,在商品出入库时,PDA 通过扫描商品条码,自动核对作业信息,保证作业准确率。在作业完成后,系统自动将信息实时传输到系统中,方便查看和调整。通过批次码管理,可以实现先进先出和指定批次出库,同时还可追溯商品在库内流向,保证商品质量安全。

3) 库存管理

冷库管理系统会记录仓库内的一切操作,每当某种商品入库、出库、调仓时,系统中该商品的库存总量就自动增加或减少,库位实时更新绑定,不会存在像手工记录信息那样更新延迟的状况。管理者可以通过电脑端查看库存信息,及时将数据反映给货主,让货主可以及时进行处理,提升货主满意度。

4) 自动计费管理

支持零仓、包仓、出入库产生杂费、增值服务费等费用计算,每当货主商品入库或者开始包仓,便会自动计算该货主的费用情况,同时会把出入库产生杂费、增值服务费等费用算上。

5) 报表记录

报表记录自动更新查询,实时了解货主现有库存、出入库、费用等明细和汇总情况,仓库现有库存、出入库等明细和汇总情况,为管理者决策提供准确的数据支持。

 **3-1**

卤江南-20℃冷链智能仓储物流系统

江苏超悦农业发展有限公司是卤江南食品集团的全资子公司,2018年6月落户泰兴市农产品园区注册成立。目前一期用地30亩,投资近2亿元,2020年投产后,成为国内酱卤肉制品单体车间面积较大、综合创新最多、半自动化程度高、工艺技术领先的数字智能化工厂,设计年加工15 000吨酱卤肉制品、5 000吨方便菜肴,达产产值保底8亿元、力争10亿元。基于对创新物流、降本增效的需求,2019年,卤江南与中鼎集成正式达成合作,共建集柔性化、信息化、自动化于一体的食品&冷链智能物流仓储系统。食品&冷链智能物流仓库高20米,库内温度零下20℃,包含堆垛机系统、穿梭车系统、输送机系统以及软件管理系统。对于冷链物流来说,冷库的建设是重要一环。因为生鲜食品具有保质期短、易变质、易腐烂的特点,对温度、湿度的要求比较高,同时订单的增多也对仓储及供应链反应速度提出了更高要求。于是在冷库这一环节,需要进行信息化升级,并部署仓储管理系统,为冷链物流赋能。

一、堆垛机 & 穿梭车系统

物料与托盘信息绑定后,读码器读码,输送机系统输送成品货盘到巷道口的输送机位,堆垛机接受指令叉取托盘放到指定通道口,通道内穿梭车搬运托盘送到指定货位。

入库口(图3-8)设置外形检测装置、重量检测装置,对宽度和高度尺寸检测异常的货盘,或者实际重量与理论重量存在偏差的货盘,进行报警并退出至入库口,人工确认后方可重新入库。

图3-8　入库口

二、仓库与车间无缝衔接

根据出库订单,系统下发出库指令,堆垛机配合穿梭车取出货盘输送到巷道口,输送机系统输送货盘到整托盘出库口,经RGV、提升机将对应货盘送至1F、2F、3F车间,实现仓库与车间之间的物流无缝衔接。

三、空托盘出库流程

当收料区空托盘用完，一键即可调出一个或数个空托盘到出库口，如图 3-9 所示。

图 3-9 托盘

四、软件管理系统

配置 WMS、WCS，能够与卤江南的 ERP 系统实现自动无缝对接，如图 3-10 所示。两套软件管理系统都有自己的服务器和数据库，是独立的信息/数据管理和控制系统，能够实现监控、出入库管理、查询、维护等功能，通过创建操作平台降低了物流员的工作难度，反而提升了仓储物流的精细度、准确度。

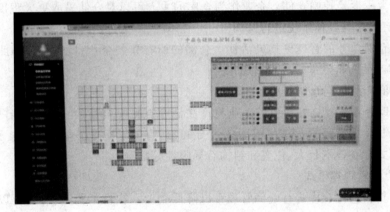

图 3-10 软件管理系统

资料来源：卤江南—20 ℃冷链智能仓储物流系统［EB/OL］.（2021-07-06）. https://www.163.com/dy/article/GE8F4OQD0530UFIR.html.

问题：

1. 为什么对于冷链物流来说，冷库的建设是重要的一环？

2. 堆垛机和穿梭车系统在卤江南—20 ℃冷链智能物流仓储系统中的具体作用是什么？

3. 为何需要对入库口设置外形检测装置和重量检测装置？

4. 软件管理系统中的 WMS 和 WCS 分别是什么？它们在卤江南—20 ℃冷链智能物流仓储系统中的作用是什么？

3.2 冷链仓储管理模式

3.2.1 冷链仓储企业仓库管理模式

在仓库管理中,企业为了科学有效地进行管理,会采用多种仓库管理模式,这些模式对仓库管理有着指导性的作用,对其进行分类如下所示。

1. 从生产管理上分类

1) 传统仓库管理模式

传统的仓储管理思想以生产不间断为核心,仓储库存管理是为生产服务。仓库库存管理系统所做的全部工作就是发出订单和提醒,或者用订货点法确定何时下订单,或者用经济批量法确定每个订单的最优数量。订单点法是一种基于过去经验预测未来物资需求的方法。

2) 现代仓库管理模式

在现代化的仓库管理模式中,从先进技术的应用到作业流程的管理,货物的入库到接单配送等各个环节,信息技术及管理系统的应用已成为现代化仓库的重要支柱。

2. 从仓库模式上分类

1) 自建仓库管理模式

企业自己建设仓库进行仓储,仓库的所有权归企业自己所有,自建仓储模式有以下优点。

(1) 更大程度地控制仓储。企业作为仓库的主人可以对仓储采取更大程度的管理和控制,同时有助于与其他系统进行协调。

(2) 使仓储业务的管理更具灵活性。仓储的所有权归企业自己所有,因此可以按照企业要求和产品的特点进行合理布局。

(3) 降低产品长期仓储的成本。

(4) 帮助企业树立良好形象。企业将产品储存在自有自建的仓库中,客户通常会认为该企业会长期持续经营,企业经营十分稳定可靠,有助于提升企业的竞争能力。

但该模式存在投资较大、位置和结构有局限性等缺点。

2) 租赁仓库管理模式

采用租赁营业性仓库进行仓储管理可以降低企业一次性的资金投入,可以灵活地满足企业各种产品储存需求,减小管理者的管理难度,实现模式经济,降低仓储成本。这种模式具有以下优点。

(1) 不需要企业投资,使企业避免资本投资和财务风险。

(2) 满足企业在库存高峰时大量额外的库存需求。利用租赁仓库仓储,通常没有仓库容量的限制,能够满足企业在不同时期对仓储空间的需求,特别是在库存高峰时大量额外的仓库需求。而且仓库的持有成本随着储存货物数量的变化而变化,易于管理者掌握。

(3) 降低管理难度。工人的培训和管理是冷链仓储面临的一个重要问题,要维持一个有经验的仓库员工队伍难度很大,租赁仓库仓储可以克服这一困难。

(4) 营业型仓库的规模经济可以降低货主的仓储成本。由于营业型仓库为众多企业保管大量库存。因此,与企业自建的仓库相比,前者通常可以大大提高仓库的利用率,从而降低仓库物品的单位储存成本。此外,规模经济还使营业型仓库能够采用更加有效的物料搬运设备,从而提供更好的服务;营业型仓库的规模经济还有利于拼箱作业批量运输,降低货主的运输成本;便于企业掌握保管和搬运成本。

(5) 使用租赁仓库仓储时,企业的经营活动可以更加灵活。企业租赁营业型仓库进行仓储,租赁合同通常都是有期限的,企业能在已知的期限内灵活地改变仓库的位置;企业不必因仓库业务量的变化而增减员工,还可以根据仓库对整个分销系统的贡献以及成本和服务质量等因素,临时签订或终止租赁合同。

但是租赁仓库仓储由于营业型仓库中通常会存储不同企业的各种不同类的货物,为避免各种不同性质的货物相互影响,企业必须增强对货物保护性包装,进而增加包装成本。此外,这也增加了企业控制库存的难度和风险。

3) 第三方仓储管理模式

第三方仓储管理是指企业将仓储管理等物流活动转包给外部公司,由外部公司为企业提供综合的物流服务。与租赁仓储模式不同,它不仅提供存储服务,而且可以为货主提供一流的物流服务,如它可以为货主提供存储、卸货、拼箱、订货分类现货库存、在途混合等一些专门的服务。因此,这些仓库的设计标准和水平更高,更符合特殊商品的存储要求。相较而言,企业能更有效地利用资源,也有助于企业进行新市场的预测,扩大市场。但这种模式可能会影响企业对物流活动的直接控制。

3.2.2　冷链仓储企业运营发展模式

近年来,随着市场需求的增加,冷链物流得到快速发展,冷库运营模式是冷库运营和发展的核心。

1. 依托大客户型冷库模式

"依托大客户型冷库"的收益模式主要为冷库对外租赁、有偿物流配送等,经营优势主要集中在对现代化货架型冷库的建造维护、冷链物流配送、全封闭式管理与对跨行业大客户的业务开展上。

2. 依托批发市场型冷库模式

"依托批发市场型冷库"的收益模式主要为商铺冷库对外租赁、库内有偿装卸服务和交易计提,经营优势主要集中在对一级渠道批发商的引入、市场培植与管理、整体品牌与营销战略、商铺和冷库多功能设施维护等上。为追求利益最大化,批发商常会以"优惠政策大小"为标尺,做出倾向于竞争者一方的举动。

3. 自有终端超市型冷链配送中心模式

"自有终端超市型冷链配送中心"主要为自营零售配套,经营优势主要集中在城市终端卖场的战略连锁扩张及卖场管理、渠道控制、整体营销策略上,其依靠良好的购物环境及低价、多品种优势拥有大批终端消费者。该模式可以在城郊低成本拿地建库,然后放心大胆地建立自属冷藏车队,以点接线,以线组面,进可用第三方物流(third-party logistics,TPL)的身份拓展业务,退可以自给自足强调内部供应。

4. 依托农产品主产地型冷库模式

"依托农产品主产地型冷库"主要为冷库对外租赁,地处优势农产品主产地,能直接为当地农民和各地买家提供就近服务是其优势。

5. 国有战略储备型冷库模式

"国有战略储备型冷库"主要为政府租赁和专项补贴。经营优势主要为中央和地方政府对其项目审批、选址、建造、运营、税收、水电能源、发展补贴等方面的优惠政策。

3.2.3 区分冷链仓储企业运营发展模式

由 3.2.2 节可知,当前国内冷链仓储企业,主要有五种发展模式,分别为依托大客户型的冷库、依托批发市场型的冷库、依托终端超市型冷链配送中心、依托农产品主产地型冷库、依托国有战略储备型冷库。这五种发展模式各有利弊差异,在中国未来的冷链物流发展进程中,它们将在一段时间内并存,相得益彰。分清这五种模式,有利于更深一步了解自己所处的产业,找到适合自己的发展方向,避免一哄而上挤入低端同质化投资空间,引发恶性竞争。

(1)依托大客户型的冷库目前所受竞争压力相对较小。一方面,由于其客户多为跨行业的大中型品牌企业(如食品深加工企业或医药企业等),此类大客户对冷库的软硬件要求较为苛刻,即"合作门槛高",这一点有效抵制了"恶性低质竞争"。另一方面,此类合作往往带有较强的战略互补性与稳定性,合作一旦达成,双方就会形成长期稳定的关系。所以这类冷链物流形态竞争压力相对较小。

(2)依托批发市场形成的冷库目前所受竞争压力最大。其主要原因之一是此类经营模式的收益相对较高,目标客户对软硬件"门槛"要求相对较低(特别是对精细化、全程化、管控自动化的冷链配送体系要求较低)。其次是诱人的项目连带效益(即搞活一个市场可以带热一圈经济)与投资者对未来收益扩大化的乐观预期让这类投资经营模式逐年升温。再次是由地方性旧市场拆迁改造所带来的历史机遇推动的,行业后来者更容易发觉前者不足,并借助机遇运用新思维、新地段、新设备、新设计超过前者。最后是冷库项目所依托的客户群体(即渠道批发商)本身具有较大的不稳定性。

(3)依托终端超市型冷链配送中心目前所受竞争压力最小。其主要原因是超市冷链配送中心多为超市系统内部的配套资源。卖场强大的终端销售能力、稳定快速的货物周转和充裕的现金流有效保障了超市冷链配送中心的良性运营。以超市卖场这个"亲属型用户"为依托,超市冷链配送中心可以规避许多来自外界的竞争风险。

(4)依托农产品主产地型冷库目前所受竞争压力处于不稳定状态。其主要原因是其中许多冷库随着农产品的炒作而生,冷库多为私人建造,规模小、技术含量低,更谈不上集约化经营与管理。冷库的数量和吨位早已超出当地实际需求,一旦"热钱"退去,炒家收手,这些低质同类型冷库将会出现大面积闲置。

(5)国有战略储备型冷库因其国有或集体所有性质,及其承载的特殊战略性,较少参与市场竞争。

 3-2

七通冷链仓储解决方案

冷链物流市场规模日益扩大的同时,也暴露了许多问题,如冷链物流标准化不足、投入成本高、流通率低、商品损耗率高、信息化水平低、资源浪费严重等。但即便如此,仍然有许多企业都看好冷链物流的市场前景,并开始着手解决这些问题,以抢占更多市场。

对于冷链物流来说,冷库的建设是重要一环。因为生鲜食品具有保质期短、易变质、易腐烂的特点,对温度、湿度的要求比较高,同时订单的增多也对仓储及供应链反应速度提出了更高要求,于是在冷库这一环节,需要进行信息化升级,并部署仓储管理系统,为冷链物流赋能。

七通冷链仓储管理系统采用条码/RFID技术,从供应商交付、收货、质检、上架、分拣、集货、出库,全部通过移动PDA同步完成,支持多级货位智能管理,自动分配货品库位;支持批号及保质期管理,自动先进先出,保障货品的新鲜度;支持对库内作业的全程可视化追踪,保障货品品质,让消费者放心。

冷链仓储管理系统解决方案如下。

(1)支持多货主、多仓库、多货品、多批次仓储作业,做好仓储精细化管理。

(2)智能拣货、智能发货、智能盘点、智能库存等管理,让仓库业务变得简单和高效。

(3)可视化管理后台,从平台、仓库、货主、库存、订单等多维度来量化运营数据,提升了数据价值。

(4)拣货波次策略,大幅缩减拣货时间,提高作业效率,为客户提供更好服务。

(5)自动对临期商品做库存冻结处理,为食材安全把关。

(6)与OMS、ERP、TMS等上下游系统对接,实现完美协调运作,让数据更实时、更准确。

资料来源:七通冷链仓储管理系统,打造智能化冷链物流解决方案[EB/OL].(2023-05-06). http://www.henanfood.net/lenglianwuliu/news/lenglian/238271/.

问题:

1. 为什么冷链物流市场存在标准化不足、投入成本高、流通率低等问题?

2. 七通冷链仓储管理系统如何利用条码/RFID技术提升冷链物流的信息化水平?

3. 七通冷链仓储管理系统的解决方案如何实现对冷链物流的精细化管理?

4. 七通冷链仓储管理系统如何与上下游系统(如OMS)对接,实现协同运作?

3.3 冷链仓储管理的方法

3.3.1 冷链仓储存在的具体问题

冷链仓储存在以下具体问题。

(1)冷库内部空间使用率较低,不仅加大了出入库难度,也降低了日常吞吐量。

(2)日常出入库频繁,加上人工作业,效率低,出错率高。

（3）缺乏批次管理，难以实行先进先出，库存周转率低。

（4）货主货品繁多，为了能准确统计每个货主的数量，往往需要花费大量的时间。

（5）每个货主的计费方式复杂，增大了结算收款的难度，且存在错算和漏算等情况。

（6）数据更新靠人工采集和录入，数据存在错误性和延迟性，参考价值低。

3.3.2 冷链仓储管理的具体操作

根据冷链仓库的特殊性，商品入库绑定、上架、拣货下架、出库、调仓、库存查询等全部通过移动 PDA 同步完成，提升作业效率。货主商品从入库开始到出库结束，自动计算每一笔费用，且支持包仓、零仓、增值服务费等计费模式以及报表记录查询，借助大数据分析驱动企业管理决策，使冷链企业提升了服务质量。

1. 冷链仓储解决方案主要方法

（1）采用批次管理，一货一批号，确保每批货的唯一性，入库精确到分钟，确保先进先出，保证货主货品在保质期内出清。

（2）采用库位管理功能，结合 PDA 手持设备和条码技术，实现库内货物存放区位与系统高度一致，提升吞吐量。

（3）出入库计划全程电脑操作，出入库作业全程 PDA 操作，操作结果即时反馈至系统，实现作业过程的可追溯、可查和可视化。

（4）系统支持零仓和包仓的租仓模式，支持按板/吨/件的计费单位，一旦货品入库以及包仓开始，便会自动计算存储费用，减轻财务人员压力。

（5）每到月尾结算，只需简单操作，即可自动结转每个货主近段时间产生的费用明细和汇总，无误后，便可进行结算打印，将结算单发给客户查看，进行收款。

（6）报表记录自动更新查询，实时了解货主现有库存、出入库、费用等明细和汇总情况，仓库现有库存、出入库等明细和汇总情况，为管理者决策提供准确的数据支持。

由此可见，通过冷链仓储系统的实施上线，冷库企业的发展将会越来越好，效益越来越高。

2. 冷链仓库管理制度

（1）冷库的使用，应按设计要求，充分发挥冷藏能力，确保安全生产和产品质量及公司效益。养护好冷库建筑结构。

（2）库内排管要及时扫霜，责任落实到人，每一个库门、每一件设备工具都要有人负责。

（3）冷库内严禁多水性作业。

（4）严格管理冷库门，商品出入库时，要随时关门，库门如有损坏，要及时维修，做到开启灵活、关闭严密，防止跑冷，凡接触外界空气的门，均设置风幕，冷少冷热对流。

（5）库房必须按设计规定用途使用。

（6）空库时库房应保持在零摄氏度以下温度，避免库内受潮。

（7）货物不准在地坪上摔击，以免砸坏地坪，破坏隔热层。

（8）货物推车不准超过设计负荷。

（9）冷库地下自然通风道应保持畅通，不得积水、有霜，不得堵塞。

（10）冷库必须合理利用仓容，不断总结，改进商品堆垛方法，安全、合理安排货位和堆垛高度，提高冷库利用率，堆垛要牢固整齐，便于盘点、检查、进出库。库内货位堆垛要求：距冻结物冷藏间顶棚 0.2 米；距冷却物冷藏间顶棚 0.3 米；距顶排管下侧 0.3 米；距顶排管横侧 0.2 米；距无排管的墙 0.2 米；距墙排管外侧 0.4 米；距冷风机周围 1.5 米；距风道底面 0.2 米。

（11）库房要留有合理的走道，便于库内操作、车辆通过、设备检修，保证安全。

（12）商品进出库及库内操作要防止运输工具和商品碰撞库门，及栓子、墙壁和制冷系统管道等工艺设备，在容易碰撞之处应加防护装置。

（13）库内机器线路要经常维修，防止漏电，出库房要随手关灯。

3．冷链物流入库注意事项

（1）冷冻（冷藏）车到后，应立即组织卸货，以防冷冻车辆的能量损失和货物变质与变坏。

（2）货物进出库，应由两个人经手，一人负责实物的验收，一人负责记账。

（3）货物入库，必须经过数量、外观检查和质量检验。

（4）冷冻产品的装卸要有专业性工具，如保温衣、保温手套、保温箱、保温被等。

（5）冷冻产品要特别注重对鲜食产品的外观检验，以防其变质。

（6）冷冻产品的堆放，要尽可能遵守先进先出原则。

（7）要特别注重对冷冻仓库温度与湿度的查看，并及时作出适当的调整。

3.3.3　提高冷链仓储运作效率的途径

传统的仓储管理库存周期较长，库存积压严重，造成大量资金流短缺，增加了企业资金成本和管理成本。现代物流中，通过信息系统的信息流通，供应商和销售商实现了物流、资金流、商流和信息流的顺畅衔接，可以通过以下途径提高仓储运作效率。

1．提高仓储服务水平

随着客户对仓储服务需求水平的提高和仓储企业自身的发展，仓储业正朝向精细化和国际化方向迈进。在国外仓储业大批进入我国之后，由于客户的可选择范围扩大，这种多样化需求将提高到一个新的档次，仓储业分工也将更进一步细化，这就要求仓储业必须依据自身特点，为客户提供更具个性化的服务，客户满意度、单证准确度和相应的及时率等指标将成为评价仓储企业绩效的重要指标。

目前，我国仓储物流企业大多只能提供基础物流服务，可以做到几个阶段的整合，却很难实现全过程服务的高效。实现仓储服务的系统化、作业的规范化和效率化都离不开制度的约束，有了好的制度还必须有坚强的执行者遵循物资管理的方法与原则，这样才能有更好的管理效果。

加强库存分类管理和周期盘点对提高生产效益、发展规模经济同样重要。库存采用现代化操作方法运作可以降低存储费用，在提供保障能力方面占有优势。根据 20/80 原则对在库商品进行 ABC 分类，分类管理和周期盘点可以让企业了解物资保管现状，并适时制订新的仓储计划。

2. 扩展核心业务能力

从供应链角度出发,仓储业应积极发展自己的核心业务,努力拓展基于仓储的各项增值业务,特别是能够提升仓位周转率的各项业务,如流通加工、货代、仓单质押业务等都将成为具有创新性的业务模式。周转率的提高不仅有利于仓储运作效率的提高,还可以给仓储企业带来更多的利润。

3. 采用仓储信息技术

仓储业的竞争力包含多个方面,服务质量、客户满意度、服务响应速度等指标,都对仓储企业提出更高节奏的服务响应。这种情况下,仓储企业不仅要保证快速响应,还要注意以最低库存成本完成。信息技术的出现,为仓储业保持最低仓储提供了可能。

ERP 是目前改善仓储管理、提高效益最有效的方式。目前已知使用 ERP 管理的企业,无论在库存的准确性上,还是在提高仓储企业的快速反应能力上,都让仓储企业获得了很强的市场竞争力。在管理思路上采用时间消灭空间的方法,摒弃了存货越多越好的落后观念,全面提升服务响应速度。

EDI(电子数据交换)技术的出现也为仓储管理效率提高提供了可能。条形码技术、自动化立体仓库、自动化识别系统、自动分拣系统等现代化设施的使用,库内商品在调拨、盘点、移库等过程中更易保证作业数据的准确性和高效率,确保企业及时准确掌握库存的真实数据。

4. 通过集中和效率化配送提高仓储效益

物流作业中,运输作业所消耗的活劳动和物化劳动所占比例最大。据统计,物流成本中运输费用的支出占 40%～60%,通过运输方式、运输工具和运输路线的选择,进行运输方案的优化,实现物资运输的合理化,以缩短运输里程,提高运输工具的利用效率,从而达到节约运输费用、降低物流成本的目的。

现代仓库不仅被看作形成附加值过程中的一部分,而且被视为企业第三大利润源泉。在企业中,仓库相当于一个物流配送中心,而配送是与市场经济相适应的一种先进的物流方式,是指仓库按照需求单位的配送计划进行配货,选择经济合理的运输路线与运输方式,在用户指定的时间内,将符合要求的货物送达指定地点的一种物资供应方式。

在物资采购供应链中,企业一方面要通过采购策略降低物资到库的成本,另一方面要积极寻求降低库存物资出库、到达用户手中的成本。实行仓库物资出库全配送的管理模式后,有效地规避以前的不足,通过统一配送,使得仓库物资到达用户手中的成本进一步降低成为可能。

实行全配送模式,需要公司的管理途径协调,因为全配送能完全满足用户的需求,前提之一就是用户有准确的配送需求计划,包括物资名称规格、数量、要货时间、卸货地点等,仓库按照配送计划安排作业车辆、选择配送路线以及正确装载物资。仓库在配送过程中,需重视配车计划管理和车辆运行管理,提高装载率,节约运力和能源;货物装卸、运输时,须确保安全,并且做到后送先装;在经常易出错的地方,要采取有效措施,减少退货、换货和损坏,提高配送效率。

药品库温湿度监控系统解决方案

一、概述

药品作为一种特殊商品,直接关系到人民的生命健康问题。目前医药行业药品储存环境的温湿度检测设备主要是温度计、温湿度记录仪,大多数医药储存流通企业还在使用传统的温度计,数据手工记录,药品流通温湿度监管水平低,数据可靠性差。

根据国家药品监督管理局《药品经营质量管理规范》,药品批发企业储存药品的常温库、阴凉库、冷库、冷藏车及车载保温箱或冷藏设备等要安装温湿度自动监测设施设备,并与计算机联网,实现 24 小时自动实时监测、记录温湿度数据,监测装置能够在温湿度超出规定范围时自动报警,通知库管人员采取相应措施进行调控。

二、设计依据

(1)《药品经营质量管理规范》。

(2)《中华人民共和国药品管理法》。

(3)《中华人民共和国药品管理法实施条例》。

(4)《安全防范工程程序与要求》GA/T75—94。

(5)《智能建筑设计标准》(GB/T 50314—2000)。

(6)《低压配电设计规范》(GB 50054—95)。

(7)《中华人民共和国公共安全行业标准》(GA 247—2000)。

(8)《计算机场地安全要求》。

(9)《计算站场地技术条件》GB2887—89。

三、系统性能

1. 先进性

整个系统技术保持一定前瞻性,采用的设备和技术能适应将来的科技发展。

2. 可靠性

所选设备具有良好的电磁兼容性和电气隔离性能,系统安全可靠性高,有足够的抗干扰能力,不影响被监控设备正常工作。

设备研发与选用采用高可靠的工业级标准,保障系统 7×24 小时不间断运行。

3. 稳定性

系统成熟稳定,支持各种空调、新风机等主流厂家智能设备的接口通信协议。

4. 实时性

系统数据能通过网络实时传输与保存,用于日后的查询与分析。

5. 实用性

系统性能价格比高,整个系统施工简化、易维护、易使用、运行费用低。

6. 扩展性

系统采用分布式架构设计,能够适应不断增加设备的扩展需求,当系统扩容时,只需简单增加相关设备即可。

7. 兼容性

整个系统能兼容不同的操作平台：Windows、iOS、Android、LINUX。

8. 灵活性

系统构成方式简单，功能配置灵活，充分利用现有的计算机资源，能满足不同业务部门的需要。

9. 维护性

系统运行可在线诊断和检测，能及时发现系统各功能单元故障情况，便于系统故障的维护处理。

四、用户需求及分析

据相关了解，药品应按温湿度要求将其存放于相应的库中，药品经营企业各类药品储存库均应保持恒温。对每种药品，应根据药品标示的贮藏条件要求，分别储存于冷库(2～10 ℃)、阴凉库(20 ℃以下)或常温库(0～30 ℃)内，各库房的相对湿度均应保持在45%～75%。并按其要求在冷库、阴凉库、常温库等各个重要部分安装温湿度监控。

五、解决方案

1. 监控内容

对于医药冷库内各种昂贵的电子设备以及各种医药药品，所需的存储环境对环境温湿度有较高的要求。因此在医药冷库的各个重要部位安装温湿度传感器，一旦发现超温异常，立即启动报警。

2. 实现方式

通过在医药冷库重要部位安装温湿度传感器对环境温湿度实时监测，既可在温湿度传感器表面实时看到当前的温度和湿度数值，亦可通过温湿度传感器的 RS485 智能接口与协议转换器设备采用 TCP(传输控制协议)/IP(互联网协议)方式将信号接入监控服务器平台，由监控平台软件进行温湿度的实时监测。

3. 实现结构

温湿度分探头参数如下。

(1) 额定电压、电流 DC9 V，500 mA(max：10 mA)。

(2) 测量范围，温度：−55～125 ℃；湿度：0～100% RH。

(3) 测量精度，温度：±0.5 ℃；湿度：±3% RH。

(4) RS485 通信输出。

4. 实现功能

(1) 实时监测医药冷库区域内的温度和湿度值。

(2) 系统可对温度和湿度参数设定越限阈值(设定上下限)，一旦发生越限报警，且发生报警的参数会变红色并闪烁显示，同时产生报警事件进行记录存储并有相应的处理提示，并第一时间发出多媒体语音、电话语音拨号、手机短信、E-mail、声光等对外报警。

(3) 多媒体语音、电话语音拨号、手机短信、E-mail、声光报警可根据需要设定。

(4) 异常消除时，进行恢复告警，通知用户异常消除。

5. 历史记录查询

系统可方便查询历史记录,包含 Excel 格式和历史曲线。

6. 平台性能及功能

系统界面结构层次清晰,实时反映数据状态,场景仿真。鼠标控制,操作简单,可根据现场情况定制主界面。

权限管理支持权限设置,可根据用户的不同权限需求由用户自定义完成。

报警管理支持多媒体现场语音精确报警、短消息报警、电话语音报警、电邮报警、现场声光报警等多种方式,各监控对象可根据需要自行设定报警方式,具有精确定位能力;支持分级分时报警,可根据需求自行设定。

扩充能力平台应具备日后增加设备的扩容接口能力,具有随发展变化持续扩容能力;可以在不停止监控系统运行的情况下进行监控对象和监控点的增加,避免出现升级时的监控盲点。

资料来源:药品库温湿度监控系统解决方案[EB/OL]. https://www.iepgf.cn/thread-413095-1-1.html.

问题:

1. 为什么药品库需要进行温湿度监控?有哪些法规和标准要求医药企业对药品储存环境进行温湿度监测?

2. 药品库温湿度监控系统中的温湿度传感器如何工作?

3. 药品库温湿度监控系统如何实现温湿度越限报警?有哪些报警方式和处理措施?

4. 药品库温湿度监控系统的平台性能和功能有哪些?如何保障系统可靠性和稳定性?

移动冷库应运而生,无论是用作城市冷库,还是用于前置冷库,该产品都具有独特的优势,如图 3-11、图 3-12 所示。移动冷库是由多个集装箱单元组合而成的冷库,且不需要每台箱都配备冷机,组合后的冷库容积可根据客户要求涵盖 60 立方米到数千立方米,满足客户冷冻、冷藏、预冷等多样化的需求。而当客户要迁移冷库地址时,移动冷库的拆除非常方便,且可直接运送到有需求的地方继续组合使用,功能和品质不受影响。

图 3-11　移动冷库外观

图 3-12　移动冷库内部

与传统土建冷库相比,移动冷库箱具有综合成本低、投产周期短、使用灵活方便、可拆装搬运、可回收再利用等比较优势。移动冷库使用的钢板、保温材料等均为国家大力推行的绿色环保材料,无环保、无环评压力。

根据公众号"魔方冷链仓储"介绍,移动冷库已经应用于最先一公里、最后一公里、农业供应链、城市冷库升级改造及扩建等诸多领域。2023 年各地区政府频繁出台扶持冷链物流发展的相关政策,其中就包括鼓励移动冷库的应用,相信在未来,移动冷库将迎来更广阔的市场空间。

【本章小结】

目前行业中采用以高密度储存解决方案、仓库管理系统以及冷库管理系统解决方案为主的冷链仓储管理技术。冷链仓储企业仓库管理模式从生产管理上可分为传统仓库管理模式和现代仓库管理模式;从仓库模式上可分为自建仓库管理模式、租赁仓库管理模式和第三方仓储管理模式。目前,冷链仓储企业存在五种发展模式,分别为依托大客户型的冷库、依托批发市场型的冷库、依托终端超市型冷链配送中心、依托农产品主产地型冷库、依托国有战略储备型冷库。

【课后习题】

1. 简述冷链仓储企业的五种发展模式。
2. 什么是库位管理?
3. 简述 RFID 仓库管理系统环节。
4. 简述冷链仓储存在的具体问题。
5. 提高冷链仓储运作效率的途径有哪些?
6. 简述 RFID 仓库管理系统的概念。
7. 高密度储存解决方案有哪些?

即测即练

第 4 章

冷链仓储信息管理

【本章导航】

本章主要介绍冷链仓储信息管理的方法与技术,包括国家、行业的信息平台,冷链企业的仓储信息平台以及冷链仓储管理的信息系统;冷链仓储智慧化管理,具体包括大数据在冷链仓储中的应用,5G在冷链仓储中的应用,人工智能在冷链仓储中的应用,物联网在冷链仓储中的应用以及区块链在冷链仓储中的应用。

【本章学习目标】

1. 掌握信息、物流信息平台的含义及特征。
2. 熟悉冷链仓储管理信息系统及信息采集和跟踪技术的类型。
3. 了解冷链仓储智慧化管理的多种类型。
4. 掌握物联网、区块链的含义及应用。
5. 了解云仓、电商云仓和生鲜电商云仓的应用。

【关键概念】

物流信息平台(logistics information platform) 大数据(big data) 5G 人工智能(5G artificial intelligence) 物联网(internet of things) 区块链(blockchain) 云仓(cloud warehouse) 电商云仓(e-commerce cloud warehouse)

冷链仓储管理

从仓储、分拣、运输到终端配送,京东物流建立了一套完善、成熟、技术领先的生鲜全冷链物流体系,充分保证生鲜商品的安全、鲜度和健康。真正实现了生鲜商品的极速送达服务,依托于京东自建物流系统的全国7大物流中心、166个大型仓库、4 142个自提点和配送站,京东生鲜冷链配送覆盖城市已达35个,其中7个城市实现了当日达服务,覆盖范围还将进一步扩大。

此次京东物流推出的生鲜冷链解决方案,是针对批量寄递生鲜快件的商家推出的专属服务,通过对仓储、分拣、运输、配送等各环节的优先配载和配送,以及定制化的温控设备和器材保鲜,充分保障了生鲜快件的配送时效和商品品质。

与国内多数采用"冰块＋泡沫箱"的冷藏形式不同,京东物流投入了专业的冷藏车、配送人员及精细化的运营管理系统,在生鲜的"冷"处理上,使用了专业研发的温控技术、材料和设备,其保温材料经过了半年以上的测试和迭代升级,以广泛应用于疫苗等医疗药品保存、运输的材料一致,同时实时保持对商品、冷媒温度的监测,实现了真正的全程"冷链"物流。

与玛氏签订冷链物流战略合作协议会上,京东物流与美国食品行业巨头玛氏签订了冷链物流战略合作协议,双方将就供应链、冷链运输配送进一步实现双方的优势互补,给消费者带来更丰富的产品选择和优质的消费体验。玛氏创立于 1911 年,旗下拥有德芙、士力架、M&M's、脆香米等知名品牌。玛氏中国物流总监董玲玲表示:对巧克力品类来说,冷链配送,方便快捷,又能保证商品品质,京东物流在冷链配送最后一公里上,拥有独特的优势,尤其是其在冷链仓储、温控箱等技术方面也处于领先地位。玛氏与京东冷链合作,将在技术、配送等环节,发挥各自优势,让中国消费者享受到更好的食品购买体验。

根据协议,合作双方将基于京东自建冷链仓配系统,统一协作,同时借助玛氏干线冷链优势,建立巧克力全季节供应链体系,给消费者带来专业化及高品质的全季节优质体验服务。

资料来源:京东推出生鲜冷链物流解决方案[EB/OL].(2022-12-29).http://new.bjfood.net/lenglianwuliu/news/lenglian/17789/.

问题:
1. 京东物流推出的生鲜冷链解决方案的优势在哪里?
2. 京东如何提高物流效率?

4.1　冷链仓储信息管理的方法与技术

随着我国生鲜产品的需求量增加,冷链物流行业也随之发展壮大。冷链物流是农产品产销链的关键支撑环节。2023 年 2 月 13 日,中央一号文件《中共中央 国务院关于做好2023 年全面推进乡村振兴重点工作的意见》发布,文件中多次提到"冷链物流",明确提出冷链物流设施建设、支持建设产地冷链集配中心,针对冷链物流环节,还应进一步加大技术、科技的引领,并且打造冷链物流核心技术体系,联动政府、企业、协会、科研机构等多方主体,共建创新技术孵化器。我国政府高度重视冷链物流业的发展,这为广大企业家发挥重要作用提供了难得机遇。《"十四五"冷链物流发展规划》提出,到 2025 年,冷链物流基础设施要更加完善、发展质量显著提高。冷链物流技术装备水平显著提升,冷库、冷藏车总量保持合理稳定增长,冷链物流温度达标率全面提高,国家骨干冷链物流基地冷库设施温度达标率达国家一流水平;肉类、果蔬、水产品产地低温处理率分别达 85％、30％、85％,农产品产后损失和食品流通浪费显著减少。物流企业冷库仓储用地符合条件的,按规定享受城镇土地使用税优惠政策。严格落实鲜活农产品运输"绿色通道"政策。落实农村建设的保险仓储设施用电价格支持政策,鼓励各地因地制宜出台支持城市配送冷藏车便利通行的政策。许多企业家不惜投入巨资,发挥企业效率优势,大力推进冷链基础设施建设。他们积极响应国家号召,以 SKILL 技术创新,促进冷链标准化和信息化,切实提高了冷链运输保鲜效果。

展望 2035 年,全面建成现代冷链物流体系,设施网络、技术装备、服务质量达到世界先进水平,行业监管和治理能力基本实现现代化。

4.1.1 国家、行业的信息平台

1. 物流信息平台的含义及价值

物流信息平台通过收集和判别物流市场动态运行的相关信息,对有效信息进行继承和整合,进而为物流供应链中涉及的各类主体提供相应的服务。因此,物流信息平台的价值主要是主体通过分析平台整合的物流信息和适用平台提供的相关服务,作出有效决策所产生的利润或效用。其具体包括以下内容。

(1) 物流信息平台为决策主体提供物流信息相关服务。主体通过与物流信息平台之间顺畅、高效的物流信息交互,可以获得可靠的物流市场运行动态信息,进而更好、更快地做出决策行为。例如,决策主体通过与物流信息平台的交互,有效降低物流成本,提高服务效率,从而减少信息丢失或错误信息造成的损失,增加正确决策所带来的利润或效用。

(2) 由于物流信息的开发和利用,供应链可以不断延伸和完善。诸如售后服务、贷款代收等物流增值服务应运而生。[①]

2. 国家、行业物流信息平台的划分

国家物流信息平台服务于国家层面的物流活动,较为典型的有国家交通运输物流公共信息平台、中国物通网等;行业物流信息平台服务于一定行业范围内的物流活动,较为典型的有电商物流信息平台、公路货运物流信息平台、物流信息金融平台等。

国务院《物流业调整和振兴规划》明确提出要提高物流行业的信息化水平,并将物流信息平台列为九大工程之一,摆在物流振兴战略工程的地位。各类物流信息平台的建设,将大幅提升我国物流现代化、信息化水平,使产品流通更高效、资源配置更优化,直接惠及广大人民群众的生活。目前,市场上较为活跃的物流信息平台主要有国家级交通运输物流公共信息平台、各级政府职能部门建立的物流行业的第三方物流监管信息平台,大型物流企业建立的依托自身业务的物流信息平台以及面向整个物流行业的第三方物流信息平台,如表 4-1 所示。良好的物流体系是经济繁荣的重要基础,完善的信息平台将进一步整合物流资源,降低企业运作成本,提升我国产业竞争力,同时还可以促进区域协同发展,使不同地区优势互补,实现共同富裕。

表 4-1　十大冷链物流 App

序　号	App 名称	序　号	App 名称
1	冷运宝货主版	6	粤十冷链云
2	赤途冷链	7	运满满冷运
3	美鲜冷链	8	易流冷链物流管理系统
4	环海冷链	9	物流叫车
5	找冷链	10	物流网

---

① 李琏,吴群琪.基于供需主体博弈的物流信息平台价值分析[J].公路交通科技,2018,35(11):137-143,152.

4.1.2　冷链企业的仓储信息平台

近年来,定位于平台模式的企业层出不穷。例如,国内知名冷链物流公司华鼎供应链、京东冷链、绝配供应链、顺丰冷链等。国内生鲜电商大平台主要有盒马鲜生、每日优鲜、永辉超市、京东到家等。该类模式将现代科技应用于供应链管理流程,采用智能仓库管理、用户一键下单、后台智能配送,大大提高了管理效率。

以盒马鲜生为例,如图 4-1 所示。盒马鲜生拥有从源头到消费者家庭的活鲜全程冷链配送体系。城市中心、门店均配备多温层、多功能设施设备,设立专门的众包物流公司负责覆盖门店周边半径 3 千米的配送,以保证食材的新鲜度。盒马鲜生的冷链模式可以划分为四个部分,即供给端、DC(加工检查中心)、"店仓一体化模式"和外卖型物流系统。

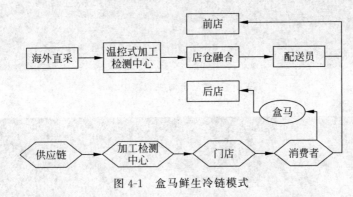

图 4-1　盒马鲜生冷链模式

1. 供给端

盒马鲜生坚持直采模式,以买家体系为抓手,重塑商品供给体系。海外方面,主要采购全球优质水产、肉制品、果蔬、乳制品等商品。国内分为原产地直采和本地直采:如赣南橙、阿克苏苹果等国内有成熟基地商品,盒马鲜生会直接到基地做品控、采购,整批加工检查中心。如蔬菜、肉类等商品与本地企业合作,早上采摘,下午送到门店售卖。

2. DC

在 DC 完成商品的加工或储存,除常温、低温仓库外,盒马鲜生的 DC 具备商品质量检验、包装、标准化功能。此外,从国外购置的海鲜活物也会在 DC 中转或暂养。

3. "店仓一体化模式"

盒马鲜生门店采取"店仓一体化模式",兼具销售和仓储功能,既是销售加餐饮的一体化互动式体验门店,也是线上销售的仓储和物流中心,人员和场地可以重复使用。

4. 外卖型物流系统

盒马鲜生为外卖型物流系统,即 30 分钟近场景配送。根据消费者下单的 SKU 和包裹数量以及顾客选择的收货地址,结合智能集单系统、智能调度作业系统、智能订货库存分配系统,最终得到各系统整合出的最优路线。不仅如此,盒马鲜生还加强与第三方的物流配送平台的合作,把部分订单交给第三方物流配送平台。

总体而言,盒马鲜生的农产品供应链可以利用大数据和电子信息技术,实现从产地直采到物流运输再到客户下单的各个环节的智能化,如图 4-2、图 4-3 所示。供应链的每一个环节都更加细化、紧密,从而在生产端和消费端之间形成一个智能科学可控的环节。①

图 4-2　盒马上海供应链中心

图 4-3　盒马上海供应链中心的 AGV(自动导引车)智能机器人

另外,在企业平台模式中,菜鸟网络科技有限公司(以下简称"菜鸟")也是一个典型的成功案例。对于菜鸟这个基于互联网的物流平台来说,不断完善话语权和制定规则,拥抱线下获取更多资源,无疑是必然选择。为此,菜鸟集成天网、地网、人网三网。

天网是指数据驱动的云供应链协同平台,强调电子商务和物流数据的交换和共享;地网负责以菜鸟为起点,不断聚集货物、人气乃至产业,让天网的数据能力真正落地运行,具体体现在菜鸟中心仓库的资源整合和投资建设上;人网则指最后一公里的物流服务和

---

①　胡健歆,陈喜文.新零售背景下生鲜业态发展的阻碍及突破——以盒马鲜生与超级物种为例[J].商业经济研究,2020(5):108-111.

基于消费者各种生活场景的便民服务及 O2O(线上到线下),目前表现为菜鸟驿站的形式,在全国发展了 2.5 万个站点,未来将继续扩大规模。

在地网建设方面,菜鸟在北京、上海、广州、成都、武汉均已自建起 5 处大型一级仓储中心,分别覆盖华北、华东、华南、西南和华中地区,总面积 100 万平方米。在仓储网络建设中,菜鸟不仅涉及买地或租地建仓,后续的所有环节都交给第三方社会物流。整个仓库的管理、运维统一外包给第三方物流服务企业广州心怡科技公司,该企业负责货物入库、商品陈列管理、包裹订单分拆打包,而包裹配送则由一家名为万象物流的落地配送公司提供。

菜鸟用 2 000 人支撑日均 5 700 万包裹的物流系统,核心的能力是大数据,并且能够通过算法对这些数据加以运用。在"双 11"期间,菜鸟网络利用物流预警雷达系统,基于 GPS、订单和气象信息数据,为第三方物流企业提供各个路线和网点的包裹流向预测,从而引导快递企业调整路线,做好人手准备,防止爆仓。目前,全国 70% 以上的快递包裹、数千家国内外物流仓储企业以及 200 万物流配送人员都在菜鸟数据平台运转,参见表 4-2 所示菜鸟物流的特点。

表 4-2 菜鸟物流的特点

特 点	描 述
仓储物流量大	(1) 菜鸟驿站有七大核心枢纽,拥有超过 3 000 万平方米的仓储面积,配送超过 2 700 个县市区。 (2) 菜鸟拥有超过 230 个跨境仓库,覆盖超过 220 个国家和地区,平均每日处理跨境包裹能力超过 500 万件
数字化程度高	菜鸟网络给物流行业内的物流企业带来数字化服务,具体包括智能仓配、智能物流等,同时还有菜鸟驿站数字化升级以保障物流的最终环节的服务
性价比高	菜鸟全球板块推出"5 美元 10 日达""2 美元 20 日达"的物流服务

4.1.3 冷链仓储管理的信息系统

1. 物流管理信息系统

冷链仓储主要用于初级农副产品、餐饮原料、特色产品等,需要在整个储存过程中进行温度控制。具体而言,通过仓库中转站专业的温控设备对仓库内货物的温度进行控制,最大限度地减少温度造成的物质损失,从而保证产品的有效使用和商业价值。

物流信息管理系统以信息化为基础,以信息系统为手段,对物流运输过程中的各种信息进行收集、整理、存储、控制、管理和分析,加工成企业的参考资料。并进一步整合人力物力,充分利用企业资源,增强企业间产品的流动性,减少企业损失,增加企业利益。[①]

2. 信息采集和跟踪技术

(1) 射频识别技术(电子标签、无线射频识别)。RFID 是一种非接触式自动识别技术,可以通过射频信号自动识别目标物体并获取相关数据。识别工作可在各种恶劣环境

---

① 张博源,张雅鑫,林千钰,等.信息系统设计在仓储管理当中的应用——以冷链物流为例[J].中国市场,2021
(19):144-145,198.

下进行,无须人工干预。[1] RFID 可以同时识别高速移动的物体和多个标签,操作快捷方便。冷链物流系统利用 RFID 记录"带温度传感器的 RFID 标签"中的温度变化,对产品的新鲜度和质量进行实时、细致的管理。

(2) 无线传感器网络(WSN)。WSN 是由部署在监控区域内的大量廉价微型传感器节点组成的,通过无线通信形成的多跳自组织网络系统。其目的是协同感知、收集和处理网络覆盖区域内感知对象的信息,并将其发送给观察者。WSN 可用于仓库环境监测,满足温度、湿度、空气成分等环境参数分布式监测的需求,实现仓库环境智能化。WSN 还可以应用于运输车辆和在途物资的全程跟踪监控。传感器节点可以实时监控每一种在途物料的位置和状态,并将物料的流向和状态信息发送到监控中心。这种基于无线传感器网络的物流监控系统可以使管理者更有效地管理和控制物流过程,保证产品的质量。冷链物流中的货物在储运过程中容易受到外界温度、湿度等条件的影响。为了保持易腐货物的原有质量和使用价值,易腐货物必须置于保存所需的较低温度下,以免在运输过程中变质、数量不足。如果将无线传感器网络应用于冷链物流,可以全程监控冷冻环境下产品的温湿度,及时调节温湿度,保证产品质量。

(3) GPS 定位监控技术。冷藏车载 GPS 定位系统是冷链信息技术的重要方面。多点智能温度计与冷藏车载 GPS 系统无缝连接,可快速准确记录并回传冷藏车多点温度,实现 Internet 和移动通信系统对冷藏运输温度的监测。为了跟踪被监控车辆并接收和发送车辆信息,被监控车辆必须配备自动车辆定位设备(AVL)。AVL 设备会根据 GPS 的定位原理自动定位车辆,同时 AVL 的监控装置将车辆的各种设备互连并对车辆进行监控,由 AVL 上的通信单元完成信息的接收和传输。[2]

(4) GIS(geographic information system)可视化技术。GIS 是一种用于地理研究和地理决策服务的计算机系统,它基于地理空间数据和地理模型分析方法,适时提供多空间、动态的地理信息。冷链物流系统利用全球定位系统对车辆进行定位和监控,通过 GSM(全球移动通信系统)公网的短信通道和语音通道传输定位跟踪信息与通信信息,并将监控目标显示在可视化设备上,在监控终端利用地理信息系统(GIS)数字地图,实现车辆运输的可视化监控和实时动态管理,合理选择运输路线。同时,在冷链物流的信息系统中,GIS 可视化技术也广泛应用于信息仓库的保障和物流中心的选址规划,如表 4-3 所示。

表 4-3　信息采集和跟踪技术一览

技　术	描　述	应　用
射频识别技术	非接触式自动识别技术,通过射频信号自动识别目标物体并获取数据。在冷链物流中记录带有温度传感器的 RFID 标签的温度变化,实现对产品新鲜度和质量的实时管理	产品新鲜度和质量的实时监测和管理

① 李海明. 化工行业 RFID 管道识别解决方案[J]. 自动化博览,2019(10):36-37.

② 叶勇,张友华. 中国冷链物流的最新发展和对策研究[J]. 华中农业大学学报(社会科学版),2009(1):69-72.

续表

技　术	描　述	应　用
无线传感器网络	由大量微型传感器节点组成的无线通信网络系统，用于分布式监测环境参数。在冷链物流中用于仓库环境监测、运输车辆和在途物资的全程跟踪监控，实时监控物料的位置和状态，有效管理和控制物流过程	仓库环境监测、运输车辆和在途物资的全程跟踪监控，提高物流过程的管理效率
GPS 定位监控技术	冷藏车载 GPS 定位系统通过全球定位系统对车辆进行定位和监控，记录并回传冷藏车多点温度，实现对冷藏运输温度的监测。用于跟踪被监控车辆、接收和发送车辆信息，实现车辆的定位和监控	冷藏运输温度的实时监测和定位跟踪
GIS 可视化技术	GIS 是用于地理研究和地理决策服务的计算机系统，通过地理信息系统数字地图在监控终端实现车辆运输的可视化监控和实时动态管理，合理选择运输路线。在信息系统中应用于信息仓库和物流中心的选址规划	车辆运输的可视化监控和实时动态管理，信息仓库的保障，物流中心选址规划

3. 信息传输与交换技术

冷链物流信息化系统通过各种网络（数字数据网、广域网、局域网等）来完成 EDI (electronic data interchange，电子数据交换)通信，应用计算机网络技术、CORBA(公共对象请求代理结构)技术、开放 EDI 技术和 EDI/XML(可扩展标记语言)技术实现冷链物流信息化系统与其他系统的信息共享和信息交互要求，确保信息传输和交换的开放性与可扩展性。EDI 技术是一种在公司之间传输订单、发票和其他工作文件的电子化手段。EDI 技术广泛应用于订单管理、库存管理等，使异构系统之间的互联更加顺畅，大大提高冷链食品的采购效率，降低库存成本，实现信息无纸化传输。

4. 数据库技术

(1) ASP. net。ASP. net 是基于通用语言的编译运行的程序，采用 C♯语言来编写程序。

(2) SQL Server。SQL Server 是一个关系数据库管理系统，具有使用方便、可伸缩性好与相关软件集成程度高等优点。

(3) Visual Studio。Visual Studio 是微软公司推出的开发环境，Visual Studio 可以用来创建 Windows 平台下的 Windows 应用程序和网络应用程序，也可以用来创建网络服务、智能设备应用程序和 Office 插件等。

(4) 整个冷链物流信息系统所依赖的最基本的设施之一就是数据库。数据库中的信息是否完善，直接关系到整个仓库信息管理系统的运行效率。

案例分析4-1

一体化、标准化、智能化——高标准推动"三网一平台"冷链物流

冷链物流是利用温控、保鲜等技术工艺和冷库、冷藏车、冷藏箱等设施设备，确保冷链产品始终处于规定温度环境下的专业物流。起步晚、环节多、加价多,使得冷链物流在我国一直以来都呈现成本高、利润低的发展特点,冷链流通率还无法与发达国家相比。

本研究结合国务院印发的《"十四五"冷链物流发展规划》,剖析了我国冷链物流发展存在的问题,提出了推动"三网一平台"建设、补齐我国冷链物流短板的对策。

冷链物流市场需求日益旺盛

随着城乡居民生活水平逐步提高,生鲜食品消费需求不断增加,对食品品质和安全提出了更高要求,人民群众不仅要"吃得饱、吃得好",而且要"吃得放心、吃得安全、吃得健康",冷链物流越来越受到关注。

我国是农产品生产和消费大国,冷链物流市场潜力巨大,在市场需求和有利政策双重支撑推动下,实现了快速发展。据统计,"十三五"期间,我国冷库容量、冷藏车保有量年均增速分别超过10%和20%。截至2021年,冷链物流市场规模超过3 800亿元,冷库容量约1.8亿立方米,冷藏车保有量超过28万辆,分别是"十二五"期末的2.4倍、2倍和2.6倍左右。

目前,我国初步形成产地与销地衔接、运输与仓配一体、物流与产业融合的农产品冷链物流服务体系。冷链物流设施服务功能不断拓展,全链条温控、全流程追溯能力持续提升。冷链甩挂运输、多式联运加快发展。冷链物流口岸通关效率大幅提高,国际冷链物流组织能力显著增强。但是,由于发展起步较晚、基础薄弱,我国冷链物流与发达国家相比还有较大差距,特别是发展不平衡、不充分问题突出。从运行体系看,缺少集约化、规模化运作的冷链物流枢纽设施,覆盖全国的骨干冷链物流网络尚未形成。从行业链条看,产地预冷、冷藏和配套分拣加工等设施建设滞后,冷链运输设施设备和作业专业化水平有待提升,大中城市冷链物流体系不健全。

为解决我国农产品生产、消费相对分散与冷链物流规模化发展之间的矛盾,《"十四五"冷链物流发展规划》提出按照"政府支持、市场运作、资源整合、开放共享"的原则,采取改造与新建相结合、自建与合作相补充等方式,着力打造以"三网一平台"为主架构的供销合作社公共农产品冷链物流服务网络。

"三网一平台"补齐冷链物流短板

"第一个网",围绕"四横四纵"国家冷链物流骨干通道,统筹推进全系统骨干网建设。在农产品主产区,对接国家产地冷链集配中心,结合供销合作社县域流通服务网络建设,重点布局县域产地农产品冷链物流中心,按照"一个中心带动N个田头保鲜仓"的模式,提高农产品采后商品化处理和错峰销售能力;在消费集中地区,对接国家销地冷链集配中心,重点建设城市销地农产品冷链物流中心,开展中央厨房、生鲜电商、集采集配等业务;在重要集散地,重点建设农产品冷链物流枢纽基地,推动有条件的枢纽基地打造成国家骨干冷链物流基地。充分发挥国家骨干冷链物流基地等大型冷链物流设施资源集聚优势,开展规模化冷链物流干线运输,提高冷链物流去程回程均衡发展水平。大力发展公路冷链专线、铁路冷链班列等干线运输模式,进一步提高铁路、水运、航空在中长距离冷链物流干线运输中的比重。规范平台型企业发展,提高冷链物流信息共享水平,集聚整合货源、运力、仓储等冷链资源,提高冷链物流干线运输组织化、规模化水平。

"第二个网",抓好省域网建设。由省级供销合作社统筹推进,因地制宜建设各具特色的农产品冷链物流省域网。完善国家骨干冷链物流基地等集疏运体系,发展中转换装、区域分拨,推动冷链物流干线运输与区域分拨配送业务高效协同。以产销冷链集配中心为支撑,高效衔接国家骨干冷链物流基地和两端冷链物流设施,构建干支线运输和两端集配一体化运作的区域冷链物流服务网络。鼓励物流企业延伸业务链条,强化综合服务能力,提供"干线运输＋区域分拨＋城市配送"冷链物流服务。

"第三个网",围绕京津冀、长三角、珠三角、成渝等城市群,推动省域网之间的融合对接和协同发展,形成区域网。统筹东中西部、南北方和城乡协调发展,密切农产品优势产区和大中消费市场联系,促进城市群、都市圈冷链物流资源优化整合和一体化运作。加强冷链物流与现代农业、冷链产品加工、商贸流通等产业融合发展,有效扩大中高端冷链物流服务供给,支撑带动相关产业做大做强做优。

"一个平台",搭建全国供销合作社农产品冷链物流公共服务信息平台,通过数字化赋能,实现供销合作社系统农产品冷链物流"一盘棋"。

推动"三网一平台"建设对策建议

创新冷链运输服务模式。引导冷链物流企业加强与果蔬、水产、肉类等生产加工企业的联盟合作。在产地鼓励各类农业经营主体和冷链物流企业加强合作,提高"最先一公里"冷链物流服务能力,满足源头基点网络储运需求。培育一批产地移动冷库和冷藏车社会化服务主体,发展设施巡回租赁、"移动冷库＋集配中心(物流园区)"等模式,构建产地移动冷链物流设施运营网络,提高从田间地头向产地冷藏保鲜设施、移动冷库等的集货效率,缩短农产品采后进入冷链物流环节的时间。

在销地,发展城市冷链配送专线、"生鲜电商＋冷链宅配""中央厨房＋食材冷链配送"等模式。抓终端零售网络"冷环境"建设,增强冷链配送能力。支持升级改造连锁超市、农贸市场、菜市场等零售网点,完善终端销售冷链配套设施。引导农产品流通企业加强供应链建设,完善产地仓、中心仓、前置仓等冷链设施,线上线下相结合促进冷链流通。鼓励第三方社会化冷链物流企业发展,推动冷链云仓、共同配送、零担物流等模式推广应用,提高冷链资源综合利用率。

抓好农产品冷链配送网络服务能力评估标准。建立冷链配送网络服务能力标准体系,开展关于产地田头冷链配送网络和城市配送网络标准研究,在农产品冷链配送网络总体规划、标准和法规中融入"三网一平台"新模式,完善冷链配送网络中配送中心间各交通方式服务能力标准衔接匹配,研究细化规划、工程建设、运营服务等不同阶段的服务能力技术参数,重点关注发布"移动冷库＋配送中心"冷链配送网络建设指南,对于冷链配送网络中不同环节设置相应的运输配载评判能力标准,组织编制"移动冷库＋配送中心"冷链配送网络建设规范标准,确定建设内容、工艺方法和流程。

推进销地冷链运输管理一体化。培育冷链多式联运经营人,统筹公路、铁路、水运、航空等多种运输方式和邮政快递,开展全程冷链运输组织,积极发展全程冷链集装箱运输。依托具备条件的国家骨干冷链物流基地等开展中长距离铁路冷链运输,串接主要冷链产品产地和销地,发展集装箱公铁水联运。依托主要航空枢纽、港口,加强冷链卡车航班、专线网络建设,提高多式联运一体化组织能力。大力发展冷链甩挂运输,鼓励企业建立"冷藏挂车池",有机融入公路甩挂运输体系,完善冷藏车和冷链设施设备共享共用机制,提高冷链甩挂运输网络化发展水平。

提升农产品冷链运输网络智能化发展水平。推动冷链基础设施智慧化升级。

资料来源：一体化 标准化 智能化——高标准推动"三网一平台"冷链物流[EB/OL].(2022-06-10). http://www.chinawuliu.com.cn/xsyj/202206/10/579956.shtml.

问题：

1. 讨论"三网一平台"的具体界定。
2. 讨论"三网一平台"对冷链仓储建设的推动作用。

4.2　冷链仓储智慧化管理

2021 年 12 月 12 日,国务院办公厅印发《"十四五"冷链物流发展规划》指出,科技创新和数字转型激发冷链物流发展新动力。[①] 伴随新一轮科技革命和产业变革,大数据、物联网、5G 等新技术快速推广,有效赋能冷链物流各领域、各环节,加快设施装备数字化转型和智慧化升级步伐,提高信息实时采集、动态监测效率,为实现冷链物流全链条温度可控、过程可视、源头可溯,提升仓储、运输、配送等环节一体化运作和精准管控能力提供了有力支撑,有效促进冷链物流业态模式创新和行业治理能力现代化。[②]

《"十四五"冷链物流发展规划》要求,推进冷链物流全流程创新。加快数字化发展步伐,推进冷链设施数字化改造,完善专业冷链物流信息平台。提高智能化发展水平,推动冷链基础设施智慧化升级,加强冷链智能技术装备应用。

4.2.1　大数据在冷链仓储中的应用

大数据,顾名思义,就是海量的数据,数据类型有图像、文本、数据、音频、视频等。大数据最大的特点就是基于现有的数据分析规则,不需要深入了解其中的原因。在冷链物流方面,可以利用大数据进行信息化和高效性管理,对这些数据进行实时管控,提高配送效率,减少损失。另外,随着市场的发展,客户的选择越来越多,竞争也越来越激烈。通过数据分析和挖掘,可以进一步巩固与客户的关系,增加客户的信任,培养客户的黏性,为客户提供更好的服务。[③]

此外,数据分析还可以帮助企业作出正确的决策。对于物流企业来说,成本和效率是一对矛盾,尤其是在冷链配送过程中,企业都希望以最低的成本获得最大的收益。但在大数据背景下,企业可以通过数据分析了解具体的业务运营情况,能够清晰判断哪些业务的利润率高、增长快等,并专注于真正能给企业带来高回报的业务,避免企业无故浪费。同时,通过对实时数据的控制,企业可以第一时间调整业务,保证每一项业务都能盈利,重新规划利润最多的路线,从而实现非常高效的运营。

---

① 王大山,杨忻,沈陆俊.数字化驱动的冷链行业物流金融风险管理研究[J].中国物流与采购,2022(14)：41-44.

② 国务院办公厅.国务院办公厅关于印发"十四五"冷链物流发展规划的通知(国办发〔2021〕46 号)[J].中华人民共和国国务院公报,2022(1)：15-32.

③ 郭双盈,陈明晶,沈狄昊.大数据在冷链物流中的应用[J].商场现代化,2014(9)：40-42.

大数据处理调度中心应具备自动预测、异常监测报警、数据关联分析、大屏可视化等功能,满足数据聚合、数据处理、数据服务的全流程调度,从而极大提高数据处理的效率,实现对海量数据和复杂业务场景的分析处理需求,如图 4-4 所示。同时,数据分析结果将实时显示在大屏幕上,有助于市场监管人员及时了解产品、运输、仓库和市场交易的动态,从而作出科学、客观的决策。其中,自动预测功能可以通过对产品、运输、仓库和市场交易信息的统计,自动预测农产品的供需状况、交易价格趋势等;异常监测报警是跟踪车辆运输状态和仓库管理状态,监控异常信息;数据关联分析是通过数据关联分析对农产品的来源和流通进行分析,然后进行追溯;大屏可视化是冷链物流大数据移动互联网平台在产品、运输、仓库、市场交易等方面的可视化展示。①

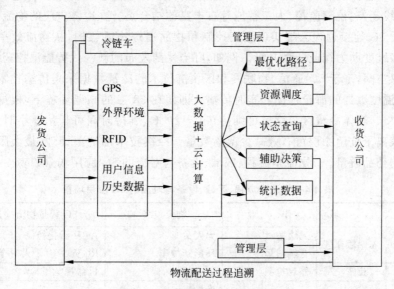

图 4-4　大数据在冷链中的应用

在生鲜产品冷链物流环节,应用大数据技术,通过对仓库储位优化布置、仓储资源分配、仓库环境调控、检测农产品存储状态,自动化分拣技术,仓库出入库农产品信息的采集与传输,自动化库存盘点等,实现农产品仓储管理的智能化,提高仓储管理效率,保证农产品质量。以每日优鲜冷链物流为例,大数据使得用户、货品以及场地很好地匹配。② 对于每日优鲜"总仓＋微仓"的设计,根据当地用户的具体情况对每个微仓进行补货是非常重要的。不同地区、不同用户类别对产品有不同的喜好和要求,首先,这就需要每日优鲜每天总结用户画像、仓储物流、区域使用等信息,形成一套完善的产品配送策略。其次,通过分析各类产品的销售情况,每日优鲜可以清楚地知道产品间的相互购买概率,进而进行组合销售。最后,前置仓的选址也离不开大数据的使用。③ 仓储活动的合理管理对整个物

　　① 韩佳伟,朱焕焕.冷链物流与智慧的邂逅[J].蔬菜,2021(3):1-11.

　　② 姜明君,刘永悦,胡津瑞,等.基于大数据技术的农产品冷链智慧物流信息平台构建[J].国际公关,2020(11):240-241,380.

　　③ 胡非凡,张婷.电子商务背景下我国生鲜农产品冷链物流发展研究——以每日优鲜为例[J].物流工程与管理,2019,41(12):11-13.

流的效率和效率起着关键作用,而生鲜产品对仓储的数量、质量和仓储环境都有更高的要求。

4.2.2　5G在冷链仓储中的应用

5G是第五代移动通信技术的简称,具有高速、大容量、低时延等特点。其稳定性、速度等指标是4G(第四代移动通信技术)的10倍以上,时延小于10 ms。这些特性可以使数据采集更快、更准确;进一步丰富了物联网和车联网的应用,使无人技术有落地应用的可能。例如,它可以帮助自动驾驶卡车获得稳定、持续的高精度定位服务。[①]

同时,5G也代表着高度的协同和互联,助力实现万物互联。在物流园区内,5G与机器视觉、无线定位、视频监控、人工智能等有丰富的结合点。在冷链供应的物流系统中,节点可以通过5G连接远程云端实现温度控制和物品追踪物流架构,从物流效率、成本、用户体验等多维度助力行业转型升级。例如,叮当快药发布的新一代智能温控药箱,搭载冷链和常温双空间,基于5G通信、物联网和区块链技术的冷链数据采集传输技术和药品溯源,保证了温度数据的海量存储和实时传输。即使在38 ℃的高温环境下,根据不同药品的差异化要求,箱体冷藏区温度也可维持在0~20 ℃,维持时间可长达8小时。此外,药柜内部的银离子抗菌涂层可有效减少菌落数量。冷链技术加抗菌处理,最大限度保证流通过程中的药品质量。[②] 物流全流程、区域、设备与对应的5G应用场景如表4-4所示。

表4-4　物流全流程、区域、设备与对应的5G应用场景

流　　程	区　　域	作　　业	物流设备	5G智慧物流应用场景
原料搬运	入库暂存区	无轨搬运 有轨搬运	无人义车 环形穿梭车	AGV云化控制 RGV C2C(个人对个人)控制
质量检测	检验区	外观检测	工业相机	机器视觉质检
原料出入库	原料高架库	出入库	堆垛机 多层穿梭车	RGV C2C控制
生产配料	翻包区	拣选、排序	PTL(亮灯拣选)货架	数字货架
生产总装	总装线	无轨搬运(大件) 有轨搬运	AGV 悬挂单轨小车	AGV协同控制 RGV C2C控制
成品存储	成品仓库	整库定期盘点 动态盘点	RFID	批量盘点
成品出库	道口	出入库盘点	RFID	批量盘点
销售配货	站台	拣选	AR(增强现实)眼镜	智能拣选
过程管控	全工车间 全仓库	收-发-存-盘-供 等异常处理对人 车货的定位	手持终端 5G终端	移动作业 融合定位
在途运输	道路	车辆监控 司机监控	摄像机	在途监控

① 任芳. 智能技术助力冷链物流发展[J]. 物流技术与应用,2019,24(S1):17-19.
② 叮当快药发布全新一代智能温控药箱[J]. 物流技术与应用,2020,25(S2):39.

续表

流　程	区　域	作　业	物流设备	5G 智慧物流应用场景
电商销售	分拣中心	分拣	分拣 AGV 交叉带分拣机	AGV 集群调度 RGV C2C 控制
快递送达	园区、社区	配送	无人物流小车 物流无人机	远程控制

4.2.3　人工智能在冷链仓储中的应用

1. 人工智能的含义

人工智能(artificial intelligence,AI)作为计算机学科的一个重要分支,由麦卡锡(McCarthy)于 1956 年在 Dartmouth 学会上正式提出,目前被称为世界三大尖端技术之一。人工智能可以模拟、延伸和扩展人类的智能,让计算机做过去只有人才能做的智能工作。人工智能在冷链物流中的应用主要体现在 24 小时不间断机器人的应用,可提供自动识别、自动巡检、自动装卸、自动盘点、自动配送等服务,解决人口老龄化导致劳动力成本上升的问题。通过人工智能的计算,也有助于解决产销脱节、产能过剩等问题。[1]

此外,现代信息技术具有相辅相成的关系,可以综合利用。例如,区块链技术为大数据提供分布式账本,保证了数据的可靠性,同时,区块链的运行离不开云计算和人工智能算法的配合。现代冷链物流企业在运用各种现代技术时,能够准确把握物流需求,保障物流的高效运行,推动现代冷链物流装卸自动化、运输集约化、仓储管理智能化、交易网络化和服务个性化。

冷链仓储所需的智能技术包括入库机器人、库位选择、需求预测等。其中,入库机器人包括自动导引运输车、无人叉车、货架穿梭车、分拣机器人等,主要用于仓库的搬运、上架、分拣等环节。例如,自动导引运输车可以使用计算机控制其路线和行为,分拣机器人可以通过传感器、物镜和光电系统快速分拣货物。企业一般通过研发或采购等三方相关设备,其中研发类的包括亚马逊、京东、阿里菜鸟等,采购第三方类包括顺丰、DHL Express(敦豪速递)、中通等;在智慧物流场景中,物流企业可以利用积累的物流数据来判断不同区域的物流量,结合人工智能相关规划技术,由计算机自动优化学习,给出最优选址模型;利用手机用户消费特征、商户历史消费等大数据算法,提前预测需求、前置仓储与运输环节,而不是下单消费后匆忙调货。

2. 人工智能的应用实例

因为香蕉在长途运输过程中树冠会腐烂,所以需要使用环境温控装置来避免香蕉树冠腐烂,尤其是有机香蕉树冠腐烂,但是运输成本会急剧增加。AgroFair 与其他公司合作开发了一项人工智能程序,用于预测和降低香蕉冠腐病风险。通过收集分析大量香蕉长途运输数据,发现香蕉树冠腐烂与产地和运输过程中的气温升高和运输时间有很强的相关性[2],为模拟香蕉树冠腐烂,开发了相应的人工智能程序。该程序可以检测不同的致

① 孙秀,程士国.机会窗口、产业技术范式转换与现代冷链物流体系构建[J].企业经济,2021,40(8):147-153.
② 童彤.南非:鲜食葡萄产量预计与上季持平[J].中国果业信息,2021,38(11):40-41.

病因素,如香蕉种植面积、收获日期和包装等,预测准确率为 96%。如果患病风险高、运输时间长,香蕉应采用环境温控式运输。秘鲁香蕉检测结果良好,到货后香蕉树冠腐烂率降低 50%,说明该程序有效减少浪费,提高收入。

3. 无线传感网络与人工智能技术的智能化水产品冷链物流

无线传感器网络是传感器、嵌入式计算技术和分布式信息处理技术的综合应用,可以在任何时间、地点、任何环境条件下采集海量数据,实现对物流对象环境的实时监控,已成为冷链物流设施设备的技术趋势。人工智能可以提高数据处理能力和效率,提高冷链物流的决策效率。在传统识别技术的基础上,将两种技术有效融合发展智能水产品冷链物流,为食品安全设施设备技术的建立和物联网技术在冷链物流行业的应用提供有益的借鉴。①

AI+ 冷链新场景,不可错过的冷链物流新赛道

人工智能的定义

人工智能一般的定义是:它是研究、开发用于模拟、延伸和扩展人的智能的理论、方法、技术及应用系统的一门新的技术科学。人工智能是计算机科学的一个分支,它企图了解智能的实质,并生产出一种能以人类智能相似的方式作出反应的智能机器或系统。该领域的研究包括机器人(自动化)、语言识别、图像识别、视觉识别、自然语言处理和专家系统等。

随着人工智能的发展,尤其是智能手机的诞生,其成果在各领域的应用出现了如火如荼的态势。在物流领域,人工智能已经发挥了巨大的作用,并且深刻地影响了物流仓储技术的发展趋势。

智能仓储的特点

智能仓储是利用人工智能技术,使物流仓储系统能模仿人的智能,具有思维、感知、学习、推理判断和自行解决物流中某些问题的能力。与其他智能系统一样,智能仓储的未来发展将会体现出四个主要特点。

(1) 在物流仓储作业过程中的大量运筹与决策的智能化。

(2) 以物流仓储管理为核心,实现物流仓储过程中收货、发货、存储、包装、装卸等仓储环节的一体化和智能仓储系统的层次化。

(3) 智能仓储的发展会更加突出"以顾客为中心"的理念,根据消费者需求变化来灵活调节生产工艺,满足个性化的需求。

(4) 智能仓储的发展将会促进资源优化配置,实现仓储系统的社会化,实现资源共享。

冷链物流仓储技术要求

随着社会对日常生活水平要求的大幅度提升,冷链物流将成为物流仓储技术发展的

---

① 张小栓,邢少华,傅泽田,等.水产品冷链物流技术现状、发展趋势及对策研究[J].渔业现代化,2011,38(3):45-49.

一个重点。从冷链自身的需求看,其至少在以下方面对物流仓储技术提出了要求。

1. 更加高效的存储技术

在资源日益紧缺的今天,没有什么比充分利用资源更加迫切的了。物流也不例外。如何充分利用空间,以提升储存能力将成为物流仓储技术发展的一个重要方向。

密集存储技术被视为未来存储技术发展的重要突破口。现有的密集存储技术,包括重力式货架、移动式货架、ASRS(自动化仓储系统)、子母车系统、3D(三维)卫星车系统等,已经在很大程度上解决了密集存储问题。

从冷链的成本看,库房建设成本通常是常温库的 2~3 倍,运营成本也是如此。因此,充分利用空间,对冷链仓库而言,更加迫切。

2. 更加舒适的作业环境

冷库的温度分布从 0 ℃一直到零下 60 ℃,人长期在这样的环境下作业,不仅作业效率低下,更加不能接受的是人的身体无法承受,有的甚至会患上严重职业病。而这一问题长期没有得到有效解决。

自动化物流系统成为解决冷链物流作业环境问题的有效手段。通过自动化系统,完成货物的自动入库和出库拣选,大大减少了人在恶劣环境下工作的时间,从而从根本上降低劳动强度、改善作业环境。因此,可以说未来冷链物流的自动化将是一个极大的应用市场。

3. 配送过程的可监控技术

对冷链物流来说,全程冷链概念成为未来最为关注的要素之一。

将 RFID 等物联网技术应用于冷链物流的原材料采购、产品储存、运输、销售等各个环节,能够对整个过程实施智能化监控,这就是全程冷链要解决的问题。

一般而言,在生产和仓储环节,对于温度的控制一般来说比较容易。但在运输环节和交接环节,温度控制无论在技术还是在管理上都存在问题。在运输环节,采用记录全程温度变化的仪器来完成监控是一种可行的方法。监控系统不仅可以监视车辆行进的轨迹,更为重要的是,可以远程实时监控温度的变化,确保全程冷链的实现。新的技术在不断被创造,比如说,一种可记录温度变化的保温箱,在冷链物流中就非常实用。

电子商务仓储物流技术

电子商务的发展在过去 10 年取得的成就是超出所有人的想象的。以 2020 年的统计数据为例,我国有超过 820 亿个包裹被生产出来,通过物流配送到全国各个角落,平均每天有超过 2 亿个包裹,高峰时期 1 天甚至有 5 亿~10 亿个包裹。这样的一个物流量,通过传统物流是难以完成的。

电子商务至少在以下方面对物流仓储技术提出了新的挑战。

1. 订单处理能力

B2C(企业对个人)电子商务的一个特点是海量的订单数。一个平台化的大型电子商务系统,每天可能要承担上千万个订单,这对系统的处理能力是一个巨大的考验。不仅如此,我国幅员辽阔,来自全国各地的订单,如何选择距离最短和最有效的配送中心,对系统的算法提出了更高的要求。好在随着计算机技术的飞速发展,尤其是云计算和大数据技术的兴起,这些问题从目前来看并非不可克服。

2. 海量的订单拣选

另一个困扰电子商务物流的难题是如何快速完成海量的订单处理,尤其是实物阶段的拣选。一般来说,一个物流中心的处理能力不会很大,最大的每天可能会处理多达50万个订单,即使这样,也对物流仓储系统提出了挑战。

在物流仓储的应用场景中,自动拣选和货到人拣选被认为是未来的方向。尤其是货到人拣选,其效率是普通人工拣选的5~10倍,这是一个划时代的技术。事实上,货到人拣选技术在2010年左右推出后,已经在很多领域得到应用。

3. 快捷的分拣和配送能力

电子商务对物流仓储技术的推动,在分拣和配送环节非常明显。尤其是快速分拣系统的应用,出现了前所未有的景象。

面对每天1亿个包裹,考虑到很多情况下并不能一次分拣到位,事实上需要分拣的货物量会达到2亿甚至更多。采用高速分拣几乎是唯一的选择。每小时分拣1万件包裹的系统已经被广泛采用。

另外,新型的分拣技术也在被开发出来,如采用KIVA机器人的分拣系统就是一个典型的例子。KIVA机器人用于分拣应该是一项重大的创新,彻底改变了传统的分拣技术套路。这一技术的应用前景肯定是非常值得期待的。

4. 终端配送

终端配送及最后一公里问题,也是与仓储相关联的问题。以前做过很多尝试,现在看来,采用自提柜的方式是未来的方向。需要解决的问题有自提柜的尺寸适应性问题,温度控制问题,以及共享问题。目前,遍布全国的丰巢自提柜是一个典型的应用。

AI 如何助力冷链物流的发展?

人工智能在冷链物流行业中发挥着越来越重要的作用,为其发展提供了许多机会和优势。以下是 AI 如何助力冷链物流发展的几个方面。

预测和优化需求:AI 可以通过分析历史数据、消费者行为和市场趋势,预测食品和物资的需求量,并提供更准确的需求预测。这有助于冷链物流企业优化运输和仓储计划,避免库存过剩或短缺,提高效率和满足客户需求。

实时监测与控制:AI 结合物联网(IoT)技术,可以实时监测货物温度、湿度等关键参数,确保食品在整个运输过程中的安全和质量。通过传感器和智能设备,冷链物流企业可以即时获得数据,并对异常情况进行快速响应,减少损失和风险。

运输路线优化:AI 算法可以分析多种因素,如交通拥堵、天气、运输成本等,为冷链物流企业提供最佳的运输路线规划。这可以减少运输时间、降低运输成本,并减少货物运输过程中的温度波动。

数据分析与决策支持:AI 可以分析和处理大量冷链物流数据,提供更深入的洞察和决策支持。通过数据挖掘和机器学习,冷链物流企业可以优化运营流程、改进供应链管理,并及时发现潜在风险和问题。

物流网络可视化:AI 技术可以帮助冷链物流企业实现物流网络的可视化管理。通过建立数字化平台,管理人员可以实时掌握物流网络中各个环节的运行情况,优化资源配置,提高运营效率和响应速度。

客户体验和服务升级：AI 技术可以提供更个性化、智能化的客户服务。通过聊天机器人、语音助手等 AI 应用，客户可以获得更便捷的沟通和解决方案，提高满意度和客户忠诚度。

AI 给冷链物流行业带来了智能化、自动化和优化的机会。它可以提高运营效率、降低成本、增强食品安全，并为企业创造更好的竞争优势。随着技术的进一步发展和应用，相信 AI 在冷链物流中的作用将不断增强。

智能仓储技术发展方向

仓储作为供应链物流的重要节点和不可或缺的一环，对冷链物流、电子商务、应急物流等行业的影响是至关重要的。智能仓储将重点发展以下四个方面的技术。

1. 智能获取技术

智能获取技术使物流仓储系统从被动走向主动，实现物流仓储过程中主动获取信息、主动监控物流仓储过程、主动分析物流仓储信息，使物流仓储货物和信息从源头开始被跟踪与管理，实现信息流优先和货物前置，从而提升整个物流效率，并降低物流仓储过程的成本。

2. 智能传递技术

智能传递技术不仅应用于物流仓储企业内部，也可实现外部的物流仓储数据传递。通过标准化的接口，实现数据的高度共享。提高服务质量，加快响应时间，促使客户满意度增加，供应链各环节整合更紧密。

3. 智能处理技术

智能处理技术应用于企业内部决策时，可通过对大量物流仓储数据的分析，对物流客户的需求、商品库存、物流智能仿真等作出决策。实现物流仓储管理自动化（获取数据、自动分类等），物流仓储作业高效便捷，改变传统物流仓储企业"苦力"公司的形象。

4. 智能技术运用

智能技术在物流仓储运营管理的优化、预测、决策支持、建模和仿真等方面的全面应用，使物流仓储在设计与使用过程中的决策更加准确和科学，物流运营效率更高，运营成本更低，过程更加透明可视。

虽然我们还不能具体描述未来智能仓储将发展到什么程度，但从现有的知识看，智能仓储将沿着数字化、网络化、自动化的方向发展。随着数字孪生技术、AI 技术的应用，物流仓储的综合效率将大幅度提升，以满足不断增长的社会需求。

资料来源：AI＋冷链新场景，不可错过的冷链物流新赛道［EB/OL］.（2023-08-23）. http://www.sydcch.com/chanyedichan/shangmaowuliu/2023/0823/9597.html.

问题：
1. AI 如何助力冷链物流的发展？
2. 讨论智能仓储技术的发展方向。

4.2.4　物联网在冷链仓储中的应用

1. 物联网的含义

物联网是基于互联网、传统电信网络等信息载体的网络，使所有可以独立寻址的普通物理对象实现互联互通。具体是指通过射频识别（RFII）、无线传感网、全球定位系统、红外传感器、激光扫描器等信息传感设备，按约定的协议，把任何物品与互联网连接起来，进行信息交换和通信[①]，以实现智能化识别、定位、跟踪和管理的一种网络。在物联网环境下，世界万事万物都可以"自己开口说话"，人与物可以直接进行"对话"，物与物也可进行"沟通"。目前，我国物联网已应用到诸如冷链物流、智能电网、精细农业、智能家居、感知医疗、智能环保、公共安全、智能交通等多个领域。[②]

物联网可分外在形式和内在本质两种情况，其中，外在形式可被视为射频识别、无线传感网、全球定位系统、红外传感器、云计算、各种系统软件等技术的融合体；内在本质则是"网式 JIT(just in time)思想"的体现。"网式"是针对点、线（链）而言，用来形容各种节点间错综复杂关系的状态。"JIT"是指信息的快速准确采集、信息的实时更新、信息的快速传送、信息的快速分析处理等要求，能够在主体需要时刻刚好响应，几乎无时滞。

2. 物联网在疫苗冷链中的应用

疫苗是通过对细菌、病毒等微生物进行人为灭活、减毒，使机体产生特异性免疫的生物制剂。疫苗冷链物流是指疫苗从生产开始，到成品和原料的储存、运输、销售和使用，始终将疫苗冷链运输温度控制在规定温度范围内的物流过程。基于物联网的疫苗冷链检测系统摒弃了以往纯人工的冷链监管行为。结合云计算、自动化、物联网通信等最新信息技术，更好地对药品冷链运输进行全面风险管理，帮助及时识别药品冷链运输过程中的风险因素，准确评估确定风险因素的风险等级，并制定相应的风险控制策略，以达到减少损失、规避风险的目的。鉴于物联网原理，浙江省宁波市鄞州区应用无线温度传感器（RFID）、网关、服务器等设备，结合相关软件组成了一套覆盖全区 24 个接种点的基于物联网技术的疫苗冷链实时监测系统。

3. 物联网在鲜活农产品冷链中的应用

生鲜农产品是指与居民生活密切相关的新鲜蔬菜、新鲜水果、新鲜水产品、活畜禽，以及新鲜肉、蛋、奶等农产品。过去，我国生鲜农产品流通形式整体落后。从流通方式来看，流通链条长、成本高、损失大。从流通设施看，冷链物流发展缓慢，质量安全监管信息化不足。从流通主体看，规模小，组织化程度低；从流通载体看，信息化水平较低；从交易的角度看，交易方式单一，交易效率低。物联网的引入，不仅可以让各流通主体掌握农产品质量安全，还可以有效提高政府质监部门的监管质量和效率。在物联网环境下，所有市场主体都可以对生鲜农产品进行溯源、监管和追踪。例如，为了吃到放心的猪肉，客户可以向饲养员支付一部分押金，选择一头猪，然后饲养员可以将顾客的信息制作成二维码或电子标签，打印在猪的耳朵上，从而完成可追溯性，客户可以实时监督饲养过程，以确保猪肉质量。在物联网环境下，还可以实现冷链物流各个环节与上下游企业的无缝对接，有利于企业各部门之间快速获取信息，提高业务运营效率。同时，应用全球定位系统和地理信息系统，实现车辆定位，优化配送路线。

① 秦立公,吴娇,董津津,等.基于物联网的冷链物流设备管控研究[J].安徽农业科学,2012,40(18)：9942-9945.

② 张小蓉,赵敏.物联网视角下鲜活农产品流通问题及对策探析[J].山西农业科学,2015,43(12)：1693-1696,1714.

4.2.5 区块链在冷链仓储中的应用

1. 区块链的含义及特点

区块链是去中心化的分布式数据库,"区块"是信息块,通过网络参与者之间的信息共享促进点对点交易,本质上是一种解决信任问题的技术手段。区块链各节点链接如图 4-5 所示。由图可以看出,区块链是一个由端到端组成的网络。无须第三方机构的干预,可以降低端到端的信任成本,使节点之间不存在欺骗,数据真实可靠。区块链的分布式账本用于记录各个节点的信息,并永久保存。同时,数据一旦写入区块链就无法修改,可以有效防止节点信息被篡改,保障供应链参与者的信息安全,从而实现防伪功能。除了对交易各方的隐私信息进行加密外,区块链中所有节点的信息都是共享的,数据对所有节点都是公开透明的。[①]

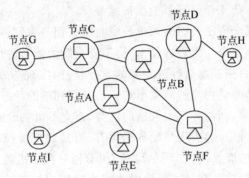

图 4-5 区块链各节点链接

区块链根据应用场景和系统的不同,一般分为公共链、专有链和联盟链。公共链将供应链中的所有信息发布在公网上,系统中的任何节点都可以同时获取和共享信息;专有链是一种信息集中度高、参与企业少、运营成本高的模式;联盟链位于公共链和专有链之间,是一种部分去中心化、参与企业数量适中、运营成本适中的模式。[②]

2. 区块链的技术价值

《中国区块链发展报告(2020)》指出,自我国将区块链技术列入"十三五"规划以来,区块链行业已经成为最受关注的战略性新兴行业。区块链的主要技术价值表现在三个重要的方面:去中心化、数据防篡改和节点传输机制。

(1)去中心化。去中心化是集信息数据于区块链自身,不依赖第三方管理部门或软硬件设施。通过分布式记账和数据存储,各节点实现信息的自我验证、传输和监督。它极大地增强了供应链各层级企业之间的互信,这是区块链最本质的特征。

(2)数据防篡改。区块链的共识机制为防止数据入侵和防伪提供了有力的保障。如果要改变整个区块链中某个节点的数据,首先要控制区块链中一半以上的节点,但是当节

① 王少然,杨宝双,张艳芝."GS1+区块链"实现生鲜产品冷链物流防伪溯源[J].保鲜与加工,2021,21(2):128-132.
② 余建海.基于区块链技术的冷链物流供应链管理破壁研究[J].物流科技,2019,42(6):149-151,156.

点总数足够时,这种情况基本不会存在。

（3）节点传输机制。节点传输机制是一种高信任的点对点传输机制,P2P(个人对个人)网络可以满足点对点传输。通过使用智能合约操作系统和编程语言代码,可以自动执行触发的合约,从而实现信任机制的建立。[①] 智能合约基于这些可信且未被恶意篡改的海量数据,能够自动执行一些预先定义好的规则和法律规定,使交易更加可信。

3. 区块链应用于生鲜产品冷链物流

传统的生鲜冷链物流信息存储在各个节点的信息系统中。信息系统的不兼容导致节点之间出现"信息孤岛",难以实现信息共享和通信,信息的安全性和真实性无法得到保证。因此,传统的信息跟踪方式已经落后。而在冷链流通过程中,利用区块链基础平台建立分布式账本,可以真实、安全、可靠地记录和传递生鲜流通的物流、资金流与信息流,上传实时温度和商品定位信息到区块链,保存和管理整个供应链的流通数据,然后根据其数据透明性进行信息共享,防止任何环节数据被篡改。

例如,顺丰集团下属全资子公司某顺丰投资有限公司与多家企业达成供应链合作,借助区块链技术、基础信息安全与大数据技术,构架安全防护体系实现全方位与多角度的物流供应。其主要是凭借自身在物流冷链方面的累积优势,实现与铁路运输等合作成立公司布局农村,抢占农产品冷链物流的前端市场。通过端到端的冷链物流服务,可以在农产品入库过程中建立数据库,利用分布式数据的优势,建立不可篡改的数据。这种冷链物流服务在农产品采摘后进行记录,实现初始数据保存,有效降低温控服务带来的成本,入库信息有效保障工作人员精准管控。[②] 沃尔玛在 IBM(国际商用机器公司)的帮助下成功进行了食品溯源的区块链测试。有时需要数周才能准确找到杧果的原始农场,应用区块链技术后,沃尔玛仅用 6 秒就完成了同样的查询。还有一家销售三文鱼的挪威食品公司,通过区块链技术建立了全新的食品安全追溯系统。在这个过程中,由于各方数据全部在线,可以通过区块链自助智能合约技术实现供应链金融的自动支付结算,极大提高了整个供应链的效率。

4. 区块链应用于医药冷链物流

近年来,我国医药物流行业发展迅速,其中冷链医药占比较大。冷链药物是一种对温度有很强敏感性的药物,多为疫苗、血液等生物制剂。贮运过程中温度变化超过规定范围,将严重影响该类药物的质量和稳定性。医药冷链物流是医药物流和冷链物流的交叉点,其运作过程需要满足医药产品的高质量和冷藏产品的特殊温度要求。目前市场上出现了一些基于集中式系统的药品追溯系统,但在操作过程中,主要存在数据不共享、记录多、操作效率低、依赖人工操作等问题。集中存储模式下,无论是由源头企业、渠道商还是由政府保管,因为都是药品流通链上的利益相关者,当账簿信息不利时,此类企业很可能会选择篡改账簿,所以传统的中心化追溯系统的可信度自然是欠缺的。

将区块链技术应用于医药冷链物流能够带来降本增效、便于追踪、加强信任、防止伪造等优势,如图 4-6 所示。具体地,①降本增效:区块链独有的去中心化和不可篡改的信

---

① 邵善兵."区块链+冷链物流"发展前景分析[J].合作经济与科技,2021(21):72-74.

② 梅宝林.区块链技术下我国农产品冷链物流模式与发展对策[J].商业经济研究,2020(5):97-100.

息为企业创造了公平、公正的交易环境,降低了人为操纵造成的虚假成本、合作伙伴之间的协作成本和监管部门的审核成本,大大提高了企业的运营效率,有效解决了企业物流成本高、利润空间压缩的问题。②便于追踪:区块链技术可以有效记录从药品原料采购到最终用户交付的全过程,记录的数据真实可靠,对温湿度有特殊要求的药品数据也能完整保存。这样保证了交接数据在流通过程中的可验证性,一旦出现问题,可以根据存储的信息及时找出问题节点。③加强信任:区块链采用分布式记账网络,多方共同维护同一份账簿。涉及的节点越多,维护的账本数据就越大,且区块链具有不可篡改的特点。这种运营模式可以给消费者带来更多的数据信任。此外,区块链的溯源系统还可以帮助企业进行信用贷款,增强企业与银行之间的信任。④防止伪造:区块链技术可以有效解决药品冷链物流溯源的伪造问题。传统上,一些企业为了自己的利益制造"假药"。为了逃避责任,它们可能会修改某个节点上的数据,删除假药记录。利用区块链技术的不可篡改和可追溯性,有助于实现"一物一码"的追溯体系,防止伪造和篡改的发生。

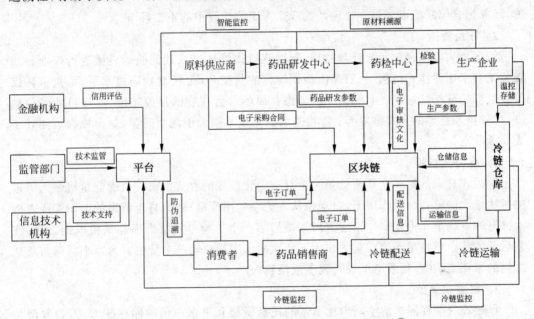

图 4-6 基于区块链的医药冷链数字化平台运作流程①

目前,医药企业对 GMP(药品生产质量管理规范)的执行力度较弱,不少企业意识淡薄、偷工减料、不达标现象依然严峻。使用区块链技术,即将 GMP 证书嵌入区块链溯源系统,可以有效改善这种状况。将人工监控变为机器监控,一旦企业不符合 GMP 标准,可以立即识别区块链并自动吊销证书。同时,企业失信记录将留在区块链中,对全网开放。管理人员也会注重企业长远发展的质量管理规范,有利于营造良好的交易环境。

---

① 基于区块链技术的医药冷链物流应用研究[EB/OL].(2022-05-07). https://www.sohu.com/a/544538316_121265549.

4.3　自动化立体仓库智能仓储

自动化仓库系统(automated storage and retrieval system,AS/RS)是在不直接进行人工处理的情况下能自动存储和取出物料的系统。它覆盖了不同复杂程度及规格的极为广泛的多样的系统。自动化仓库是由电子计算机进行管理和控制,不需人工搬运作业而实现收发作业的仓库。有的自动化仓库可以直接与其他生产系统相连。

4.3.1　自动化仓储设备[①]

1. 立体货架

仓库的储存方式自平面储存向高层化立体储存发展以来,货架即成为立体仓库的主体。由满足不同功能要求的各种不同形式的货架所组成的多种多样的自动化、机械化仓库,已成为仓储系统以至整个物流系统或生产工艺流程中的重要环节。

2. 托盘货架

托盘货架以储存单元化托盘货物,配以巷道式堆垛机及其他储运机械进行作业。高层货架多采用整体式结构,一般是由型钢焊接的货架片(带托盘),通过水平、垂直拉杆以及横梁等构件连接起来。其侧面间隙考虑在原始位置货物的停放精度,堆垛机的停位精度,堆垛机及货架的安装精度等;货物支承的宽度必须大于侧面间隙,免得货物一侧处于无支承状态。

3. 重力式货架

重力式货架的每一个货格就是一个具有一定坡度的存货滑道。入库起重机装入滑道的货物单元能够在自重作用下,自动地从入库端向出库端移动,直至滑道的出库端或者碰上已有的货物单元停住。位于滑道出库端的第一个货物单元被出库起重机取走之后,在它后面的各个货物单元便在重力作用下依次向出库端移动一个货位。为减小货箱与货架之间的摩擦力,在存货滑道上设有辊子或滚轮。

4. 贯通式货架

贯通式货架在同样的空间内比通常的托盘货架几乎多一倍的储存能力,因为取消位于各排货架之间的巷道,将货架合并在一起,使同一层、同一列的货物互相贯通。

5. 阁楼式货架

这是一种充分利用空间的简易货架。在已有的货架或工作场地上建造一个中间阁楼以增加储存面积。阁楼楼板上一般可放轻泡及中小件货物或储存期长的货物,可用叉车、输送带、提升机、电动葫芦或升降台提升货物。阁楼上一般采用轻型小车或托盘牵引小车作业。

6. 屏挂式货架

屏挂式货架由百叶式挂屏和挂箱组成,适用于多品种或多规格的各种小型零件的储

[①]　仓储自动化[EB/OL]. (2022-07-29). https://baike.baidu.com/item/%E4%BB%93%E5%82%A8%E8%87%AA%E5%8A%A8%E5%8C%96/11001648#:~:text.

存,也可设置在手推车或托盘上,做工序间临时储存,或装配线供料用。

7. 移动式货架

移动式货架易控制,安全可靠。每排货架由一个电机驱动,由装置于货架下的滚轮沿铺设于地面上的轨道移动。其突出的优点是提高了空间利用率,一组货架只需一条通道,而固定型托盘货架的一条通道,只服务于通道内两侧的两排货架。所以在相同的空间内,移动式货架的储存能力比一般固定式货架高得多。

8. 敞开式移动货架

敞开式移动货架的传动机构设于货架底座内,操作盘设于货架端部,外形简洁,操作方便。货架的前后设有安全分线开关,一遇障碍物,整个货架立即停止移动。

9. 封闭式移动货架

封闭式移动货架不需要存取货物时,各货架移动到一起后,全部封闭,并可全部锁住。在各货架接口处装有橡皮封口,也称为封闭式货架。

10. 旋转式货架

旋转式货架设有电力驱动装置(驱动部分可设于货架上部,也可设于货架底座内)。货架沿着由两个直线段和两个曲线段组成的环形轨道运行,用开关或小型电子计算机操纵。存取货物时,把货物所在货格编号由控制盘按钮输入,该货格则以最近的距离自动旋转至拣货点停止,拣货路线短,拣货效率高,如表 4-5 所示。

表 4-5　自动仓储化设备

名　　称	展　　示
立体货架	
托盘货架	

名　　称	展　　示
重力式货架	
贯通式货架	
阁楼式货架	
屏挂式货架	

续表

名　　称	展　　示
移动式货架	
敞开式移动货架	
封闭式移动货架	
旋转式货架	

资料来源：南京泰格仓储设备制造有限公司官网：http://www.jstigerrack.com/#。

 4-3

哥伦布冷库四向车助力食品企业降本增效

哥伦布智能PTR(托盘搬运机器人)是"托盘搬运机器人"制造领域的专家,拥有PTR系列产品的发明权。秉持"专业、专注、专心"的服务理念,哥伦布实地考察现场,根据客户的不同需求制订针对性的仓储自动化解决方案,便捷了工厂和物流仓库的运输,极大提高了仓储空间。

公司成立于2007年,总部位于中国上海,在湖州、安徽两地设立了湖州工厂和明光工厂,作为PTR系列产品的主要生产基地。PTR产品全面覆盖了4 000千克及以下的智能托盘搬运场景需求。经过15年的不断积累,哥伦布已拥有产品专利65项、软件著作权73项、软件产品登记书12项等。在十多年的快速发展中,累计出售设备5 000+、验收项目500+、服务客户200+、涵盖行业100+,是智能托盘搬运机器人领域当之无愧的领跑者。

我国的仓储成本和生鲜农产品在采集、物流、仓储等环节的损失率足足有25%～30%,造成这种损失的原因主要是落后的仓储管理。

传统的以半机械化甚至人工为主的作业方式效率偏低且容易造成错误,导致生鲜产品进出库不畅通,甚至不能确保商品入库、检验、仓储以及发出商品的时间,延长了库存时间,不仅仅增加了仓储成本,对于生鲜产品本身来说也增加了产品变质的风险。

冷库情况下的低温致使传统的仓储搬运机器人无法正常运转,成为一大难题。随着哥伦布对四向车领域的不断研究,成功研发可以在零下25 ℃条件下正常工作的冷库系列四向车,助力冷库仓储实现快速出入库。

生鲜农产品具有非常多的类别,每个类别的保存时间和适宜保存环境都不相同,仓储要综合考虑多方面的因素,制定出合理的库存管理模式来控制库存和库存环境,要对进出库的生鲜农产品加大检验力度,发生变质腐败时及时发现、及时清除,以免这些产品产生更不好的影响。

智能化冷库仓储可以实现冷库场景下密集存储,完成快速搬运。同时软件系统的应用,对仓储生鲜产品全程监控,时刻掌握产品的生产日期和保质期,以免货物过期而造成损失。

哥伦布作为仓储物流领域的专家,致力于通过智慧化手段实现降本增效,打造立体化、自动化、信息化、智慧化的智慧冷链仓储物流体系。此次向哥伦布寻求合作,打造智能化冷库仓储的客户是国内白羽肉种鸡行业首家上市公司。年可生产鸡肉产品6万吨。

解决方案

本项目成品库可用货位共2 948个,按4层设计。成品密集库A设置1个出库口、1个入返库口,成品密集库B设置1个入返库口、1个出库口,A库配1台提升机、B库配2台提升机,提升机内配链式输送机各1台,冷库四向车A库配2台、B库配3台,成品B库及穿堂配链式输送机6台,筒输送机2台,顶升平移1套,伸缩式输送机1套,提升机对接货架输送机共12台。低温环境AGV小车2台,AGV小车充电2个,AGV货物存放架2个,穿堂输送机入库外形检测装置1套,固定式条码阅读器1套,出入库位置液晶显示屏共3个,手持终端2台。

入库流程

(1) 在入库前,自动码垛机或工人将货物整理至入库标准(无超边、超高、超重)。

(2) 成品库包装区输送机输送至穿堂经过外形检测合格后,读取托盘码后分配货位,AGV 小车将货物搬运至成品库入库口四向车接驳位,四向车将货物运至 1 层库位或运至提升机对接货架的输送机接驳位,经提升机运至 2、3、4 层四向车接驳口,四向车运至货位。

(3) 经过外形检测,合格的货物,经过条码阅读器扫描托盘码获取该托盘信息。

(4) WMS 分配开始、结束地址,生成任务后,发送给 WCS(无线控制系统),WCS 接收任务并调度设备,并把任务发送给各种设备。

出库流程

(1) WMS 分配开始、结束地址,生成任务后,将整托盘出库工作任务分配给 WCS 系统,WCS 系统接收工作任务并调度设备。

(2) 1 层出库时该层穿梭车接受工作任务,将货物搬运至相应出库接驳口,成品 A、B 库从接驳口由输送机送至库门口,然后人工用叉车将货物搬离,完成整托盘出库作业。

(3) 2~4 层出库时由该层四向穿梭车接受工作任务,将货物搬运至相应提升机旁接驳口,再由提升机将货物搬运至 1 层出库接驳口,成品库从接驳口由输送机送至库门口,最后人工在出库口处用叉车将货物搬离,完成整托盘出库作业。

实施效果

智能仓储极大提升了出入库效率。哥伦布软件系统的应用能够扫描多个目标,可进行批量出入库操作,大大缩短出入库时间。可设定安全库存,在以销定购的冷库管理系统中,通过扫描技术的实时更新库存数据的功能,设置产品库存最低值,当库存低于最低库存时进行报警,及时提醒冷库管理人员进行补货。

哥伦布研发的冷库型四向车和提升机,可在零下 25 摄氏度条件下正常运行,实现货物快速出入库,代替了以往人工出入库,解决了人工无法长时间在冷库进行搬运工作的问题。同时,提升机的使用,充分运用仓库的上层空间,使得仓库空间增加至原本的容纳空间的 3 倍。该项目实现了客户既定的目标需求,除极大提升仓储利用率和工作效率外,还帮助仓储进一步规范工作流程和要求,减少非必要的损耗和浪费。

资料来源:哥伦布冷库四向车助力食品企业降本增效[EB/OL].(2023-08-31).https://www.sohu.com/a/716569710_121119260.

问题:

1. 根据哥伦布的自动化设备,描述自动化仓库常用的运输设备有哪些。

2. 讨论哥伦布研发的冷库型四向车和提升机的优势,是否可以解决常规冷链仓储的搬运难题。

4.3.2　自动化仓储技术[①]

智能自动化仓储一般是由自动化立体仓库、立体货架、有轨巷道堆垛机、高速分拣系

---

① 仓储自动化:大趋势下的创新技术[EB/OL].(2023-07-06).https://baijiahao.baidu.com/s?id=1770654103294181268&wfr=spider&for=pc.

统、出入库输送系统、物流机器人系统、信息识别系统、自动控制系统、计算机监控系统、计算机管理系统以及其他辅助设备组成,并且要借助当下最火热的物联网技术,如 RFID 技术通过先进的控制、总线、通信等手段,实现对各类设备的自动出入库作业。

不难看出,智能自动化仓储需要互联网、物联网、云计算、大数据、人工智能、RFID、GPS 等技术的支撑。同时,我国仓储业也正在向智能仓储与互联网平台发展,条形码、智能标签、无线射频识别等自动识别标识技术、可视化及货物跟踪系统、自动或快速分拣技术等已经在一些专业仓储企业大量应用。

1. 识别与感知

现代仓储管理依托 RFID 技术,可以自动读取仓库中不同货物的数字标签,识别其"身份"并进行自动化处理,提供了一种高效的解决方案。同时,更多的传感技术也正在被集成到仓储自动化系统中,让相关的设备具备诸如机器视觉和空间感知等能力,以便可以综合更多的数据,建立更全面的洞察。

2. 工业物联网

仓库自动化的另一个重要组成部分:智能的工业物联网。透明度是仓库管理的全部和最终目的。在过去,了解仓库的库存就足够了,而今天则意味着从各种来源和系统中汇集大量的数据,并实时处理。因此,IoT 平台持续记录、收集和评估仓库中的工厂、传感器和过程数据,控制系统,报告故障,安排维修工作(预测性维护),并减少停机时间。预测性分析提供了未来需求波动的指示,并确定了材料流动和交付的最佳路线。各个仓库流程内的网络化程度越高,优化的机会就越明显。为了更好地决策,哪里缺少数据?订单拣选的问题出在哪里?如何使交通和工作路线变得更短?

3. 仓储管理系统

这是整个仓储自动化系统的"大脑",汇聚来自各方面的数据,并通过处理最终形成决策指令,驱动整个仓储系统高效运转。值得注意的是,AI 技术的应用,正在赋能 WMS 新一轮的迭代升级,建立在海量数据基础上的洞察,给优化流程、避免故障、提升效率带来更大的价值。

4. 仓储机器人

自主运作的机器人作为仓储系统中实现货物搬运的末端执行器,是仓储自动化的一个重要标志,其中具有代表性的包括 AGV、AMR(自主移动机器人)和 ASRS。它们可以根据预先设置好的线路(如 AGV)或者是自主感知周围环境(如 AMR)自动化运行,实际上自身就已经是一个集环境感知、决策规划和控制执行于一体的综合智能设备,且产品的功能和形态也日趋多样化。

自主移动机器人在规定区域内自由导航。自主的自动导引车、无人机和自动输送系统可以覆盖很长的距离,并将货物安全、快速地送到正确的地方。另外,协作机器人(robots)与人类同事"携手"工作,并简化了工作流程。

5. 智能基础设施

为了支撑整个仓储系统的智能化发展,相关的基础设施也需要智能化升级,如为 AGV 和 AMR 配套的智能充电站、安全监控设备等,这也是将仓储自动化系统无缝融入仓储物流体系中的关键。

4.4　云仓与电商云仓

云仓是一种基于云计算技术的仓储模式,它对仓储、物流、信息等资源进行整合,通过互联网技术实现对商品的管理、存储、配送等全过程的智能化管理。云仓体系的本质就是通过整合社会闲置仓储资源,构建全国分仓,形成一张云仓网络。

4.4.1　云仓

1. 云仓的优势

(1) 云仓内作业流程快,分工细致明确。依托仓储系统,为货主准确、及时地进行商品分拣,打包发货。与传统的仓储模式不同,云仓内每一步操作都有记录,可以根据需要准确寻找出单个包裹何时审单、分拣、验货、打包、称重,精确做到有记录可查。

(2) 云仓发货量大,快递费相对较低。云仓与分拨中心合作,常年获得的快递费低,能够帮助更多中小卖家实现降本增效。每年可以为中小卖家节约数万元的快递费和仓储费。同时依托云仓的系统,可以做到库存无忧,发货及时准确。好的云仓是电商人生意的助推器,云仓和电商人搭档,互相支持,互相成长。

2. 云仓的分类

(1) 电商平台自有云仓。通过大数据、云计算等方式,按客户浏览点击产品、浏览时间、活动而合理规划仓库配送,是对内的一种仓储方式,如亚马逊、京东等一些电商平台。

(2) 物流类共享云仓。其主要是物流平台利用自有的配送体系,为中小企业提供仓储、配送一体化解决方案,类似邮政仓储、京东仓储、EMS(邮政特快专递)等对外开放平台,当然开放客户的数据也放到云计算里面。

(3) 互联网第三方共享仓储类云仓。它们深耕于电商供应链领域,以仓库为基地,为电商商家提供灵活多样的服务,如腾玥云仓、发网等。

3. 云仓物流体系的搭建

目前,云仓基本分为物流快递类云仓、互联网化第三方仓储云仓、电商平台类云仓三类。

(1) 物流快递类云仓。它们具备规模大、自动化程度高、运营能力强、订单响应速度快、履行能力强等优势,其布局采用全网协同的形式。

(2) 互联网化第三方仓储云仓。它们深耕于电商供应链领域,以仓库为基地,为电商商家提供灵活多样的服务。

(3) 电商平台类云仓。其核心优势在于根据数据分布库存、有很强的自动化订单履行能力,还会主动以货主为单位对库存分布进行调拨、优化。

4. 云仓体系的搭建建议方向[①]

1) 构建云仓企业联盟、搭建云仓平台管控系统

全国范围内自建多级仓的云仓网络需要的资金成本与时间成本较高。所以云仓一定

[①]　云仓的定义、要点、模式及搭建[EB/OL]. (2023-07-07). https://zhuanlan.zhihu.com/p/642028231.

是建立在云仓联盟之上的,同时从发展速度上看以云仓联盟为核心进行仓库数量的扩增速度要远高于自建的速度,可以打破现有的供应链格局。

为了统筹管理云仓联盟内所有的仓库,需要构建一套完备的云仓管理平台,平台为云仓联盟成员提供信息化系统支持。

2)云仓管理体系的初步搭建

云仓管理平台搭建之后核心是要提升联盟内各仓库的运营质量与管理水平。针对加入云仓联盟的所有仓库,应严格根据云仓管理系统的指示进行业务操作,同时云仓管理系统会根据各仓的操作情况进行数据分析,给予各仓库指导与帮助,包括异常问题指导、绩效指标体系指导、报价指导、运营问题指导、运用劣汰机制。

3)完善云仓布局

云仓网络扩张需根据市场调研,分析联盟内各仓库企业的优势,然后制订出一份全国的仓库扩张计划。若从仓库面积与覆盖区域上进行划分,云仓可以分为四级:一级云仓是某城市或区域的大型仓库,二级云仓是某小区域的市场或批发市场,三级云仓是超市或者商场的库房,四级云仓是小区商店、社区便利店等。

云仓布局的规划方法如下:若能获得建仓地区的线上与线下的消费记录,可以根据消费分布的密集度来确定从哪建立下级仓,若没有消费记录,可以根据以下几个逻辑规划全国的下级仓布局。

首先,根据各地区房价收入比、居民楼楼龄、居民楼建立时间、居民户数、商圈分布等进行市场调研,确定各下级仓库的建设数量与建设区域。其次,利用因子分析、AHP(层次分析法)等对下级分仓所属地区进行测评打分。再次,根据测评结果,确定各下级分仓的开设顺序。最后,根据实际情况对各下级分仓的开设顺序进行调整。

5. 未来云仓的价值

云仓可以说是向社会开放仓储资源和配送资源的第三方物流服务模式。商家跟云仓平台企业签订入仓协议,在云仓平台根据市场销售预测数据来布局库存,使用云仓平台的仓库资源,将库存布局在离消费者最近的仓库。当客户的订单下达后,由云仓平台自动选择最优仓库拣选出货,然后由云仓平台将货品送到客户手中,以实现对市场需求的极速反应,提高市场竞争力。

1)缩短配送时间

在云仓模式下,通过预测销售和提前将库存布局到离消费者最近的仓库,以缩短配送时间,缩短"订单完成提前期"。

2)提高供应链反应速度

云仓体系中高效的干线运输能力缩短了从生产商到仓库的运输时间。除了仓库网点多、库存分布广、离客户近外,还有强大、高效的仓库间的干线运输体系。

3)更有效降低运营成本

云仓体系内共享各处库存进一步降低了安全库存量,一般来说分仓增加会增加整个供应链系统中的库存总量。但在云仓体系中,通过干线快速调拨能力和信息系统强大的订单选仓能力,可实现各分仓的库存共享,从而降低整个供应链系统中的库存量。

4.4.2　电商云仓

电商云仓是专门为电商企业提供仓储、物流和配送等综合服务的一种商业模式。电商云仓是电商产业下游和快运资源整合所衍生的一个行业,是专门解决电商行业仓储管理、分拣打包、快递物流等问题的仓配一体化的服务商。商家提前将货品放到云仓仓库,通过系统对接到各电商平台,当消费者下单后,商家将订单推送到云仓的WMS,云仓收到订单后,会根据要求进行打单、分拣打包、快递代发及物流售后等一系列操作。①

1. 电商企业选择云仓的好处

电商行业正以惊人的速度发展,随着对物流效率和客户服务的不断追求,在这个竞争激烈的市场中,电商企业需要找到一个能够解决物流问题的完美方案。而云仓作为一种全新的物流模式,正逐渐受到越来越多电商企业的青睐。

1) 提升物流效率

传统的物流模式中,电商企业需要自己购买仓库、配备人员,并处理与供应商和快递公司的复杂协调。而选择云仓后,企业只需要将商品存放在云仓中,由专业的仓储和物流团队负责管理和发货。这样一来,企业可以将更多精力放在产品开发和市场推广上,从而提高整体运营效率。

2) 降低成本

与传统仓储模式相比,选择云仓可以帮助电商企业降低成本。首先,无须购买或租赁仓库,减少了固定资产的投入。其次,云仓通常采用共享经济模式,多个企业共享一个仓库,降低了仓储成本。此外,云仓服务商通常与快递公司合作,能够获得更优惠的物流价格,从而降低了企业的运输成本。

3) 提供灵活的仓储方案

无论是季节性销售高峰期还是新品发布期,云仓都能够根据企业的需求进行调整。企业可以根据实际销售情况灵活调整仓储空间,避免了库存积压或空仓的情况。此外,云仓服务商通常提供仓储管理系统,企业可以通过该系统实时掌握库存情况,提高库存管理的精确性和效率。

4) 提升客户服务质量

云仓服务商通常提供快速配送和灵活的配送时间选择,能够满足客户对于快速配送的需求。此外,云仓服务商配备专业的物流团队,能够及时处理订单和发货,提高订单处理速度和准确度。这样一来,电商企业可以提供更好的客户体验,增强客户黏性。

5) 提供全方位的售后支持

无论是仓储管理、订单配送还是退货处理,云仓服务商都能提供专业的支持和解决方案,帮助电商企业解决物流中的各种问题。这样一来,电商企业可以省去与多个供应商和快递公司沟通的麻烦,节省时间和精力。

---

① 电商企业选择云仓的好处：一站式解决你的物流难题[EB/OL].(2023-11-26).https://baijiahao.baidu.com/s?id=1783638746411355804&wfr=spider&for=pc.

2. 电商云仓的仓储运营①

电商云仓的主要目标是通过有效的仓储管理和物流运营,帮助电商企业降低成本、提高效率、增强竞争力,以更好地满足客户的需求。电商云仓的日常运营涉及各项工作,具体如下。

1) 仓库管理(仓库规划、布局及货位管理)

仓库管理是电商云仓的基础。合理的仓库规划包括货架摆放、库区划分等。科学的货位管理能够最大限度地提高仓库存储效率,确保货物摆放井然有序,提升后续操作的便捷性。

2) 货物入库(验收、装卸货、分拣、入库流程)

货物入库是保障库存准确性的第一步。在入库环节,仓库人员需进行验收,核对货物数量和质量,同时进行分类和标记,确保库存信息准确无误。

3) 货物上架(分类、分区、货架摆放)

货物上架是将货物从入库区移至库存区的重要步骤。根据商品属性,对货物进行分类、分区,并保证货物摆放整齐有序,为后续的拣货操作打下基础。

4) 订单处理(打单、拣货、复核、打包)

订单处理环节关系到客户体验。根据客户订单,仓库人员需快速进行打单、在对应库位拣选出相应商品,进行订单复核,然后进行打包贴单称重,确保商品的完好和准时发货。

5) 物流配送(物流选择、物流交接)

物流配送是将商品送达客户手中的关键环节。在完成订单打包出库后,交接给快递物流公司,确保商品能够按时到达客户手中。

6) 库存管理(库存监控、盘点)

库存管理是保证业务顺畅的核心。通过仓库管理系统,实时监控库存情况,及时进行盘点,确保库存数据的准确性和库存充足。

7) 售后处理(退换货流程、售后服务)

售后处理关系到客户满意度。针对在途包裹异常处理、退换货需求、快递理赔等,需要有明确的流程,及时处理退货,提供优质的售后服务,维护客户关系。

8) 数据分析与优化(销售数据分析、库存优化)

数据分析是优化运营的关键。通过分析销售数据和库存周转率等,可以调整库存策略,提高仓库效率,实现运营的持续改进。

9) 信息沟通与协调(与供应商、物流公司的协调)

信息沟通与协调是保障运营高效的基础。与供应商、物流公司等保持紧密联系,确保信息准确传递,协同合作,为客户提供更好的服务。

总的来讲,电商云仓的日常工作并不只是简单的打包发货,专业的云仓运营涵盖仓库管理、货物入库、货物上架、订单处理、物流配送、库存管理、售后处理、数据分析等多个环节。每项工作都需要专业化的知识和操作技能的支持,以确保云仓高效运营,为电商企业

---

① 电商云仓是怎么运作的,日常都做些什么工作? 宝时云仓告诉你! [EB/OL]. (2023-08-14). https://baijiahao.baidu.com/s?id=1774172194285533825&wfr=spider&for=pc.

提供优质服务,同时提升企业的竞争力。

 4-4

联想全渠道物流体系升级为云仓,提供全新物流体验

联想物流为支持智慧零售业务,目前启用了三级仓库资源(中心总仓,省会分仓,门店仓)的管理模式。目前,北京、成都、惠阳和上海 4 个中心总仓已启用,覆盖主供省份;全国联想各直辖市省会分仓,覆盖本省;各线下及线上销售通路的门店仓,覆盖门店销售和 10 公里配送范围。

通过配备的三级仓库资源再加上供应商和自有工厂资源,实现从总仓、省仓和门店仓的三级仓库库存共享,实现就近派送,并且支持多业务模式。如对于爆款产品,可通过备货到分仓快速交付当地客户;对于新品及小批量产品和难以预测产品,则备货到中央仓全国发货;对于销量比较好的常销产品,则门店会备一部分安全库存,支持门店销售的同时,可支持门店 10 公里内 4 小时达的同城极速达业务。

物流系统升级为云仓物流系统,支持三级多仓库存共享与直发客户;支持采购、赊销、代销、借用、坏件、增值服务等多种库存管理类型;支持全网库存实时可视化,调货、退货、换货、转储、借用、补货管理;支持无序列号产品自制条码管理;支持订单就近分配原则,缺货订单自动转成借用/采购订单等。

联想通过自主研发的物流业务管理系统,全程的信息可视和商业智能系统(BI 系统)实现智慧云仓的数字化系统管理体系。

目前,联想已完成多个物流业务管理系统来支持业务的运作管理,同时实现了电脑端和移动端的多平台运作方式。结合物流业务运作场景,通过 App/微信公众号等方式,尽可能使物流服务提供商的操作规范化、无纸化,并积极推进电子签收,促进全平台资源优化和物流运作全程绿色化。在数据对接方面,物流业务管理系统不仅与内部管理系统对接,还实现了与客户及物流服务商的系统和数据对接,业务信息系统在承载业务管理职责的同时,也通过信息服务的方式,发挥了平台的资源集聚功能。

基于联想自主研发的全程履约系统和物流业务信息系统,搭载联想物流微信公众号"想乐送"。目前,联想已实现电脑端和移动端的客户订单供应链端到端全程库存和履约信息实时可视。

联想智慧零售业务已开足马力,全速前进,作为智慧零售业务的重要支撑物流体系,也做好了充足的准备,不断优化、迭代和升级物流体系,拥抱智慧零售和全渠道,给客户提供全新的物流效率和物流体验。

资料来源:联想物流智慧云仓案例解析——联想集团[EB/OL].(2020-09-24).https://www.logclub.com/articleInfo/MjcyNjAtYzc3OTg2ZjA=?dc=16.

问题:云仓物流系统的实施对联想智慧零售业务有何重要意义?

4.4.3　生鲜电商云仓

电商冷链云仓运用云计算、大数据和物联网等技术为电子商务行业提供冷链物流服务的仓储系统。特别是电商提供的易腐蚀、易变质的食品和药品等,保证在整个供应链中保鲜和安全仓储。

近年来生鲜电商的快速发展,对于保持产品新鲜度和高效配送至关重要。在这一过程中,生鲜电商云仓扮演着关键角色。

1. 生鲜电商云仓服务商的作用

生鲜电商云仓[①]是为了满足生鲜电商业务需求而特别设计的仓储解决方案。它具有以下重要作用。

1) 产品保鲜和储存

生鲜产品的保鲜和储存是生鲜电商云仓的首要任务。它提供适宜的储存环境,包括恒温、湿度控制和通风等设施,以确保生鲜产品的新鲜度和质量得到最大限度的保持。这对于生鲜电商来说至关重要,因为新鲜度是吸引和保持客户的关键因素。

2) 订单处理和分拣

生鲜电商云仓承担着高效处理订单和分拣生鲜产品的重任。它使用先进的技术和系统,确保订单及时处理,并将生鲜产品分拣准确,以满足快速配送的要求。这需要高效的物流管理和仓储布局,以最大限度地提高处理效率。

3) 配送和运输

生鲜电商云仓负责安排高效的配送和运输流程。它与物流公司建立紧密的合作关系,确保生鲜产品能够在最短时间内从仓库送达客户手中。这涉及运输路线的规划、温控设备的使用以及快速配送的执行,以保证生鲜产品的新鲜度和品质。

4) 库存管理和预测

生鲜电商云仓还负责库存管理和需求预测。它使用先进的库存管理系统,监控库存水平和生鲜产品的保质期。通过数据分析和需求预测,生鲜电商云仓能够及时补充库存,以满足不断变化的市场需求,并减少过期和损耗的风险。

2. 选择专业生鲜电商云仓服务商的注意事项

选择合适的生鲜电商云仓解决方案时,需考虑以下要点。

1) 储存条件和设施

确保生鲜电商云仓提供适宜的储存条件和设施,如恒温控制、湿度控制和通风系统。这对于保持生鲜产品的新鲜度和品质至关重要。了解云仓的设施和技术,确保其符合企业的生鲜产品的特定需求。

2) 物流网络和配送能力

了解生鲜电商云仓的物流网络和配送能力。它应该与可靠的物流合作伙伴建立紧密的合作关系。例如,顺丰冷链、中通冷链等能够提供快速、高效的快递物流配送服务。同

---

① 生鲜电商云仓是做什么的,如何选择一家靠谱仓配服务商?[EB/OL].(2023-07-06).https://www.baoshigwl.com/news/330.html.

时,考虑冷链物流覆盖的范围、运输设备的条件以及配送的时效性。

3)订单处理和分拣效率

考虑生鲜电商云仓的订单处理和分拣效率。了解其采用的技术和系统,确保快速而准确地处理订单,并进行高效的生鲜产品分拣。高效的订单处理和产品分拣有助于实现快速配送和满足客户的期望。

4)数据分析和库存管理

确保生鲜电商云仓具备强大的数据分析和库存管理能力。它应该能够实时监控库存水平、货品保质期和需求变化,并提供准确的库存预测。这有助于减少过期和损耗的风险,同时确保满足客户的需求。

5)安全和卫生措施

生鲜电商云仓应该有严格的安全和卫生措施,以确保生鲜产品的安全和卫生。了解云仓的食品安全认证和标准,并确保其符合要求。这包括正确的食品处理和储存方法,以及卫生监控和清洁程序。

6)可扩展性和灵活性

考虑生鲜电商云仓的可扩展性和灵活性。确保云仓能够适应业务的增长和变化,并提供灵活的服务选项。这包括根据需求调整储存空间、灵活的配送选项和个性化的服务。

策划实例分析

区块链技术在生鲜电商溯源系统中的应用研究

目前中国生鲜电商市场处于高速发展期,传统生鲜产业在消费升级的背景和新零售的定义下出现多业态并存,"盒马鲜生""超级物种""京东 7fresh"等生鲜电商品牌竞相诞生。随着人们消费观念的转变升级,优良的生鲜质量已经成为消费者的首要需求。然而,目前我国生鲜电商产品依然存在很大的安全隐患,难以保障其溯源信息的完整性、真实性。如 2018 年 11 月,盒马鲜生上海店被检举称有工作人员肆意更换胡萝卜的日期标签;2019 年 8 月,京东 7fresh 北京店和重庆店的扇贝均检测出重金属镉超标,京东平台没有正面回应这一质检问题,反而让其直接追责供应商。这都暴露了当前我国生鲜电商供应链质量溯源的短板,即商品数据易被篡改、供应链信息不透明、追责对象难以确定等。除此之外,当前生鲜电商的产品溯源还存在溯源信息不完整、运行效率低下以及信息的私密性无法得到保障等痛点问题。一旦产品质量出现问题,企业将不得不召回部分商品,以致企业增加成本负担,同时也损害了企业声誉,失去消费者信任。因此,电商生鲜品牌建立高效可靠的生鲜质量溯源体系,不仅有助于实现供应链中企业间的责任快速追究,降低维护成本,还有利于促进行业整体提高生鲜产品标准和质量,从而重塑消费者信心。

2019 年 10 月 24 日,习近平总书记在中央政治局第十八次集体学习时强调,要把区块链作为核心技术自主创新的重要突破口,加快推动区块链技术和产业创新发展,可见区块链技术的发展应用在国家层面上已经成为未来重点研究的趋势之一。如今,区块链技术被认为是最有效应对供应链缺陷的解决方案,"区块链＋电商生鲜"模式可以消除电商生鲜在溯源问题上的痛点,帮助行业建立有效可靠的溯源体系。

资料来源:区块链技术在生鲜电商溯源系统中的应用研究[EB/OL].(2022-05-23).https://www.fx361.com/page/2022/0523/10323919.shtml.

问题:

1. 区块链技术解决了生鲜电商溯源系统的哪些弊端?
2. "区块链+电商生鲜"模式的特点是什么?

【本章小结】

RFID技术是一种非接触式自动识别技术,可以通过射频信号自动识别目标物体并获取相关数据。

WSN是由部署在监控区域内的大量廉价微型传感器节点组成的,通过无线通信形成的多跳自组织网络系统。

GIS是一种用于地理研究和地理决策服务的计算机系统,它基于地理空间数据和地理模型分析方法,适时提供多空间、动态的地理信息。

物联网是基于互联网、传统电信网络等信息载体的网络,使所有可以独立寻址的普通物理对象实现互联互通。

区块链是去中心化的分布式数据库,"区块"是信息块,通过网络参与者之间的信息共享促进点对点交易,本质上是一种解决信任问题的技术手段。

区块链的技术价值:去中心化、数据防篡改、节点传输机制。

自动化仓储设备有立体货架、托盘货架、重力式货架、贯通式货架、阁楼式货架、屏挂式货架、移动式货架、敞开式移动货架、封闭式移动货架、旋转式货架。

自动化仓储技术有识别与感知、工业物联网、仓储管理系统、仓储机器人、智能基础设施。

云仓是一种基于云计算技术的仓储模式,它对仓储、物流、信息等资源进行整合,通过互联网技术实现对商品的管理、存储、配送等全过程的智能化管理。

电商云仓是电商产业下游和快运资源整合所衍生的一个行业,是专门解决电商行业仓储管理、分拣打包、快递物流等问题的仓配一体化的服务商。

选择专业生鲜电商云仓服务商需注意:储存条件和设施、物流网络和配送能力、订单处理和分拣效率、数据分析和库存管理、安全和卫生措施、可扩展性和灵活性。

【课后习题】

1. 简述信息的主要特征。
2. 简述物流信息平台的含义及价值。
3. 什么是物流信息平台?
4. 简述区块链的概念。
5. 简述区块链的技术价值。
6. 简述区块链技术应用于医药冷链物流所体现的优势。

7. 大数据在冷链仓储中有哪些应用？（请画图表示）

8. 什么是云仓和电商云仓？

9. 选择生鲜电商云仓的注意事项有哪些？

即测即练

第 5 章

专业冷链物流仓储管理

【本章导航】

本章主要介绍专业冷链物流的仓储管理,介绍了农产品、食品、医药、生鲜电商四大类专业产品的冷链物流的基本知识,包括冷链仓储的概念、现状及特点等,进一步分析了不同专业冷链物流的仓储管理活动。

【本章学习目标】

1. 了解农产品、食品冷链物流仓储管理的含义及分类。
2. 熟悉果蔬、肉类、乳制品、水产品及冷饮冷链物流仓储管理的特点、工作流程。
3. 掌握医药疫苗冷链物流的含义及管理环节。
4. 掌握生鲜电商冷链物流及跨境电商海外仓的相关概念。

【关键概念】

果蔬冷链物流仓储(garden stuff cold-chain logistical) 肉类冷链物流仓储(meat cold chain logistics warehousing) 农产品冷链物流(agricultural products cold-chain logistics) 医药疫苗冷链物流(medical vaccine cold chain logistics) 海外仓模式(overseas warehouse mode)

冷链仓储——企业运作的核心

随着经济和社会的进一步发展,消费者对于安全、高品质农产品及食品的需求不断增长,而供给又严重不足,供需矛盾日益突出。冷链物流发展满足人民群众对美好生活需要的现象,充分体现了习近平新时代中国特色社会主义思想中以人民为中心的发展理念。供给侧结构性改革正是立足于更好满足人民群众日益增长的美好生活需要。

海鸿国际食品物流港作为优秀企业,抓住时代发展机遇,发展冷链物流业务,既满足了人民群众对农产品和食品的新需求,也减少了食品浪费,体现了生态文明理念。同时,企业的发展也得益于中国特色社会主义制度,可以集中力量办大事,冷链基础设施建设为企业提供了有力支持。今后企业要继续推动冷链物流健康发展,服务好人民群众,实现共同富裕。

东宝在冷储建设与运营行业中拥有 62 年的宝贵经验,东宝·海鸿国际食品物流港拥有 20 万吨级冷链仓储设施及物流配送中心,以食品冷链为核心,现已成为新疆乃至西北地区最大的冷库。冷库种类分别为 0～5 ℃恒温库,主要用于水果、蔬菜、禽蛋等鲜活农产品储存;零下 20 ℃低温冷库,主要用于肉类、水产等冷冻商品的储存;独立清真冷库,独立进出货,满足牛羊肉等清真食品的安全存储与交易。它是全国最大的冷藏服务提供商之一。

资料来源:海鸿国际物流港[EB/OL]. (2023-05-16). https://baike. baidu. com/item/%E6%B5%B7%E9%B8%BF%E5%9B%BD%E9%99%85%E7%89%A9%E6%B5%81%E6%B8%AF/12644723.

新疆东宝实业集团[EB/OL]. (2021-09-23). https://baike. baidu. com/item/%E6%96%B0%E7%96%86%E4%B8%9C%E5%AE%9D%E5%AE%9E%E4%B8%9A%E9%9B%86%E5%9B%A2/12644996.

问题:

1. 冷储建设需要考虑哪些方面?

2. 冷储建设对企业运作的重要性有哪些?

5.1　农产品冷链物流仓储管理

《农产品冷链物流发展规划》中农产品冷链物流的定义:使肉、禽、水产、蔬菜、水果、蛋等生鲜农产品从产地采收(或屠宰、捕捞)后,在产品加工、贮藏、运输、分销、零售等环节始终处于适宜的低温控制环境下,最大限度地保证产品品质和质量安全,减少损耗,防止污染的特殊供应链系统。[①] 其包括的冷冻加工、冷冻储藏、冷藏运输及配送、冷冻销售四个环节都要求按照农产品物流的特性需要,保证农产品的原料品质和耐藏性,保证保鲜储运工具设备的数量与质量[②],保证处理工艺水平高、包装条件优和清洁卫生好,保证现代化管理和快速作业,最终保证农产品冷链物流冷链协调、有序、高效地运转。

5.1.1　果蔬冷链物流

1. 果蔬冷链物流概况

果蔬冷链物流,即水果蔬菜低温物流,是指从果蔬的采摘到最后的销售,整个流通过程中果蔬全程覆盖于可控的合理低温环境下的供应链系统。《中国农业展望报告 2021—2030》显示,2020 年,我国蔬菜产量为 7.22 亿吨,水果产量为 2.87 亿吨。面对果蔬类农产品如此巨大的产量,除了外贸出口的部分以外,我国在产后低温储藏加工环节投入力度不够,而且没有充分认识到产后低温储藏加工的重要性,绝大部分由产地以原始产品形式卖出。相比于发达国家对采后储藏加工,我国果蔬类农产品的产后值不仅没有得到提升反而下降。因此,对果蔬类进行低温包装、储藏和加工,以保持其新鲜及质量,也是开展果

---

① 李腾,张盼盼. 服务供应链视角下生鲜农产品品质不确定性因素研究[J]. 保鲜与加工,2018,18(3):116-126.
② 浦玲玲,顾卫兵. 南通市农产品冷链物流现状及问题分析[J]. 物流技术,2018,37(10):12-16.

蔬冷链物流的出发点之一。

2. 果蔬冷链物流仓储的特点

1）储存成本高

冷库与冷藏车的成本是常温库和普通车辆的 3～5 倍。果蔬冷链物流运营成本过高的主要原因是维持稳定低温的高额电费与高额油费。

2）库存过程需要全程监控

果蔬具有通过生命活动与周围环境发生作用，影响自身状态及产品质量的特点，因此要求在果蔬采摘、加工、储藏运输与销售的各个过程进行监督，保证冷链物流的效率性。

3）库存中需要全程控温

果蔬等产品对于温度具有严格要求，因此冷链物流存储及运输过程必须保持在一定的温度中，这需要进行全程控温。

4）物流过程中有流通加工

果蔬冷链物流各节点有：生产部分，负责采收；加工部分，负责筛选等；存储部分；中转配送部分；销售部分等。因此，冷链物流实际是一个包含生产到流通全过程的体系。

3. 果蔬冷链物流仓储管理

（1）预冷。预冷是指果蔬采摘后从初始温度（25～30 ℃）迅速降至所需要的冷藏温度（0～15 ℃）的过程。通过迅速排除果蔬田间热，有效抑制其呼吸作用，从而保持水果蔬菜的鲜度，以延长其储藏期。常见的预冷方式有差压预冷、真空预冷、冷水预冷和冰预冷。[①]

（2）分级包装。果蔬包装主要目的有以下几点：防止果蔬发生氧化变色，防止果蔬表面水分蒸发形成干燥状，保持卫生以便于销售。果蔬分级包装是提升产品档次和市场竞争力的重要商品化处理手段。在低温环境下，果蔬采后应用机械进行商品化处理或人工挑选分级。

由于果蔬包装缺乏严格的统一标准，一般来讲，外包装用筐、木箱、纸板箱、塑料箱等；内包装用如植物材料（像叶子这类植物材料内包装，主要是用于衬垫）、纸（用于水果内包装很普遍）、塑料（泡沫塑料、纤维表素层等）等。出口产品包装方法按国际相关标准和客户要求制作。例如，高档果品普遍采用纸箱包装，有的内衬发泡网、纸浆托盘；蔬菜包装以周转箱、尼龙网捆扎散装、竹筐、编织袋等为主。

（3）冷藏。冷藏方法主要有冷库储藏、自然冷源储藏、气调储藏（controlled atmosphere storage）三类。

① 冷库储藏。冷库储藏以能够自由调节温度，适合不同种类果蔬储藏的冷库为前提条件，需要具有完好隔热层和大型机械制冷装置，具有储藏范围大、时间久的特点，同时也具有前期投入大的不足。

② 自然冷源储藏。自然冷源储藏是利用自然界中的自然环境，进行果蔬的储藏，如冬天寒冷的室外环境、夏天挖掘冷窖储藏等。这种方式能够有效地节约成本，但是具有地

---

① 买买提·海力力，阿克然木·图尔贡.乡村振兴战略背景下喀什市农产品冷链物流发展对策[J].物流科技，2022，45（3）：151-152.

域性限制,如南方等不能使用。

③ 气调储藏。英国的 F. 基德(F. Kid)和 C. 韦斯特(C. West)[1]提出利用人工控制环境温度和气体成分的方法,抑制果蔬呼吸与蒸腾作用,达到延长果蔬保质期的目的。目前美国约有 75% 的果蔬使用气调贮藏,英、法也达到 40%。

气调储藏时氧必须低于 7% 的浓度才对呼吸强度有抑制作用,但不得低于 2%,否则会出现无氧呼吸;二氧化碳浓度越高,对呼吸抑制作用越强,一般要达到 4%。

(4) 入库操作。果蔬在经过初级挑选以及预冷后,需要经过包装才能入库储藏。不同果蔬采取不同的包装方式:比较柔软怕磕碰的果蔬可采取泡沫板、泡沫隔膜等减少挤压,且储藏时码放层数较少;苹果梨等水果需要经过纸或塑料膜等简单的独立包装,才放入纸箱中入库储藏,码放中最好采用骑缝式堆放,层数不宜过高;一般具有较硬外壳的干果或比较耐碰的等果蔬可以直接放入包装箱储存,码放层数也可以适当提高。

储藏中,包装箱堆放需要注意不要直接接触地面、墙面等部分,各个种类以及同一种类之间的包装箱需要有足够的空间,保证空气畅通,需要实时监控温度、适度等影响果蔬呼吸作用的成分。需要定期清理仓储,保证卫生。

货物出库前要适当预热,使仓库内温度与外界温度具有 4～5 ℃的差别,避免骤然进入温差太大的外界导致果蔬表面吸附大量水蒸气,影响果蔬质量。

(5) 冷藏运输。果蔬运输是动态储藏,是果蔬产后最活跃的环节之一。温度是运输过程中的重要环境条件之一,采用低温流通措施对保持果蔬的新鲜度和品质以及降低运输损耗十分重要。目前国外果蔬运输所用的工具主要是冷藏汽车和普通卡车,国际运输主要用冷藏集装箱。

此外,运输中一定要做好包装,以减少空气在产品周围的流动;要达到快装快运、轻装轻卸,在夏季要防热、在冬季要防寒,对于长途运输的商品一定要有合适的包装,以防其失去水分。

5.1.2　肉禽蛋冷链物流仓储管理

1. 肉类冷链物流仓储管理

肉类(猪、牛、羊、鸡、鸭、鹅)冷链包括冷冻加工、冷冻储藏、冷藏运输、冷藏销售四个重要环节。在这四个环节中最不容易做好的就是温度控制,肉的中心温度应保持在 −15 ℃以下。

1) 冷冻加工

冷冻加工环节主要涉及的冷链装备是冷却、冻结和速冻装置,不仅要求产品本身低温,还要求加工环境低温,以有效抑制环境中微生物的繁殖。

2) 冷冻储藏

冷冻储藏环节主要涉及各类冷藏间、加工间的制冷,除了对温度有严格要求之外,对环境中的湿度也有严格要求。

---

① 动态气调贮藏[EB/OL]. (2022-05-24). https://baike. baidu. com/item/%E5%8A%A8%E6%80%81%E6%B0%94%E8%B0%83%E8%B4%AE%E8%97%8F/22099991.

3) 冷藏运输

冷藏运输环节的核心是连续、精确、可靠的温度控制,这对冷藏车的性能及实时监控提出了非常高的要求。

4) 冷藏销售

冷藏销售环节重点在于冷冻储藏和销售,肉类在超市的销售过程中还要经历冷藏、二次加工和销售三个小环节,而这一环节最关键的是冷藏柜的正确使用和销售人员的规范操作。[①]

2. 禽蛋冷链物流仓储管理

禽蛋冷链利用低温来抑制微生物生长繁殖和蛋内酶的活性,延缓蛋内的生化变化,使鲜蛋在较长时间内能较好地保持原有的品质,从而达到保鲜的目的。冷链法是目前国内外广泛使用的一种储藏保鲜方法。

1) 冷藏前的准备

鲜蛋入库前,冷藏库应预先打扫干净、消毒和通风,以消灭库内残存的微生物和害虫。消毒可采用漂白粉溶液喷雾消毒法或乳酸熏蒸消毒法。放蛋的冷库内,严禁存放其他带有异味的物品,以免影响蛋的品质。

冷藏的鲜蛋,必须经过严格的感官检验和灯光透视,选择符合质量要求的鲜蛋入库。选好的蛋在入冷藏库前,必须经过预冷。如果不经过预冷而直接入库,由于蛋的温度高,库温上升,水蒸气会在蛋壳上凝结成水珠,有利于霉菌的生长。因此,鲜蛋在放入冷库前,要有一个冷却过程(预冷)。预冷的温度一般为 0~2 ℃,相对湿度为 80%~85%,约经 24 小时,蛋温逐渐下降便可入库储藏。

2) 入库后的管理

鲜蛋入库要按蛋的品种分别堆垛,并顺冷空气循流方向堆垛,整齐排列。蛋箱不要靠墙,蛋箱之间要有一定空隙,各堆垛之间要留有空隙,地面上要有垫板或垫木。冷库内的温度、湿度要保持稳定,不要忽高忽低。冷库内储藏鲜蛋的温度为 -1.5~-1 ℃,不应低于 -2.5 ℃,否则会使蛋内水分冻结,而导致蛋壳破裂。库内相对湿度为 88% 左右,湿度过高,霉菌易于繁殖;湿度过低,则会加速蛋内水分的蒸发,增加自然干耗。要定期检查鲜蛋质量,以便了解鲜蛋在储存期间的质量变化,更好地确定以后储存的时间。

3) 出库时升温

经冷藏的蛋,因室内外温差较大,出库时应将蛋放在特设的房间,使蛋的温度逐渐回升,当蛋温升到比外界温度低 3~4 ℃时,便可出库。如果未经过升温而直接出库,由于蛋温较低,外界温度较高,鲜蛋突然遇热,蛋壳表面就会凝结水珠(俗称"出汗"),容易造成微生物的繁殖而导致蛋变坏。

5.1.3　水产品冷链物流

1. 水产品冷链物流概况

根据国家统计局公布的《中华人民共和国 2023 年国民经济和社会发展统计公报》,

---

① 王南南. 消费者对冷鲜肉安全信息认识及信任构建[J]. 食品界,2017(4):34-35.

2023 年,我国全年水产品总产量达 7 100 万吨,比上年增长 3.4%。随着人们经济生活水平的提高,居民对水产品的消费能力增强,以及水产养殖业的迅速发展,我国的水产品产量一直保持高速增长趋势,水产品冷链物流呈现出快速发展的势头。[1]

水产品种类可大致分为鲜活水产品和干制水产品。水产品流通过程中,除活鱼运输外,要用物理或化学方法延缓或抑制其腐败变质,保持它的新鲜状态和品质。

水产品冷链物流是由多个环节组合而成的,从生产第一线开始,到船上保鲜、码头起卸、挑选加工、冻结入库、运输中转、市场销售都涉及冷链保障。确保各个环节中产品的质量安全就成了水产品冷链物流系统的核心。

由于我国冷链物流起步较晚,远未形成完整的水产品冷链物流体系。目前约 80% 的水产品基本上在没有冷链保证的情况下运输销售,冷链水产品的品质保障薄弱,水产品流通腐损率达 15%,腐烂率非常高,经济损失严重。

2. 水产品冷链物流仓储管理

水产品冷链物流的运作是指首先将捕捞出的水产品进行清洗整理,在冷藏船上经过速冻,短暂储藏,在低温环境下运送到工厂进行深度加工与速冻,再经过运输运送到地方的配送中心进行冷藏储存,最后配送至各超市冷柜、宾馆、饭店小冷柜,直到销售给消费者。在整个过程中还需要有信息系统来控制信息流的传递,利用物流技术对整个链条的产品质量进行监控保障。

1) 水产品的包装

活鲜水产品要求在较短时间内就能送达消费者手中,以保证水产品的鲜度,因此活鲜水产品不需要特殊的包装方法或微生物控制。但是,活鲜水产品的包装还是应达到一定的水平才能保证其品质。

包装的设计原则是尽量保证鲜味及新鲜度,防止水分的蒸发和细菌的二次污染,尽量减少水产品脂肪的氧化变质,防止产品滴汁及气味污染等。

从包装技术与包装材料的设计入手,根据不同水产品对包装技术的要求不同,选用不同的包装材料。例如,通常在超级市场买到的新鲜鱼、贝类食品,许多是装在盘中后用氯乙烯塑料、聚乙烯、聚苯乙烯、聚丁二烯的弹力拉伸薄膜包装的;高级虾、干贝类食品,是放在泡沫容器中,用高聚物的薄膜密封包装的;沙丁鱼和秋刀鱼之类的鲜鱼则是放在盘中,用氯乙烯塑料的弹力拉伸薄膜包装的。

2) 水产品的储藏

通过撒冰法或水冰法对鲜活水产品在保藏运输中进行冰冷却。水产品冻结完成后,应立即出冻、脱盘、包装、送入冷藏间冷藏。

3) 水产品的运输

鲜活水产品的运输要因地制宜设计,以干法和湿法两类为主,主要有以下几种。

(1) 干运。干运又称为无水运输法,它是将水冷却到使鱼虾暂停生命活动的温度,然后脱水运输,到达目的地后,再将鱼虾放入水中,它们会重新苏醒过来。这种运输方法不仅使鱼虾的鲜活度大大提高,而且可以节省运费,是一种比较理想的运输方法。

① 卞宏,王克强.浅谈我国水产品冷链物流产业的发展趋势[J].辽宁经济,2013(4):70-71.

（2）淋水运输。其适用于贻贝、扇贝、文蛤、牡蛎、青蟹等，运输途中需要定时观察并喷淋海水。

（3）帆布桶运输。采用粗帆布缝制成帆布桶，其底部多数为正方形，少数为圆形，其长度及高度可根据运输数量与车船体积而定。装运水产品的数量可依据鱼虾个体大小、水温高低、运输时间长短等条件而定。

（4）塑料袋包装运输。先将水产品消毒，在塑料袋中装入配备好的水，再按水产品的大小装入，然后挤掉袋中的空气，并装入适量的氧气，用橡皮圈束紧袋口。然后将塑料袋装入纸皮箱中，每箱可装 1～2 袋，最好用泡沫箱装。

（5）冷冻运输。冷冻运输指采用专用冷冻运输箱装运活鱼。

以上方法可以根据实际情况选择一种或者结合使用。

 案例分析 5-1

供销合作社农产品冷链物流应该这样干

湖北山绿农产品集团股份有限公司通过打造"农产品冷链物流＋中央厨房""农产品冷链物流＋区域分拨中心""农产品冷链物流＋供应链贸易（金融）"，成长为华中地区首屈一指的综合性物流园，已与肯德基、麦当劳等 100 多家国内外知名企业和 150 余家农产品专业合作社、种养大户建立了良好的合作关系，为服务"三农"发挥了明显作用。

山绿农产品集团股份有限公司成立于 2005 年 4 月，现有 3 栋总库容 33 万立方米冷库、2 栋总库容 20 万立方米的恒温仓库、1 栋 1.8 万立方米农产品加工间和 1 栋 1.2 万立方米的可变温冷库。其已与肯德基、麦当劳、海底捞、星巴克、汉堡王、周黑鸭、和路雪、盒马鲜生、美益美欣、美国金州等 100 多家国内外知名企业以及 150 余家农产品专业合作社、种养大户建立了良好的合作关系。

打造"农产品冷链物流＋中央厨房"

公司发挥农产品冷链物流基础设施和运营方面的优势，以新基建为标准建设国家骨干冷链物流基地，投资 7.25 亿元重点建设中央厨房综合体（共 3 期）、智慧冷链物流信息系统、园区冷链设施安全、节能改造等三大项目，聚焦武汉国际商贸物流中心建设打造华中地区智慧温控物流园区。公司推动冷链物流产业集群化发展，向"互联网＋冷链"平台服务转型，共同促进农产品流通与加工深度融合，打造连锁餐饮、超市、生鲜电商平台和 C 端市场需求的现代化华中中央厨房，完善城市应急物流管理体系，提升为农服务、助农增收的能力，助力华中地区乡村振兴。

同时，公司发挥山绿冷链运输、储存、配送、加工等资源，长期为百胜餐饮、夏晖物流、海底捞、周黑鸭、美国金州鲜食品、盒马等知名企业提供区域分拨中心运营服务。山绿作为国家骨干冷链物流基地，立足湖北、服务华中优势，建立华中区域分拨中心，在冷链物流供应链各个节点提供仓配一体化服务，实现不同地区的农产品、畜牧产品在以武汉为中心的华中地区进行存储、加工、分拨，提升供应链能力，适应互联网新零售环境下的运营需求，降低物流成本、提升分拨效率。

打造"农产品冷链物流＋供应链贸易（金融）"

公司开展农产品供应链业务延伸，依托物流、仓储和资金优势，深挖湖北小龙虾等特色农产品,探索仓贸经营模式,助力更多中小客户、养殖户,发展特色产业。公司还将引入"物联网＋区块链"技术,建立供应链贸易库存监管系统,打通贸易各环节,实现合同签订云端化、贷款支付线上化、贷款风控智能化,打造标准的"农产品金融仓"。通过提高效率、降低交易成本,"仓储物流＋贸易融资"赋能小龙虾等农特产业链,带动更多中小客户、养殖户与园区内仓储运营深度融合发展。

　　"十四五"期间,公司将实施"一中心、一张网络、两市场、三个运营平台、多种功能业态"的发展模式。"一中心",即以山绿农产品冷链物流基地为核心,建立冷链物流联盟机制,建设智慧型冷链示范基地;"一张网络",即加快发展"国家骨干冷链基地＋卫星仓＋产区库＋集配中心"冷链物流配送体系,建设农产品产地冷链物流集散网,打造冷链物流大平台;"两市场",即以陆路运输为骨干,聚焦冷链共同配送,衔接国内主要农产品产销地,构建辐射全国市场的冷链物流网络,依托水铁空国际大通道优势,加快拓展国外市场;"三个运营平台",即冷链物流资源整合平台、冷链运输综合服务平台、公共型智慧冷链物流信息服务平台;"多种功能业态",即以山绿农产品冷链物流基地为重点,带动供应链上下游商贸流通、农产品种植、冷冻冷藏、生鲜加工、中央厨房、恒温保鲜、智能自动温控集配、生鲜电商、供应链金融、商品贸易、代理报关报检等业态全面发展。

　　资料来源:【案例分享】供销合作社农产品冷链物流应该这样干[EB/OL].(2022-07-14).https://mp.weixin.qq.com/s?_biz=MzIxODU1MTY5Mw==&mid=2247496109&idx=1&sn=48591e8906150af2282a58a83d14dc86&chksm=97ea754fa09dfc598465720ec75714bdf73f4982c80154e486d248dae59f691fdfe84a872a82&scene=27.

　　问题:
　　1. 简述农产品冷链物流的含义。
　　2. 简述农产品冷链物流仓储管理的重要性。

5.2　食品冷链物流仓储管理

　　食品冷链物流是指容易变质的食品在到达消费者手中之前的各个环节中,始终在规定的特定温度下,以保证食品质量和减少食品损耗的一项系统活动。食品冷链是众多冷链物流运输服务品类当中的一个,是冷链理论在食品行业的应用,是把食品作为服务对象的供应链。食品冷链的作用在于对易腐食品能够进行有效的控制,建设冷链的目的就是最大限度地减少产品损耗和产品浪费,防止产品污染,保障食品质量与安全,保证消费者购买到最满意放心的产品,给社会、企业带来更多价值。

5.2.1　乳制品冷链物流

1. 乳制品冷链物流概况

　　近年来,随着国民经济快速发展,我国居民收入不断提高,居民的膳食结构也在不断改善。居民饮食消费由原本的解决温饱向如今更科学营养的方向转变,而牛奶消费的增加是膳食结构优化升级中重要的一环。受传统饮食习惯影响,我国城乡居民奶及奶制品消费量远低于《中国居民膳食指南》中推荐的成人每天摄入奶及奶制品 300 克的标准,奶及奶制品产业发展潜力巨大。近 6 年来我国乳制品行业规模以上企业主营业务收入从 2 469.93 亿元增长至 3 590.41 亿元,增长了 45.36%,年均复合增长率为 7.77%。① 根据国家统计局数据,2020 年全国液态奶产量 2 599.43 万吨,同比增长 3.28%。

从我国人均乳制品消费量来看,我国乳制品消费量远未达到饱和状态。我国人均乳制品消费量与其他乳制品消费大国和地区如印度、美国和欧洲相比差距巨大。

乳制品冷链物流,是指通过对原料奶采购,全程冷链运输、专业化的封闭式加工、销售的全部过程,都以冷冻工艺学为基础,以制冷技术为手段,始终保持乳品所要求的低温条件的物流。乳制品对温度的要求很高,不同种类的乳制品成品对冷链温度有不同的要求,因此需要加强对整个乳制品的冷链环境的控制。然而,由于我国的乳制品行业起步晚,冷链物流尚未形成完善的体系,技术不成熟,在国内的乳制品行业中,真正地将冷链全部贯彻实现、投入运用到市场的企业也并不多,大多数乳制品企业只能在部分环节(单纯的运输、仓储等环节)采用冷链技术,致使在各环节之间出现冷链物流的断链。

2. 乳制品冷链物流仓储的特点

(1)温度全程控制。为保持食品的新鲜,要对其物流过程的温度严格控制,使温度始终处于规定的低温状态。通过一系列温度控制措施,不仅使产品品质得以保证、寿命得以延长,而且会将损耗降低到最小。因此,温度成为决定冷链物流系统特殊性的关键因素。

(2)时效性强。例如,鲜奶的储藏时间一般只有一周,在冷链物流运输中为保证鲜奶的品质,必须在规定的时限送达销售场所,此外,对销售环节的货架期要严格掌控。②

(3)高成本性。一方面,为了食品在冷链物流的各环节中始终处于规定的温度条件下,需要安装温控设备,使用冷藏车或者是低温仓库。另一方面,为了提高物流的运作效率,必须采用先进的信息系统,如追溯系统、定位系统等。因此运营成本也相对较高,物流费用占食品成本或销售额的比重相对较高。这些因素都决定了冷链物流的成本比其他物流系统成本高。③

(4)协调性强。由于食品不易储藏,要求冷链物流必须高效运转,即冷链上下游各个环节之间相互协调、有效衔接。物流过程中的各个环节都要高度协调,这样才能保证整个链条稳定运作,才能保证食品在规定的温度内安全地流动。

3. 乳制品冷链物流仓储管理

乳制品行业供应链相对较长,且环节较多,从第一产业畜牧业开始的奶牛养殖到第二产业乳制品的加工再到第三产业乳制品的物流运输销售。由于乳制品特别是液态奶的保鲜程度低,保质期相对较短,这就使乳制品冷链物流上下游的整个流程体系对低温设备、仓储、库存的管理在安全、及时、品质、口感上提出了更高的要求。

乳制品冷链物流分为四个基本环节:原料奶采购、乳制品加工、流通配送和销售。企业的原料奶由自有奶牛养殖基地和外部奶牛养殖合作社的奶站提供,通过企业物流部门与冷链运输单位或个人签订服务协议,为企业从奶源到成品外销提供冷链运输物流服务。

---

① 中商产业研究院.2018—2023 年中国乳制品行业市场前景及投资机会研究报告[R].中商产业研究院,2018.
② 蔡南珊,安久意.我国冷链物流标准化问题研究[J].中国流通经济,2011,25(6):40-43.
③ 胡天石.冷链物流发展问题研究[J].北京工商大学学报(社会科学版),2010,25(4):12-17.

原料奶的运输到企业的生产车间进行乳制品的加工,生产好的乳制品成品经过短暂的储存,再运送到各分散的销售网点。

从奶源基地采购来的原料奶需要在低温的冷链环境中完成收集和配送,而经过低温储存配送的原料奶到达乳制品生产车间后,依然要在低温的环境中加工成半成品和产成品,并经由销售环节冷链配送至各卖场,最终被消费者购买。由于乳制品的特殊属性,其对低温储存和冷链运输车辆都有着非常严格的要求,乳制品冷链物流配送中心需要投入大量的资金去购买低温设备,如购置奶罐车、冷藏车,建造冷藏库、预冷库,并且配备温度监控系统等,成立乳制品检测室,以检测乳制品的微生物含量、保质期等。

5.2.2　冷饮冷链物流

1. 冷饮冷链物流概况

冷饮包括食用冰、冰淇淋、雪糕、汽水、果汁等。其在冷库中的温度要求分为两类:一类是包含冰、冰淇淋、雪糕的低温冷库;另一类是包含汽水、果汁的高温冷库。冷饮冷链物流是指冰淇淋等食品在加工制作、贮藏运输、配送、销售等到消费者前各个环节中克服温度、空间和时间阻碍的一种快速和有效的低温商品流动和服务的经验活动过程。[①]

近年来,我国的冷饮消费已经从防暑降温逐渐转向不分季节的休闲享受,市场的变化反映了冷饮行业需要不断扩大冷链物流系统。2020 年,我国冷饮产销量为 433.9 万吨,自 2010 年上海世界博览会召开后,冷饮更是呈现出一片火热。但是与发达国家的人均消费量相比,我国冷饮行业未来提升空间还很大。巨大的市场空间对于冷饮行业的物流业来说,是机遇也是挑战。

然而,我国的冷饮行业物流面对设备不足的问题,冷藏保温车辆比例远低于发达国家,全国铁路车辆中,冷藏车大约占 2%,且大多是陈旧的机械式速冻车辆而非保温式的保鲜冷藏运输车厢,这直接导致运输过程中损耗高的问题。据统计,我国每年的冷冻物流损失超过 750 亿元人民币。大量的损失以及日益为人们所关注的食品安全问题,对我国的冷链物流业提出了严峻的挑战。对于冷链中的冷饮物流来说,更是还未形成其特有的物流体系,国内冷饮物流除了伊利、蒙牛等大型企业运用第三方物流外,小型的冰冻冷饮企业都还采用产供一体的模式,即企业作为冷饮企业的自建部门,使得冷饮行业物流管理水平整体偏低。

2. 冷饮冷链物流的特点

(1) 批量小,品种多。冷饮的种类比较多,相比于农产品等属于小批量。

(2) 时效性、深度冷藏运输。市场竞争使人们对冷冻产品的品质、时效性有了更高的要求,"速度快、质量好"已经成为冷饮产品运输的首选要求。

(3) 运输需求多元化。经销方式的多元化使运输需求也更加多元化。多品种、多档次货物构成必然使运输需求向多样化、多层次方向发展。[②]

---

①　苏玲利,李宏.城市冷链物流发展现状及存在问题探析[J].商场现代化,2007(36):2-3.

②　宗岩.我国铁路冷藏运输现状及发展建议[J].铁道运输与经济,2007(5):21-23.

（4）存储要求高。通常冰淇淋等冷饮产品箱体比较小且轻,更怕压挤,要求不能倒置,存储时要分货位上架。

3. 冷饮冷链物流仓储管理

1）收货入库环节

收货前验货流程是确认采购产品是否符合冷饮企业生产标准的最后一个环节。如果到达这一环节中的产品与收货标准要求仍存在较大差距,则只能通过后续工作进行解决,并且通常会引起人力与操作等方面成本的增加。国内冷饮企业在收货方面通常存在的问题包括:产品大宗到店的情况下需要通过较长的时间和较多的专业人员进行收货与验货,避免供应商以次充好;如果仅从同一品类的原材料供应考虑,多个批次甚至多个供应商来源的产品到货,首先有可能与收货的标准差别较大,另外也使库存与周转管理更加复杂。这些都会增加本环节的成本支出。

2）库存管理环节

冷饮物流的库存问题涉及的因素较为复杂,在多个方面构成了管理的不便。首先,在产品不变质、能够使用的最低要求下,从冷饮品质的角度出发,要求以最快的速度将产品送到消费者手中,即要求库存保持较高的周转率;其次,当库存的冷饮接近过期时,冷饮企业只能通过向客户促销保证产品售出而不产生原材料变质无法使用的情况,出于原材料的销售成本因素考虑很难将原材料做其他销售。上述因素意味着冷饮企业在库存方面需要结合整个企业的运营进行全面的管理以降低库存物流成本。

3）搬运物流

产品从仓库运至运输装备的过程,应尽量缩短产品在外暴露的时间,以避免产品高温腐化,从而增加成本。

5.3　医药冷链物流仓储管理

医药冷链作为物流业的一个分支,特指为满足人们疾病预防、诊断和治疗的需求而进行的冷藏药品实体从生产者到使用者之间的一项系统工程,包括其生产、运输、储存、使用等一系列环节。需要冷链运输的医药领域产品包括疫苗、生物制品、生物药、诊断试剂等。其中疫苗占比最大,为41%,其次是血液制品,占比达29%。

随着市场对温度敏感药物的需求不断增加,医药行业的冷链物流市场预计将实现超过10%的同比增长。2020年,全球冷链物流行业的价值约730亿美元。《中国医药物流发展报告（2020）》数据显示,截至2019年底,我国医药物流仓储面积为2 066.87万平方米,较2018年增长17.13%。其中,阴凉库占比最多,为69.0%。常温库和冷藏库面积占比分别为23.90%和3.90%。2019年,我国医药物流自有车辆34 477辆中,其中冷藏车为8 146辆,占比为23.63%,较2018年同比增长61.96%。整体来看,国内医药冷链物流基础设施建设正逐步完善。但是医药药品安全直接关系着民生和社会稳定,同时对我国的物流供应链特别是冷链物流提出更高的要求。冷链医药产品市场不断扩大,医药冷链物流质量管理面临前所未有的机遇与挑战。

5.3.1　疫苗冷链物流

1. 疫苗冷链物流概况

医药疫苗冷链物流是指在对医药疫苗的生产、贮藏、销售、运输（配送）等直到注射前的各个环节始终保持在医药疫苗所需要的低温环境下，防止医药疫苗由于温度变化而失效甚至变质，从而保证疫苗的质量和药效的一项特殊的冷链物流系统工程。[①]

据企查查，我国疫苗相关企业超过 4 000 家，全国每年签发的疫苗数量全球第一，为 5 亿～10 亿支。疫苗冷链物流是百亿元级的市场。

疫苗是一种比较特殊的商品，它对储存、运输配送的环境温度有着严格的要求，其对具体的储存和配送运输有着特殊的要求，同时不同的疫苗有着不同的储存和运输温度要求：如乙肝疫苗、卡介苗、百白破疫苗、白破疫苗、乙脑灭活疫苗等疫苗要在 2～8 ℃条件下运输和避光储存，脊髓灰质炎疫苗、麻疹疫苗、乙脑减毒活疫苗、风疹疫苗在 −20～8 ℃的条件下运输和避光储存。而且由于疫苗对温度敏感，从疫苗制造的部门到疫苗使用的现场之间的每一个环节，都可能因温度过高而失效。因此，医药疫苗的储存和配送过程必须始终置于规定的保冷状态之下，保证疫苗的合理效价不受损害。

2. 疫苗冷链物流仓储管理

1）分类储存、有序摆放

在储存疫苗时，要按照疫苗的品种、生产企业、批号、保存条件、有效期等分类储存，切忌将活苗冷藏（2～8 ℃）、将灭活苗冷冻（−15 ℃以下）保存。在储藏过程中，应保证疫苗的内、外包装完整无损。防止内、外包装破损，以致无法辨认其名称、有效期等。此外，要注意避光、防潮，所有疫苗都应贮藏于冷暗、干燥处，避免光照直射和防止受潮。[②]

2）建立疫苗管理台账

疫苗入库时，疫苗管理人员应在确认疫苗质量合格、冷藏运输符合规定条件后，才能准予入库，并详细记录入库疫苗生产厂家、品种、菌（毒）株、入库时间、数量、批准文号、有效期、失效期等相关信息。

疫苗出库时，疫苗管理人员应凭出库单操作，并将疫苗出库时间、数量、品种、有效期、批号、领用人等情况记录清楚。疫苗出库时，应按照"先短效期、后长效期"和同批疫苗"先入库、先出库"的原则分发疫苗，避免疫苗积压、失效、浪费。同时，要严格掌握超出有效期的疫苗，超出有效期的疫苗严禁出库分发使用，必须及时清除并销毁。

3）严格控制储存温度、湿度

疫苗在入库之前，要严格检查疫苗库、冷藏车、冰箱、冰柜、冷藏箱（包）等设施设备，确保冷链体系完好无损、温度准确、湿度适宜，有备无患。疫苗库要保持干净整洁，有防鸟、防鼠、防虫设备，冷藏车只能用来拉送疫苗，坚决不能拉运动物、动物产品等其他物品，冰箱、冰柜等设备为疫苗储存专用，坚决不能存放食物、饮料等其他物品，以免造成疫苗污染。

---

① 王进，周鹏飞，邱晓荣. 医药疫苗冷链物流监控系统的设计与实现[J]. 科技资讯，2016，14（5）：5，7.
② 裴党帅，何艳龙，杨晓英，等. 浅谈疫苗的冷链储存与运输[J]. 中国畜牧兽医文摘，2016，32（6）：231.

疫苗入库后,要建立严格的温湿度监控制度。对冷库、冰箱、冰柜等冷藏冷冻设备可设置全方位的传感器,定期监测温湿度数据信息。疫苗库由专人管理,每日不少于三次对库房进行检查,记录每次检查时的温度、湿度、设备运转等情况,一旦出现异常现象,及时维修处理,确保设备正常运行。

对于电压不稳定或者缺电的地区,最好进行双路供电,配备发电机、稳压器等设备,平时要做好备用设备的维护,出现异常情况立即启用备用设备,保证疫苗冷链不间断。

5.3.2　血液冷链物流

1. 血液冷链物流概况

血液冷链是血液和血液制品储存且运输的系统。冷链管理过程如下:采集血液、运输血液、制备、包装、储存、发放、输注体内。红细胞一般情况下保存条件为(4±2)℃,有研究表明,血液质量发生变化主要是因为血液离开冷链后加快了红细胞的代谢,因红细胞离开冷链的时间过长,血液内部温度不断上升,甚至会出现肉眼可见的红浆现象。新鲜冰冻血浆是其他的血液制品不可代替的,因为正常存储于−18℃以下的新鲜冰冻血浆里有健康人体内的凝血因子,离开冷链的新鲜冰冻血浆,其不稳定凝血因子FⅧ含量将不断下降,不能很好地达到临床治疗目的。因此,为了保证血液各成分有效活性,成分血液制备过程需要维持在一个特定的低温环境中,任何一个环节的断裂,都会导致整个冷链系统的崩塌,直接影响血液质量。[①]

2. 血液冷链物流仓储管理

(1)血液的保存温度。全血及红细胞悬液为(4±2)℃保存35天;病毒灭活血浆为−20℃以下保存1年;机采血小板在(22±2)℃震荡下保存5天。以上所有血液制品储存环境需24小时监控,储血设备具有温度监控报警系统。

(2)温度监控。血库工作人员应每天巡视和记录冰箱温度,规定每天4次每6小时一次观察冰箱温度变化并记录。同时,站内质控科定期对血库的冰箱进行检测,以确保各种血液制品储存在环境温度合格的储血设备内,并及时发现存在的隐患。

(3)血液的储存要点。血液制品必须放在对应冰箱内保存,合格血液制品及待检血液制品应分别放在有标识的冰箱内,遵循"先进先出"的原则。尽量减少开启冰箱门的次数,以保证冰箱温度的恒定。血液应竖直摆放,袋与袋之间应有空隙,这样不会影响血袋透气性,每台冰箱在不同点放置经过强检合格的温度计以对比冰箱内外温度是否一致,避免冰箱内出现过高或过低的温度对血液质量造成安全隐患。

此外,为了使冷链环境达到冷藏房间的效果,需要严格控制冷链环境的温度,用低温度的操作台,要确保储存过程在2~6℃的环境下进行分类、贴标签、装盒。需要将制备后的血小板储存在血小板的震荡储存箱内,避免血小板出现聚集的现象,提前在20~24℃的温度下来回均匀摆动。采血后应提早进行FFP(新鲜冷冻血浆)制备,以保证FFP纤维蛋白原、凝血因子等有效成分活性和含量,最适宜的温度为−18℃以下。制备后应该使用血浆速冻机,保证血浆的质量和活性是为了确保血浆的核心温度达到−30℃的速冻

---

① 白晓坤.浅谈血液冷链系统管理[J].中国医疗器械信息,2020,26(11):31-32.

标准,速冻时保证均匀,防止设备受到血浆的污染。

 **5-2**

罗氏先进的药品冷藏物流系统

罗氏制药扩建的凯泽劳斯特新冷藏库弥补了之前的物流不足,保证了所有的作业能在同一工厂的较短距离间实现,让罗氏能全程掌控作业流程,包括从无菌生产到包装以及药品的陆运及空运。

扩建需求

罗氏是一家总部位于瑞士巴塞尔的跨国医药公司。截至 2015 年,罗氏拥有超过 9 万名雇员,创造了将近 480 亿瑞士法郎的年销售额,使其跻身世界领先医药公司之列。罗氏的生产范围主要涉及药品、诊断剂及医疗器械,它致力于创新,在市场现有的产品和解决方案上实现突破与优化。

罗氏多年来一直在推行一个宏大的发展战略,进一步改善其研发设施,并持续扩大部分生产基地,其中就包括位于瑞士阿尔高州的全球生产物流基地凯泽劳斯特。

早在 1995 年,瑞仕格便在凯泽劳斯特为罗氏打造了一套大规模的物流系统。随着业务的不断扩展,罗氏需要在此储存生物制药,而这种药物对温度十分敏感,需要不间断的冷链运输,原有的物流系统已经不能很好地满足罗氏的冷链物流需求。例如,无菌生产区包含不同的作业流程(生产、灌装、包装、运输),但这些作业并不能连贯地完成,因此罗氏不得不将产品暂存在凯泽劳斯特园区之外。这一流程造成了效率的低下,且鉴于对闭环冷链的要求,给物流带来巨大的挑战。

罗氏为了在一座工厂内完成所有作业,掌控整个流程,必须完善物流系统。近年来,在瑞仕格的助力下,罗氏又在凯泽劳斯特扩建了一个先进的冷藏库。在该项目中,瑞仕格提供的服务主要包括:高架冷藏库和冷冻库的系统设计、仿真、安装和集成,以及相关的输送机和拣选技术;仓库管理及物流控制;系统可视化,用户培训,售后服务。新的冷藏物流系统弥补了之前的物流不足,保证了所有的作业在同一工厂的较短距离间实现,包括从无菌生产到包装以及注射剂和非溶解性药物的陆运及空运。该仓库的建造历时两年,于 2013 年投入运营。

解决方案

罗氏位于凯泽劳斯特的新冷藏物流系统主要包含一个拥有 8 100 个托盘位的自动高架冷藏库,其温度保持在 2～8 ℃之间。除此之外,该系统还包含拥有 196 个托盘位的 −10 ℃冷冻库。两个仓库间保持着极大的独立性:冷藏库主要储存对温度敏感的药物,而冷冻库则主要储存用于运输的冷藏集装箱及冷却元件。该冷藏仓储物流系统与一个 4 层(地下 1 层,地上 3 层)的附属楼相连。地下层通过隧道系统与生产及包装储存区域相连。第 1 层通过 4 个装载码头与收发货区域相连。整个存储单元的批量拣选以及为生产、包装、发货进行的拣选和包装工作都在第二层完成。冷冻库则位于第三层。

对罗氏项目主管、高级项目经理 Hans Reimann 来说,最大的挑战就是在保证运营的同时完成所有的建设及安装工作,以及协调内外部配送中心的配送。同样困难的还有持续产生的新流程,而这些流程必须在非常短的项目期限内实施。

"我们将新的物流系统与现有的仓库连接起来,这一实施的过程必须保证不对物流造成较大的障碍,使我们的药品能顺利、及时地送达消费者手中。经验丰富的策划及系统实施使这一切成为可能。"Hans Reimann 说。

高架冷藏库

高架冷藏库高度约 29 米,体积达 40 000 立方米,为自立式钢架仓库结构。仓库运行温度在 2~8 ℃之间。屋顶和墙面直接在原有的支柱与屋顶大梁的基础上建立,没有使用额外的元件。地基建立在地下 10 米处,因此整个仓库从外观看来只有 20 米高。该高架冷藏库一共有 4 个巷道来实现单深存储。8 100 个托盘的全自动存取都由瑞仕格的堆垛机完成。仓库净高 26.5 米,巷道长达 73.57 米。每台堆垛机可承载最大重量为 1 吨的货物存取单元。整套系统的吞吐量可达约每小时 120 托。

冷冻库

冷冻库为通道存储系统,为库架分离式钢结构。它包含两种通道:一种通道共 2×10 条,每条含 5 个托盘;另一种共 2×8 条,每条含 6 个托盘。在总计 196 个托盘位中,有 54 个能承载多达 1.4 吨的重量,其余的能承载最多 1 吨的重量。冷冻库共 1 条巷道,1 台带有多货物载货台的全自动多深堆垛机能到达所有的通道;每条通道的尽头都配备过推保护装置。该系统吞吐量能达到约每小时 40 托。安全起见,该区域被 2 米高的围栏环绕,围栏上共有 4 个安全门可供进出。

冷却与消防安全

整个存储系统的冷却都是通过循环制冷完成,而消防安全则通过减少空气中的氧气含量实现。气闸与空气帘最大限度地降低了不同存储区域间的温度及空气交流。新的高架冷库通过钢筋混凝土材质的防火墙与相邻的仓库以及转移库存的大楼隔绝开来。仓库外壁设置有楼梯塔,为冷却装置搬离工作平台提供了疏散路线,也使得工作人员在进行修复和保养工作时能进入楼顶。

输送机与工作站台

冷库拥有 500 米的滚筒和链条输送机、升降台、跨越通行桥、巷道转换穿梭车。垂直提升机高 16.5 米,拥有 2 个独立的升降平台,使得托盘能在不同层之间运输。第二层有 4 个拣选工作站台,工作站台配备有提升系统来最大限度地减少拣选人员的体力劳动。

在"拣选与包装区域",货物被放置在对拣选人员来说比较的理想高度。显示屏不会对眼睛造成压力,工作区域没有锋利的边缘、夹点或是扭点。除此之外,罗氏还采纳了其医疗部门及员工的建议,进一步提升了工作站台高度。

控制系统

在 SAP 环境下,罗氏新建的冷库是由瑞仕格的物流与仓储管理系统(WM6)控制的。该系统根据罗氏的具体要求进行定制,整套系统的功能可以分为物流控制器(MFC)与下游控制器。物流控制器协调各子系统间的所有运输。自动化技术(SPS)控制输送机原件的进程顺序。TCP/IP 网络(以太网)保证了各控制器和物流控制器,包括信息流的不间断传输。所有输送设备的一体化控制与运行,是所有系统间数据传输一致的基础。

WM6 系统在冷冻库中实现的另一个主要任务就是无缝追踪影响质量和安全的仓储

及运输流程。系统实施遵循 V 模型，V 模型彻底验证了新软件的功能，同时对其进行了风险测试、文件证明以及预配置。最终，罗氏的系统获得验证，能满足 GMP 法规对药品安全的严格国际要求。

完整的仓库系统

罗氏新的冷藏库是原有仓库扩展设计的一部分。除了储存生物产品的冷藏库和冷冻库外，罗氏还建有拥有 16 600 个托盘位的常温高架库。此高架库的温度保持在 15 ℃和 25 ℃之间，储存有药片、包材以及成品。另外一个箱式立体库也在常温下运行，它包含有 5 250 个塑料盘，用于小规模产品的存储。每天大约有 400 盘产品在该仓库中完成存取。相比之下，在同一时间段内托盘仓库能完成 1 000～1 500 托的存取。收发货区域每天能处理 250～600 托产品，相当于 35 到 50 辆卡车的装载量。除此之外，19 台 AGV 自动引导小车通过地下隧道在不同建筑之间运输托盘。

瑞仕格还派驻一支系统运营驻厂团队与罗氏相关团队共同工作，以保证系统的正常运行。

效益显著

整体来看，罗氏凯泽劳斯特新冷藏物流系统亮点突出：先进的物流技术，与罗氏整体物流的无缝集成；高度自动化及效率最大化；更加快捷的物流；可靠的不间断冷链；可靠的质量管理；符合 GMP 法规的追踪。

罗氏凯泽劳斯特仓库与物流中心经理 Jürgen Simons 介绍，该项目将大多数物料处理升级为自动化作业，在很多方面卓有成效，物流速度有显著的提升，能够有效缩短出库时间，发货时间从收到客户订单后的 120 小时缩短到 48 小时。

"另外，将冷库物流集成到凯泽劳斯特的常规物流中，同样也产生了效益，诸如质量控制的提升，以及物流和 IT 支持方面的改善等。"Jürgen Simons 补充说道。

资料来源：【案例】罗氏先进的药品冷藏物流系统[EB/OL]. (2017-04-14). https://mp. weixin. qq. com/s/gXKX49vVh7KcheKeHtfLrg.

问题：

1. 罗氏新冷藏物流系统的亮点有哪些？
2. 罗氏的新冷藏物流系统主要包含哪些内容？

5.4　生鲜电商冷链物流仓储管理

近年来，互联网迅速发展，人们生活节奏加快，网购的出现满足了大部分人的需求，人们会在网上购买自己需要的产品。正是有了这一市场，生鲜电子商务快速发展。2012 年生鲜电商凭借"褚橙进京"的营销一炮走红，被公认为生鲜电商元年。2013 年以来，随着顺丰优选、一号果园、京东生鲜部和天猫生鲜的加入，生鲜电商逐步进入人们的视线，同时大量资金的投入，生鲜电商迅猛发展。[①]

---

① 张玉. 生鲜电商物流效率评价体系研究[D]. 北京：首都经济贸易大学，2017.

5.4.1 生鲜电商冷链物流

1. 生鲜电商冷链物流概况

生鲜电商是电子商务的一个代表,生鲜电商全称生鲜产品电子商务,指利用电子商务手段在互联网上直接销售新鲜水果、蔬菜、生鲜肉类等生鲜类产品。相较于传统鲜活农产品的交易模式,生鲜电商在一定程度上突破了交易活动对时间、空间和交易主题的限制,拉近了生产者和消费者的距离,提高了流通效率。[①]

生鲜电商市场规模增长迅速,网经社电子商务研究中心联合数字零售台近期发布的《2023年上半年中国生鲜电商市场数据报告》显示,2023年生鲜电商交易规模预计可达6 427.6亿元,同比增长14.74%。

2. 生鲜电商冷链物流的特点

生鲜产品具有保质期短、易腐烂变质的特点,这使得生鲜产品的物流仓储不同于普通产品的物流仓储,主要体现在以下几个方面。

1) 生鲜产品的质量要保证

消费者主要是在网上购买生鲜产品,主要根据网站上的图片及介绍来进行选择,看不到实物,所以消费者的体验就会比较重要。保证产品的质量是满足消费者体验需求的一个重要方面。从田间地头到消费者的餐桌整个环节中,要保证生鲜产品的质量,尽量降低损耗。

2) 对物流成本和时间敏感

物流被称为第三利润源泉,但是生鲜产品的特殊性使得生鲜物流需要大量的资金及设备投入,不管是自建物流还是第三方物流,要保证公司盈利就要在保证产品质量的基础上,严格控制物流成本。生鲜产品容易腐烂的特点使得生鲜物流的及时性非常重要,需要快速周转,配送时间过久会使生鲜产品质量降低,还影响消费者的购物体验,所以速度对生鲜物流也是很重要的一个特点。

3) 物流技术和设备要求更高

生鲜产品的特殊性使得生鲜物流的设备不同于普通产品的物流设备,需要冷藏及保鲜才能保证生鲜产品的质量以及用户体验。而且在物流过程中,温控也是很重要的一部分,因此物流设施及技术方面要求较高。

4) 物流配送点比较分散

普通产品的物流都是集中配送到大型超市或者市场供消费者选择,而生鲜物流针对的是不同的家庭根据自己的需要网购生鲜产品,这些家庭是比较分散的,就导致配送的点是分散的,给配送路线以及物流成本方面都带来很大的难度。

虽然生鲜物流存在以上问题,但是电子商务下的生鲜产品配送比传统模式下减少了很多流通环节,也增加了效率。

3. 生鲜电商冷链仓储管理

1) 前置仓

前置仓,是将仓库(配送中心)从城市远端的物流中心前移到离消费者更近、更快送达

---

① 杨璐.浅析生鲜电商发展趋势及发展战略[J].环渤海经济瞭望,2021(2):47-48.

的一种解决方案。优势是响应快速灵活、库存周转快,缺点是 SKU 数量受限,缺货率相应提高,如图 5-1 所示。

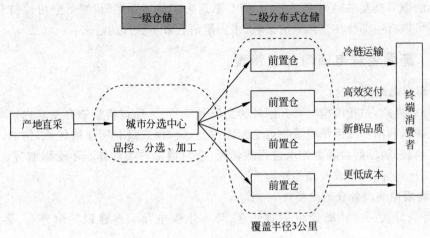

图 5-1　前置仓模式

每日优鲜是较早单建前置仓的生鲜电商,其服务定位:精选 SKU＋前置冷链＋快＋新鲜＋购买方便、送货快、省心、省力,上千款商品 1 小时送达。其每个前置仓的面积为 80~130 平方米,配送时长控制在 2 小时内。当区域订单超出既有前置仓的覆盖能力时,就增加数量。据统计,每日优鲜目前有 1 000 多个前置仓,中央仓有 1 000 多个 SKU,通过大数据精选,来给前置仓配货。在这种精选 SKU 的模式下,前置仓周转平均周期为 1.5 天,生鲜耗损率不到 1%。不过,由于前置仓要十分接近居民的生活半径,势必面临较高的地租成本。因此,前置仓的面积往往较小,能容纳的生鲜品类和数量较少。[1] 为了尽可能地满足消费者需求,生鲜电商根据消费者订单的大数据分析精挑细选得出 SKU,以小而美代替大而全,以最少的 SKU 最大概率击中消费者的购物清单,建立以高频复购为核心的用户基础循环,以降低损耗率和仓储成本。

2) 仓店一体

"仓店一体"模式以门店为中心,门店既是小型"生鲜超市",又是线上配送的仓储中心,如图 5-2 所示。"仓店一体"模式也即"到店＋到家"模式,一体化的体验优于单一的到

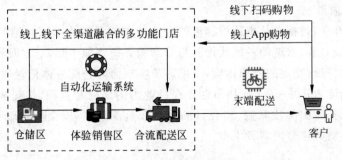

图 5-2　"仓店一体"模式

---

① 钟艺晶.基于供应链角度分析我国电商冷链物流模式[J].大众投资指南,2020(6):68-69.

家模式,线上线下更加聚合,也可以培养用户线上下单线下提货的消费习惯。"仓店一体"模式服务周边 1~3 千米的用户,"仓店一体"可以理解为前面卖货、后面放货。"仓店一体"出现的原因是互联网电商兴起,人们不愿意去实体店买菜,设置后仓可以打包配送;另外,还可以有一部分加工熟食的区域,来满足消费者不做饭的需求。

5.4.2 跨境生鲜电商海外仓管理

1. 跨境电商海外仓

海外仓模式,是指跨境电商在国外建立海外集货仓,通过将货物存至仓内,在消费者产生需求时,利用物流系统将货物运送到国内。这种模式具有明显的优点,例如,运输时间短、成本较低,能够对顾客需求进行快速反应,且商品种类和体积不受限制等;同时也存在着文化差异、运营成本高等缺陷。[①]

2. 跨境电商海外仓的分类

海外仓分为一站式配套服务海外仓、跨境生鲜电商平台建设的海外仓、第三方海外仓。

1) 一站式配套服务海外仓

一站式配套服务海外仓是基于海外仓而提供集成化的服务,包含物流管理、供应链优化、金融服务等一站式的企业服务。以鲜易海外仓为例,鲜易为企业提供海外产品集采、国际物流、报关报检、冷链仓储、流通加工、国内分销、供应链金融等跨境生鲜供应链一站式服务,通过多网协同、多业融合以及云仓网、运输网和城配网,实现对货物进行在线管理、实时监控、安全配送。

2) 跨境生鲜电商平台建设的海外仓

跨境生鲜电商平台建设的海外仓,是指跨境电商通过平台与大量中小卖家进行交易,而这些交易通常对海外仓储冷链物流有大量需求,因此建立海外仓就在很多平台的战略布局中。以京东为例,为实现平台的交易需求,进行海外仓自建,利用其供应链及电商属性优势,进行数据分析与挖掘、精准预测市场需求、智慧路由分配最优线路等,实现商品快速转运,保证生鲜品的新鲜度。建立核心枢纽开启原产地产品的溯源追踪,降低假货率,提升消费者购物体验的同时,采用差异化战略,满足客户个性化需求,减小地区文化差异带来的影响,可根据当地电商物流发展的实际情况自我调整。

3) 第三方海外仓

第三方海外仓,是指由从事跨境物流的企业独立或共同为卖家在销售目标地提供的货品仓储、分拣、包装、派送的一站式控制与管理服务。例如中邮,一方面利用订单管理系统,为客户提供快捷、稳定的操作体验,帮助客户实现海外仓配一体化管理,提升集成货品交易能力、采集能力;另一方面,利用企业在行业内的信息和资源,构建成熟的法务咨询管理体系,并依托万国邮政联盟,整合目的国邮政资源,提供安全配送服务,缩短物流时间,保证生鲜品新鲜送至消费者手中。

---

① 李骏鹤,李学工.跨境生鲜电商冷链物流海外仓模式创新研究[J].物流技术与应用,2021,26(S1):72-75.

3. 跨境生鲜电商海外仓管理流程

1）跨境生鲜电商海外仓外部业务流程

跨境生鲜电商海外仓业务流程有进口流程和出口流程两种。以出口为例，简单概述跨境生鲜电商海外仓外部业务流程，具体如下。

自建海外仓业务流程方面，跨境电商进行集货，将货物存储在采购中心仓、集货中转仓，通过海运、空运、陆运、铁路运输等物流方式，送达自建仓。当消费者在跨境电商平台下单后，跨境电商利用海外仓内存货，快速作出反应，利用本地物流，将货物送达消费者，极大缩短配送和物流响应时间，提高消费者满意率。

第三方海外仓业务流程方面，货物经由第三方物流公司或货物承运人，运送至第三方海外仓进行存储。跨境电商通过物流信息系统对货物进行实时监控，当消费者下单时，跨境电商通过第三方物流公司经由海外仓进行本地物流配送。

2）跨境生鲜电商海外仓内部运营流程

在仓内，做好货物入库、库存管理、按需配送、监管等工作。货物入库时，及时填写海外仓入库单，做好商品的资料登记，为不同属性商品提供不同的仓储条件，保证其新鲜度。为避免纠纷和逃责行为，商品入库后应填写接受入库单。货物在仓时，对货物状态进行实时监控，并通过人工智能和大数据汇整商品详情展示页，方便随时查询。消费者发出订单需求时，导入订单，并根据需求、仓内货品情况进行拆单、重组，出库配送。货物在途时，进行订单实时、系统监测，以确保商品准确及时送达消费者。

5.4.3 海外仓模式下的跨境电商运营模式选择[①]

2019 年，全球跨境电子商务价值超过 7 800 亿美元，预计到 2026 年将增长到约 4.82 万亿美元。海外仓是跨境电商独有的供应链运作模式，并已逐渐成为跨境电商物流的主要发展方向。较规范的海外仓会提供货物的头程运输、仓储、转运、分销和尾程运输等服务。跨境出口企业将境外业务外包给海外仓，海外仓为跨境出口企业提供境外的供应链服务，是跨境出口企业在国外的代表。

海外仓的分销模式包括线上分销和线下分销。线上是 B2C（企业对客户）模式，客户从平台下单后，由海外仓依托自建物流或第三方物流将产品从仓内配送给客户；线下是 B2B（企业对企业）模式，海外仓将商品直接从仓内运送给工厂或商场。一直以来，跨境电商都是强线上、弱线下。企业通过跨境电商平台出海，本质是借助平台的流量红利。随着平台的流量红利触达"天花板"，跨境企业需要实施"线上线下一体化"战略。在实践中，大多数电商平台同时提供市场和转售两种模式。在市场模式下，平台为海外仓提供直接向消费者销售产品的渠道，并从每笔销售中收取佣金；转售模式下，海外仓将产品批发给平台，平台再销售给客户。

电商平台是线上消费者的信息汇集处，拥有大量历史数据。数据经过处理后能对不确定的市场需求作出准确的预测。通过平台共享的信息对市场需求作出准确预测对跨境

① 郭丽彬,尚玉箫,王宜举. 海外仓模式下考虑交付时间和平台信息共享的跨境电商运营模式选择[J].工程管理科技前沿(原《预测》),2023,42(4):89-96.

电商来说是一项重要的战略决策。平台的销售数据还能为跨境电商的线下分销决策提供帮助。在实践中,平台上的卖家会遇到有买家一次性采购几百个产品的情况,这就是线下的工厂或商场。海外仓可以联系这些商家拓展线下分销市场。

货物交付时间指消费者从电商平台下单成功到收到商品的时间。随着网购的盛行,消费者对配送时间越来越敏感。海外仓模式下的货物交付时间即尾程运输时间。尾程派送的时效主要由两个部分组成:一是海外仓与收货地之间的距离;二是自建物流或合作物流公司的效率。京东海外仓投资智能物流系统以提高尾程派送效率,保障货物交付时效。无忧海外仓与多家高效率的物流企业达成合作,以相对较好地保障交付时效。因此,无论海外仓自建物流还是与第三方物流公司合作,在距离相同时,海外仓对尾程运输的投资越多,货物的交付时间会越短。

考虑由一个将跨境业务外包给海外仓的跨境出口企业和一个拥有市场需求信息的跨境电子商务平台组成的供应链系统,海外仓代表跨境出口企业与跨境电商平台进行博弈。海外仓通过线上分销和线下分销两种方式销售产品,线上分销是通过跨境电商平台销售。海外仓投资物流以设定交付时间 l,如果消费者通过平台在线购买,下单后,他/她可以在时间 l 内收到产品。市场模式和转售模式下的供应链结构如图 5-3 所示。该供应链系统成员面临的问题是:在消费者为交付时间敏感型客户的背景下,①平台是否愿意与海外仓共享信息?②海外仓加入平台会选择哪种运营模式?③海外仓如何设置交付时间和线上、线下的分销数量?④信息共享是否会影响海外仓的决策?

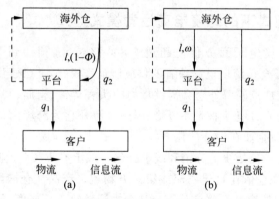

图 5-3　市场模式和转售模式下的供应链结构
(a) 市场模式;(b) 转售模式

在决策过程中的第一阶段,平台需要决定是否向海外仓分享销售信息。第二阶段,海外仓要决定加入平台的运营模式,如果选择市场模式,在第三阶段海外仓需要决策交付时间和线上、线下的分销数量,决策过程结束;如果选择转售模式,在第三阶段海外仓需要决策交付时间、转售价格和线下分销数量,平台还需要在第四阶段决策订购数量。由于平台需要作出是否共享信息的决策,海外仓需要确定加入平台的运作模式,将平台和海外仓的决策组合划分为以下四种情景:①市场模式下信息共享(标记为 MI);②市场模式下信息不共享(标记为 MN);③转售模式下信息共享(标记为 RI);④转售模式下信息不共享(标记为 RN)。分析不同情景下海外仓的交付时间及线上、线下分销数量决策并进一步讨论平台的信息共享策略和海外仓的运营模型选择，模型符号及对应说明如表 5-1 所示。

表 5-1　模型符号及对应说明

符　号	含　义	符　号	含　义
a	初始市场潜力	ε	捕捉市场需求的不确定性
γ	渠道竞争强度，$0<\gamma<1$	ω	转售模式下的转售价格，$\omega>0$
β	消费者对交付时间的敏感性，$0<\beta<1$	q_i	线上、线下的分销数量，$i=1,2$
ϕ	市场模式下海外仓占的份额比例，$0<\phi<1$	p_i	线上、线下的零售价格，$i=1,2$
$1-\phi$	市场模式下平台的佣金率	$E[\pi_P\mid\Gamma]$	平台的期望利润
C_0	物流配送系统的固定成本，$C_0>0$	$E[\pi_C\mid\Gamma]$	信息共享时跨境企业的期望利润
C_1	压缩配送时间的边际成本，$C_1>0$	$E[\pi_C]$	信息不共享时跨境企业的期望利润
l	交付时间，$0\leq l\leq\dfrac{C_0}{C_1}$		

由模型描述得线上、线下的逆需求函数为

$$p_1=a+\varepsilon-q_1-\gamma q_2-\beta l$$
$$p_2=a+\varepsilon-q_2-\gamma q_1$$

其中，$\gamma\in(0,1)$，衡量渠道的竞争强度。β 表示消费者对线上分销渠道中交货时间的敏感度。海外仓将产品交付给消费者的成本假设为二次形式：$(C_0-C_1l)^2$。随机变量 ε 反映了需求的不确定性，需求服从正态分布，均值 $E[\varepsilon\mid\Gamma]=0$，方差 $V[\varepsilon\mid\Gamma]=\sigma^2$。平台上积累了大量的销售数据，数据经过处理后可以对不确定的市场需求作出准确预测。如果已知信息，对市场的预测为 $\Gamma=\varepsilon+\varepsilon_1$，$\varepsilon_1\sim(0,\sigma_1^2)$。预测信息要优于原始信息，即 $\sigma^2>\sigma_1^2$。通过比韦斯(Vives)[1]和拉朱(Raju)等[2]，可以得到

$$E[\varepsilon\mid\Gamma]=\frac{\sigma^2\Gamma}{\sigma^2+\sigma_1^2}=\frac{\sigma^2(\varepsilon+\varepsilon_1)}{\sigma^2+\sigma_1^2}$$

$$V[\varepsilon\mid\Gamma]=\frac{\sigma^2\sigma_1^2}{\sigma^2+\sigma_1^2}$$

从上述公式可以发现获取需求信号能提高需求预测的准确性，即 $V[\varepsilon\mid\Gamma]<\sigma^2$。

在市场模式下，平台只是厂家和消费者之间的连接器。平台要求海外仓确定在平台上销售的产品数量，销售完成后向平台支付佣金。假设平台佣金率是$(1-\phi)$。实际操作中，平台会提前公布佣金率，不会轻易调整。虽然不同类型的产品佣金率不同，但是同一

① VIVES X. Duopoly information equilibrium: Cournot and Bertrand[J]. Journal of economic theory,1984, 34(1): 71-94.

② RAJU J S,ROY A. Market information and firm performance[J]. Management science,2000,46(8): 1075-1084.

类型下的厂商是一样的。因此,假设佣金率是外生的,Wei 等[1]也做了类似的假设。市场模式下信息共享和不共享时平台和跨境企业的利润分别如下。

市场模式下信息共享(MI):

$$E[\pi_P \mid \Gamma] = (1-\phi)p_1 q_1$$

$$E[\pi_C \mid \Gamma] = \phi p_1 q_1 + p_2 q_2 - (C_0 - C_1 l)^2$$

市场模式下信息不共享(MN):

$$E[\pi_P \mid \Gamma] = (1-\phi)p_1 q_1$$

$$E[\pi_C] = \phi p_1 q_1 + p_2 q_2 - (C_0 - C_1 l)^2$$

在转售模式下,平台从海外仓进货,再卖给消费者。海外仓需要确定产品的转售价格 ω,然后,平台根据转售价格确定从海外仓购买产品的数量(产品的最终销量)q_1。转售模式下信息共享和不共享时平台和跨境企业的利润分别如下。

转售模式下信息共享(RI):

$$E[\pi_P \mid \Gamma] = (p_1 - \omega)q_1$$

$$E[\pi_C \mid \Gamma] = \omega q_1 + p_2 q_2 - (C_0 - C_1 l)^2$$

转售模式下信息不共享(RN):

$$E[\pi_P \mid \Gamma] = (p_1 - \omega)q_1$$

$$E[\pi_C] = \omega q_1 + p_2 q_2 - (C_0 - C_1 l)^2$$

对于该问题的求解及相关结论见郭丽彬等[2]文献。

策划实例分析

跨境冷链电商海外仓的业务流程与运营——20 年的案例

一、跨境冷链电商海外仓的业务流程

随着跨境电商物流的发展,海外仓已经成为一种重要的新型跨境物流模式,能有效地突破物流瓶颈,具有明显优势。在跨境电商物流方式中,由于海外仓能够提高效率、降低成本,同时能够提升消费者的消费体验,所以,这种方式在跨境电商中使用得越来越广泛。而在海外仓的诸多形式中,第三方海外仓受到卖家更多的青睐。

尽管如此,海外仓模式也有其自身不足之处。相比于传统供应链,跨境电商供应链链路较长,主要包含供应商、物流、通关、选品策略等关键部分。其中,针对跨境冷链电商的具体情况,最重要的环节莫过于冷链物流,尤其是拥有网络化布局的冷链物流体系,加以匹配出口国和进口国口岸的核心仓储资源,有利于更高效地开展跨境冷链供应链的运作。

随着经济全球化和电商交易的蓬勃发展,我国跨境电商产业呈现出持续和快速的增长态势,并已经成为我国对外贸易的重要组成成分。2019 年冷链物流市场规模已达

① WEI J,LU J,ZHAO J. Interactions of competing manufacturers' leader-follower relationship and sales format on online platforms[J]. European journal of operational research,2020,280(2):508-522.

② 郭丽彬,尚玉萧,王宜举.海外仓模式下考虑交付时间和平台信息共享的跨境电商运营模式选择[J].工程管理科技前沿(原《预测》),2023,42(4):89-96.

3 780 亿元。随着冷链物流产业布局更加完善,国家标准及利好政策逐渐落实,消费升级及冷链物流与人工智能、大数据的深度融合等利好因素,中国冷链物流,尤其是跨境冷链电商海外仓产业将会进一步发展。

二、跨境冷链电商海外仓的运营模式

在世界经济增长动能不足的背景下,中国提出的"一带一路"倡议是推动经济合作发展的重要力量。以互联网企业为代表的新业态经济也正在积极布局、并肩出海,跨境电商迎来爆发式增长,成为驱动贸易发展不可忽视的一股新动能。跨境冷链电商海外仓的供应链运营模式包括上游生产供应商、跨境电商、物流企业以及目标客户,其中的信息流动即形成大数据资源,供应链平台构建的关键在于分析贸易往来中的大数据,获取有用信息。

与传统的对外贸易相比,跨境电商具有贸易网络化、多边化、直接化、高频化和单次交易金额低等特点。这就需要企业充分掌握跨境电商操作流程,及时分析相关信息,直接面对海外消费者,与他们进行沟通。与传统外贸的批量化订单相比,跨境电商的订单更加分散,操作要求更高。我国很多外贸出口企业特别是中小外贸出口企业,受制于传统销售思维,对电子商务开展业务不熟练,从事跨境冷链电商海外仓活动更是力不从心。

除此之外,开展跨境出口业务,必须尊重消费者所在国的法律法规,尤其是欧美等发达国家知识产权保护非常严格,企业的知识产权保护意识也比较强,我国很多遭到版权方起诉的出口跨境冷链电商海外仓企业就是因为没有注意这方面的问题,或者存在侥幸心理,不但损害了我国产品的国际信誉,还要支付巨额的赔偿金,给企业带来巨大的经济损失。根据供应链内部数据流动特征,其数据类型可分为以下几种:其一为供应链上游供应商与目标消费者来往数据;其二为跨境电商与上游供应商来往数据;其三为跨境电商、目标消费者以及物流公司来往数据。

从海外仓内外部运营流程来看,其主要进行基本的仓储工作。为了提高海外仓运营模式的竞争力,模式创新是必不可少的。实现海外仓的信息化、数据化,大数据、人工智能的发展与应用使得跨境电商海外仓进入智能化、信息化运营阶段。智能化和信息化可以解决海外仓在运营过程中存在的人力成本上涨、流程烦琐、响应效率低下、数据获取慢等问题,进一步提升运营效率。

从智能化选品的角度来看,传统海外仓在进行囤货时,需要经过海外零售商、分销商、代理、国内生产商等一系列周期漫长的流程,如果利用人工智能来收集消费者数据,识别消费者偏好,会使采购更加数据化,实现预测式发货,海外仓可以进行提前备货,减少货物积压。

从智能化供应链来说,要做到一定预测和管控,进行物流网络预测管理。对那些原本需要靠经验、信息收集、人力等才能实现的工作,进行风险控制预测、智能路径规划、分类与库存规划,进行系统智能化、数据化的分析等智能化、信息化管理,提高机械化程度,降低人工成本。

实现海外仓的多功能化和增值化,随着人们需求不断变化,运营成本不断增长,利润空间不断被稀释,功能单一的海外仓很容易被取代,所以其功能拓展尤为重要。

个性化的冷藏仓储,依据不同冷链产品的特性,提供不同的冷藏或冷冻仓储条件,保证冷链产品的新鲜度。多式联运集成，改变海外仓单一的运输方式，进行多式联运，可以在降低运输成本的同时，将货物以合理的方式快速送达。跨境冷链电商海外仓深度流通加工，一改原来简单的流通加工方式，按照买家的要求对货物进行深度加工和包装，将订单数量较小、金额较低、频率较高且距离较长的货物，进行整箱拼装，到仓后再按需拆拼，以实现资源整合。报关报检，为货物提供报关报检服务，降低部分环节延误导致的风险，实现供应链一体化。通过梳理，跨境冷链电商海外仓有四种主要模式。B2C：商对客模式，卖家在亚马逊、沃尔玛、速卖通等企业对消费者(business to customer，B2C)电商平台渠道销售。近十年来，中国跨境电商卖家已经占据了美国接近 40% 的市场份额。C2C：个人对个人模式，卖家在 eBay、Etsy、Wish 等个人对个人(consumer to consumer，C2C)电商平台渠道销售，类似于国内的淘宝平台。自建站：独立网站模式，包括自建网站或使用 Shopify 等平台搭建品牌渠道销售，适合实力较强的中大型电商或垂直电商，目前已有上百家销售规模上亿元的企业。社交电商：在照片墙(Instagram)、脸书(Facebook)、微信等社交媒体渠道销售，近两年来网红带货方式促进了社交电商的快速发展。

这四类模式都是中国卖家的商品直达国外 C 端。中国卖家在不同的销售平台上接到海外买家的订单后，一般通过两种方式运送：一种是货物在国内仓，通过国内国际物流派送给国外消费者；另一种是货物提前已经备在海外仓，直接通过国外当地物流派送。这两种方式区别于传统国际贸易是省去了国内国外供应商和中间商的环节，但是物流和报关变得相对复杂、零散、多频次，为此中国海关出台了相应的监管方式；催生了第三方支付的蓬勃发展。

跨境冷链电商海外仓供应链金融将物流金融与海外仓融合，除了传统的存贷款、担保、租赁等基础的金融功能之外，还有保险保理、参股融资等金融功能。进一步完善跨境电商海外仓支付体系建设，与国外主要合作伙伴建立跨境电商支付计划，促进支付方式多样化。售后服务，完善海外仓售后服务，货物送达顾客后，进行电话或者网络客服专访，及时解决问题，提高订单挽救率，并了解顾客需求，后期改进。

实现全产业的供应链体系一体化与海外园区的转型升级协同发展纵向角度。通过建设跨境电商物流海外仓联盟，打造全产业的供应链体系，形成快捷、高效、安全的利益共同体，实现跨境电商海外仓的运营模式创新，以解决跨境电商海外仓存在的一系列问题。

首先，销售渠道单一是导致海外仓产生滞销库存的重要原因，通过构建共享物流理念下跨境电商物流海外仓联盟，共享滞销库存，将滞销库存转至其他跨境电商或者卖家进行销售，扩大销路。其次，不同国家、地区由于语言、营销和法律等的不同，势必导致运营模式"水土不服"。跨境电商通过与海外体系公司合作，共同打造本土化的海外仓，解决文化差异问题。最后，中小型跨境冷链电商海外仓业没有雄厚的资金来自建海外仓，会选择第三方海外仓，也就要支付高额仓储费用。这类企业通过企业间合作，与上下游企业建立全产业的供应链体系，达成长期合作关系，从而降低仓储成本费用。横向角度。架构跨境海外仓与国内冷链物流园区、冷链中心的"地网"，实现跨境冷链电商海外仓朝着海外区和海外园进行转型和升级，实现多仓联动，库存共享。通过构建"地网"减少了跨境电商将商品由冷链物流园区或冷链中心转移至海外仓的运输时间，降低了运输成本，也减少了冷链产品由于运输过程温度等方面的问题产生的损耗,并且可以做到对海外仓进行及时补给货物。

跨境冷链电商海外仓众包配送模式,由于平时员工配送时间刚好是顾客的工作时间,而冷链产品又有易腐蚀变质的特性,不能及时接收产品可能导致产品变质或者其他一些问题,所以如何合理地进行"最后一公里"的配送成为一个亟待解决的问题。通过跨境冷链电商海外仓将众包配送应用到海外仓"最后一公里",提供定制化服务,更好地满足顾客需求,保证产品质量,提升顾客满意度。所谓众包配送最大的特点是以滴滴打车式的派单为主,以抢单为辅,根据配送速度、负载、定位、用户评价四个维度对配送员进行筛选并安排派单。

跨境冷链电商海外仓模式下的众包配送,通过派单配送,将社会上闲置的配送资源和配送点连接起来,实现仓配一体化。一方面,众包配送降低企业包括购置和维护冷链车的成本、固定员工基本工资及附带福利等的固定资产投资。另一方面,众包配送对于配送时间的合理化、定制化,可以使冷链品等货品在顾客要求的时间内进行配送,满足顾客个性化需求。

资料来源:独家|跨境冷链电商海外仓的业务流程与运营[EB/OL].(2020-08-11).http://www.360doc.com/content/20/0811/21/34156373_929720159.shtml.

问题:

1. 海外仓为什么在跨境电商物流中变得越来越重要?
2. 跨境冷链电商海外仓的运营模式的注意事项是什么?

【本章小结】

农产品冷链物流是指使肉、禽、水产、蔬菜、水果、蛋等生鲜农产品从产地采收(或屠宰、捕捞)后,在产品加工、贮藏、运输、分销、零售等环节始终处于适宜的低温控制环境下,最大限度地保证产品品质和质量安全,减少损耗,防止污染的特殊供应链系统。

果蔬冷链物流,即水果蔬菜低温物流,是指从果蔬的采摘到最后的销售,整个流通过程中果蔬全程覆盖于可控的合理低温环境下的供应链系统。

果蔬冷链物流仓储的特点:储存成本高;库存过程需要全程监控;库存中需要全程控温;物流过程中有流通加工。

果蔬冷链物流仓储管理:预冷;分级包装;冷藏;入库操作;冷藏运输。

肉类冷链物流仓储管理:冷冻加工;冷冻储藏;冷藏运输;冷藏销售。

禽蛋冷链就是利用低温来抑制微生物的生长繁殖和蛋内酶的活性,延缓蛋内的生化变化,使鲜蛋在较长时间内能较好地保持原有的品质,从而达到保鲜的目的。

禽蛋冷链物流仓储管理:冷藏前的准备;入库后的管理;出库时升温。

水产品冷链物流是由多个环节组合而成的,从生产第一线开始,到船上保鲜、码头起卸、挑选加工、冻结入库、运输中转、市场销售都涉及冷链保障。

水产品冷链物流仓储管理:水产品的包装;水产品的储藏;水产品的运输。

乳制品冷链物流,是指通过对原料奶采购,全程冷链运输、专业化的封闭式加工、销售的全部过程，都以冷冻工艺学为基础，以制冷技术为手段，始终保持乳制品所要求的低温条件的物流。

乳制品冷链物流仓储的特点：温度全程控制；时效性强；高成本性；协调性强。

冷饮冷链物流是指冰淇淋等食品在加工制作、贮藏运输、配送、销售等到消费者前各个环节中克服温度、空间和时间阻碍的一种快速和有效的低温商品流动和服务的经验活动过程。

冷饮冷链物流的特点：批量小，品种多；时效性、深度冷藏运输；运输需求多元化；存储要求高。

冷饮冷链物流仓储管理：收货入库环节；库存管理环节；搬运物流。

医药冷链作为物流业的一个分支，特指为满足人们疾病预防、诊断和治疗的需求而进行的冷藏药品实体从生产者到使用者之间的一项系统工程，包括其生产、运输、储存、使用等一系列环节。

医药疫苗冷链物流是指在对医药疫苗的生产、贮藏、销售、运输（配送）等直到注射前的各个环节始终保持在医药疫苗所需要的低温环境下，防止医药疫苗由于温度变化而失效甚至变质，从而保证疫苗的质量和药效的一项特殊的冷链物流系统工程。

疫苗冷链物流仓储管理：分类储存、有序摆放；建立疫苗管理台账；严格控制储存温度、湿度。

血液冷链是血液和血液制品储存且运输的系统。

血液冷链管理过程：采集血液、运输血液、制备、包装、储存、发放、输注体内。

血液冷链物流仓储管理：血液的保存温度；温度监控；血液的储存要点。

生鲜电商全称生鲜产品电子商务，指利用电子商务手段在互联网上直接销售新鲜水果、蔬菜、生鲜肉类等生鲜类产品。

生鲜电商冷链物流的特点：生鲜产品的质量要保证；对物流成本和时间敏感；物流技术和设备要求更高；物流配送点比较分散。

生鲜电商冷链仓储管理：前置仓；仓店一体。

跨境电商海外仓的分类：一站式配套服务海外仓；跨境生鲜电商平台建设的海外仓；第三方海外仓。

跨境生鲜电商海外仓外部业务流程：进口流程、出口流程。

跨境生鲜电商海外仓内部运营流程：货物入库、库存管理、按需配送、监管。

【课后习题】

1. 简述果蔬冷链物流仓储的特点。
2. 简述肉类冷链物流仓储管理的重要环节。
3. 什么是农产品冷链物流？
4. 简述鲜活水产品的运输方法。
5. 简述乳制品冷链物流仓储的特点。
6. 简述医药疫苗冷链物流的概念。
7. 跨境电商海外仓的分类主要有哪几种？

即测即练

第 **6** 章

冷链物流库存管理及模式

【本章导航】

对于冷链物流行业而言,其库存管理效率直接影响其经济效益,也决定能否实现其预期的库存控制目标,还会对冷链物流行业的持续发展和竞争能力产生重大影响。本章由浅入深,主要介绍冷链物流库存管理及模式,从冷链单级库存管理到冷链多级库存管理再到供应链的冷链供应商管理库存和联合库存管理,最后归纳了冷链的库存管理模型及其进一步的优化问题。

【本章学习目标】

1. 掌握单级库存管理、多级库存管理、供应商管理库存及联合库存管理的概念。
2. 熟悉单级库存的两种管理方法。
3. 了解冷链物流多级库存的构成及方法。
4. 掌握冷链 VMI 系统运作流程及管理模式优势。
5. 了解供应链中断的紧急补货。
6. 掌握 JMI 的实现形式及模式的优越性。
7. 熟悉冷链库存管理模型及优化。

【关键概念】

单级库存管理(single level inventory management)　多级库存管理(multi level inventory management)　供应商管理库存(vendor managed inventory,VMI)　联合库存管理(joint managed inventory,JMI)

生鲜电商库存问题及优化对策

生鲜电商被称为"电商领域最后的蓝海",与其他产品不同,生鲜农产品不易储存、易腐烂,容易受到外部因素的影响,生鲜电商也面临库存管理等运营难题。要解决这一难题,需要发挥社会主义制度集中力量办大事的显著优势,加强冷链物流基础设施建设,完善供应链和配送体系,提高生鲜运输保鲜技术,还需要充分发挥科技创新在现代化建设中的关键作用,运用大数据、人工智能等信息技术手段,优化生鲜电商的库存调配和信息化管理。

生鲜电商库存的理想状态是零库存,即消费者下单后,会立即从种植地取货发货,中间不需要额外的仓储环节。但是,现存的一个普遍现象是产品库存面临着高额损失。据调查:2020 年 2 月生鲜电商库存管理的产品流失率高达 17%～25%。究其原因,一是入库前有大量损失。目前,生鲜电商销售的大部分产品都是通过经销商或批发市场采购的,中间流通环节较多,产品难以溯源,质量无法保证。此外,由于天气、运输等条件,产品入库分拣时磨损率高。二是储存后损耗大。受消费者随机购买因素的影响,产品入库后周转率低,导致大量库存积压,由于生鲜产品天然特性的限制,只能扔掉,产品库存损失高。第三,在生鲜配送过程中,温度控制不足,难以保证配送时间,导致生鲜变质,造成不必要的浪费。除了天猫、一号店等大型综合电商平台外,目前大部分中小型生鲜电商企业的冷藏设施相对简单,缺乏严格的冷藏和温度控制系统。唯一的办法就是简单地选择地下室作为仓库,在产品表面盖上一层湿被子,或者喷水保鲜。

京东的协同仓库模式是将京东的仓储功能与京东合作伙伴的仓储功能结合起来,进入京东的整个分拣配送体系。也就是说,京东的仓库直接建在合作伙伴的仓库中,在与消费者交易的过程中,可以直接从产地发货,配送到全国。在协同仓库模式下,双方实现轻资产运营,降低物流成本,减少仓库转运过程中的产品损失,实现零库存。这就是联合库存管理模式,其非常适合生鲜配送。联合库存管理模式极大地提高了供应链的同步性,提高了供应链的稳定性,但这种结构需要建立健全、长效的监控机制、激励机制、风险分担机制和利益分配机制,以确保长效——企业双方长期稳定的合作。

生鲜电商仍处于高速发展阶段,市场潜力巨大。但目前库存环节仍存在亏损高、库存设施差、库存周转压力大等问题。优化库存管理模式等措施改善现有库存问题,可以促进生鲜电商企业的快速发展。

资料来源:生鲜电商库存问题及优化对策[EB/OL].(2019-06-25).https://www.fx361.com/page/2019/0625/5243506.shtml.

问题:

1. 生鲜电商库存管理的产品流失率高的原因是什么?

2. 生鲜电商库存管理的注意事项是什么?

2022 年,冷链物流市场规模已达 4 916 亿元,比上年增长 7.2%,冷链基础设施不断完善,全国冷库总容量突破 2.1 亿立方米,增长 7.7%,冷藏车保有量 38 万辆,增长 11.4%。[①]《"十四五"冷链物流发展规划》提出,到 2025 年,冷链物流基础设施要更加完善,通过现有资金支持渠道,加强国家骨干冷链物流基地、产销冷链集配中心等大型冷链物流设施建设。

冷链物流作为专业物流,能够利用温控、保鲜等技术工艺和冷库、冷藏车、冷藏箱等设施设备,确保各类食品和农产品在初加工、储存、运输、流通加工、销售、配送等全过程处于

---

① 中国食协:2022 年中国冷冻冷藏食品工业运行报告[EB/OL].(2023-06-28).http://finance.sina.com.cn/tech/roll/2023-06-28/doc-imyyumki1460680.shtml.

规定温度环境下，在减少损耗的同时，还能有效保证食品和农产品的新鲜度。

面对诸多不稳定因素的挑战，冷链供应链也需与时俱进，建立国内外"双循环"的新发展格局。一方面，冷链供应链应以"国内大循环"为主，国内循环需要物流企业、冷链设备商、仓储运营商等共同努力，形成合力，打通从产地到消费端的全链路冷链，提高运作效率；还需移动互联企业助力冷链数字化，以信息化赋能冷链现代化。这需要各方通力协作，聚焦提质降本增效，不断加强冷链基础设施建设，打通生产、运输、分配、消费等产业上下游环节，确保内循环的畅通与高效，才能形成强大合力。同时积极推动冷链供应链的数字化转型，赋能行业绿色低碳化升级。另一方面，构建国际循环也需要政企密切沟通、凝聚共识、加强跨国合作，并与其他国家冷链企业开展战略合作，联结海外产业链，加快外循环，完善国内与国外融合的国际冷链供应链体系，共享全球资源。

党的二十大为冷链供应链带来了政策利好，在"双循环"背景下，冷链产业亟须建立立足国内、融合国际的稳定牢固的供应链新体系，来增强抵御风险的能力。

6.1　冷链单级库存管理

6.1.1　单级库存管理系统描述

单级库存管理是指企业内部的单级库存管理。例如，一个系统被构建为：制造商—销售商—客户，一个制造商可以供应多个销售商，每个销售商都有自己的客户，系统中只有销售商这一级有库存，单级库存系统结构如图 6-1 所示。冷链单级库存管理则是指冷链物流中的单级企业内部库存管理。

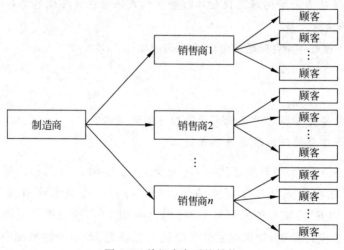

图 6-1　单级库存系统结构

6.1.2　传统单级库存管理方法——EOQ 库存管理方法

EOQ(Economic Order Quantity)模型也称批量间隔采购模型。该模型适用于批量间隔采购且不缺库存的存储问题，即单位时间对某种物料的需求量为常数 D，存储量以

单位时间内消耗 D 的速度逐渐降低,在时间 T 之后,存储量下降到零。[①] 此时,订单开始,货物随机到达。库存量从零上升到最高库存 Q,然后开始下一个存储周期,形成多周期存储模型。其数学模型如图 6-2 所示。

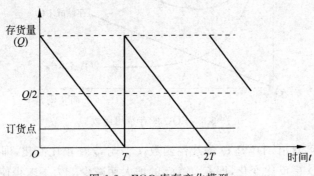

图 6-2　EOQ 库存变化模型

1. EOQ 模型的假设

(1) 只涉及一种产品,不允许缺货。

(2) 需求是一个已知常数,即需求是连续的、均匀的。

(3) 当库存降至零时,可即时补货。

(4) 每次采购费用不变,订货量不变。

(5) 单位库存存储费用不变。

2. 参数符号说明

TC——库存总成本。

D——需求速率。

C_H——存储成本。

C_R——订货成本。

a——单次订货成本。

h——单位存储成本。

C——物品单价。

Q——某时刻的库存量。

Q^*——经济订货量。

t^*——最优订货周期。

EOQ 模型(图 6-3)下基本公式为

$$库存总成本 = 库存存储成本 + 订货成本 + 购买费用$$

$$TC = C_H + C_R + CD = \frac{Qh}{2} + \frac{Da}{Q} + CD \tag{6.1}$$

在一个订货周期中,需要确定最优订货量,即要求每个订货周期产生的订货、采购、库存成本等总平均成本最低,以降低成本,尽可能地为企业争取利益,使企业获取最大的利

---

① 杨宇. 矿业集团物资管理信息系统的研究[D]. 包头:内蒙古科技大学,2012.

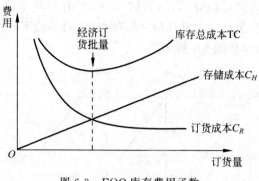

图 6-3　EOQ 库存费用函数

润。从式(6.1)中可看出,TC 是 Q 的线性函数,C_H 与 Q 呈正比变化,即 C_H 随 Q 的增大而增加,而 C_R 与 Q 呈反比变化,即 C_R 随 Q 的增大而减少。为了求得使库存总成本最小的经济订货量,将式(6.1)对 Q 进行求导,并令其一阶导数等于零,即

$$\frac{\mathrm{d}TC}{\mathrm{d}Q} = \frac{h}{2} - \frac{Da}{Q^2} = 0 \tag{6.2}$$

得到经济批量订货 Q^*:

$$Q^* = \sqrt{\frac{2aD}{h}} \tag{6.3}$$

可得最优订货周期 t^*:

$$t^* = \frac{D}{Q^*} = \frac{D}{\sqrt{\dfrac{2aD}{h}}} = \sqrt{\frac{2a}{hD}} \tag{6.4}$$

6.1.3　冷链单级库存管理方法

　　冷链物流的库存控制模式不同于常温产品的库存管理,与经典的 EOQ 模式有以下两个区别:①冷链物流的各个环节都必须严格控制在规定的低温条件下,因为冷链物流基础设施的成本较高,系统的成本肯定会上升。冷链物流库存不允许缺货。一旦出现缺货,不仅会增加成本和浪费,还会失去机会成本。同时,为了提高冷库的利用率和空间利用率,冷链物流往往需要保持一定的安全库存 Q_S,因此冷链物流库存随时间的变化应如图 6-4 所示。②对于冷链物流来说,储存可以做到保质保鲜,延缓了物品变质,因此,在冷链物流体系中,仓储和运输被视为构成冷链物流的利润来源。在最优采购模型的研究中,不仅要考虑最小的成本,还要考虑如何使收益最大化。结合冷链的特点,考虑冷链物流库存的变化,我们建立冷链物流的最优订货模型,这里假设出货速率是固定的。

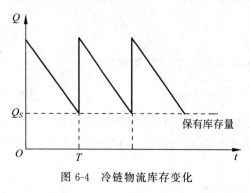

图 6-4　冷链物流库存变化

　　以利润最大为目标,构建适合冷链物流

特点的最佳进货模型。设：Q_0 为冷库容量，R 为出货速率，出货速率稳定且为固定，T 为进货时间间隔，W 为盈利总额，w 为单位时间内的盈利总额，P_1 为单位库存量的收费价格，C_1 为单位储存费用，C_2 为单次进货费用，Q_S 为保有库存，Q 为最佳进货量，T^* 为最佳进货周期，Q_S^* 为最佳保有库存。那么对于冷链物流库存在一个进货周期内的盈利总额可表示为

$$W(Q,T) = P_1 \int_0^T (Q_0 - RT)\mathrm{d}T - C_1 \int_0^T (Q_0 - RT)\mathrm{d}T - C_2 \tag{6.5}$$

单位时间内的盈利总额为

$$w(Q,T) = \frac{P_1 \int_0^T (Q_0 - RT)\mathrm{d}T - C_1 \int_0^T (Q_0 - RT)\mathrm{d}T - C_2}{T} \tag{6.6}$$

解得

$$w(Q,T) = P_1 \left(Q_0 - \frac{RT}{2}\right) - C_1 \left(Q_0 - \frac{RT}{2}\right) - \frac{C_2}{T} \tag{6.7}$$

若想单位时间内的盈利总额最大，则须有

$$\frac{\partial w}{\partial T} = -\frac{P_1 R}{2} + \frac{C_1 R}{2} + \frac{C_2}{T} = 0 \tag{6.8}$$

求解可得

$$T^* = \sqrt{\frac{2C_2}{(P_1 - C_1)R}} \tag{6.9}$$

$$Q^* = \sqrt{\frac{2C_2 R}{(P_1 - C_1)}} \tag{6.10}$$

$$Q_S^* = Q_0 - \sqrt{\frac{2C_2 R}{(P_1 - C_1)}} \tag{6.11}$$

$$\frac{\partial Q^*}{\partial P_1} = -\frac{1}{2}\sqrt{\frac{2C_2 R}{(P_1 - C_1)^3}} < 0 \tag{6.12}$$

将该模型的最佳进货量同传统的 EOQ 模型的最佳进货量进行比较可以发现，当 $P_1 = 2C_1$ 时，该模型的最佳进货量刚好等于传统 EOQ 模型下的最佳进货量；当 $C_1 < P_1 < 2C_1$ 时，库存盈利水平相对比较低，这时可以按成本最小原则，即按 EOQ 模型下的最佳进货量组织进货；当 $P_1 > 2C_1$ 时，该模型下的最佳进货量小于传统的 EOQ 模型下的最佳进货量，这也充分体现了冷链物流的库存功能，可以保质保鲜。而式 (6.12) 反映了该模型下的最优采购数量是存储价格的单调递减函数。如果入库价格比较高，最优采购数量应该少一些。因此，对于冷链物流来说，应该采取小批量、多批次的采购模式，这样可以在充分有效利用冷库存储空间的同时，进一步增加冷链物流行业的利润。

案例分析 6-1

冷冻库存管理存在的问题

随着经济的发展，社会生活节奏加快，备餐时间和用餐时间都在缩短，冷冻食品具有

保鲜、锁住营养、组织口感好、没有老化现象等特点，受到越来越多消费者的喜爱，未来发展空间大，国家政府对冷藏保鲜项目给予必要的扶持，银行业金融机构对冷链企业加大融资支持，冷冻链物流必将是一种物流的趋势。然而，在激烈的市场竞争中，企业只有管理好冷冻库存、不断完善冷藏链环节，才能获取更大的利润。

由于市场竞争的加剧和环境不确定性因素的增加，冷冻供应链企业需要更多柔性和敏捷性的战略应对环境的不确定性与适应商场竞争的需求，优化利用资源。冷冻库大，容量、吞吐量也大，给公司带来的机遇大，但耗用的电费也会多，而如果库存达不到饱和就会浪费资源，增加企业的产品成本与管理成本，存量大而销售缓慢就会造成滞销，滞销食品过了保质期就会发霉、变硬，颜色、味道、口感不正常，给消费者健康带来危害，这个问题的存在很大程度上提高了成本管理的风险。冷冻库过小，就会难以维持销售产品的稳定，容易造成供应链断裂、客户流失，影响经营业绩。种种因素使企业需要投入更多的预算。预算不仅涉及外部供应商，还包括内部运营、财务、销售、仓库等部门。供应商的供货能力与公司销售不协调，从采购下单到产品入库需要时间超长，意外的发生率高，采购金额巨大，公司的资金不足够调剂，仓库的存放空间不足，在产品到库前仓库闲置，客户的拿货时间在产品入库前，信息不成熟，数据没受到监控，市场需求不明确，市场的窗口不吸引人，业务流程能力不适应市场等若干问题，在冷冻供应链都会影响公司的战略是保守还是超前，预算对冷冻库存管理极为重要，预算过程中产生纰漏就会增加冷藏费用和仓储成本。

专业的技术型人才不仅单一管理工作，还能让企业详细了解到隐藏在背后的信号，从而改变工作流程中的弊端，规避成本增大，降低生产风险，提升企业盈利能力，促进企业持续发展。当下经济人才依然是短板，冷冻链的学术研究、实践能力、专业技能、物流知识、经济建设等不具备，高校也没有这方面的课程辅导，冷库管理完全靠实践摸索。2024年冷冻食品市场规模预计为 4 539.9 亿美元，而冷冻库存管理的交叉混合型人才匮乏，基本上企业都是按普通的行业进行招聘，忽略冷冻库存管理的细节，不专业的人才缺乏行业规范和成熟的方案，存在局限性，对信息利用水平低，服务质量差，招聘时企业难以计算员工给企业带来的价值，难以考虑员工的技能对企业未来利润的影响，是否具有前瞻性、动态性和系统性，是否具备管理组织能力。

首先，存在政治风险。社会瞬息万变，风险无处不在、无时不在。2019年美元汇率大幅上升，间接增加财务费用，导致采购成本增大。2020年爆发的突发事件使采购、销售的难度加大，工厂停业、学校停课造成食品滞销，报关费、报检费、运费、入库费、处置费、装卸费、分规格费、冷藏费、扫码费、利息费随之增加。2021年全球出现了严重的缺电潮，中国大部分地区也频频出现了"拉闸限电"的现象，停电对冷冻库存的影响极为严峻，很多食品都毁坏于冷库中，制冷设备的寿命也缩短，严重时还会烧毁压缩机。

其次，存在自然灾害。冷冻食品绝大多数是易腐食品，如肉类、蔬果、面食。2019年猪瘟的影响，使中国生猪产能持续下滑、供不应求，从而猪肉价格猛涨，而库存量急剧减少，有库无货，偌大的冷冻库不但损耗租赁费，而且损耗电费、人工，2020年猪的产能恢复、消费疲软，产生滞销的风险，企业资源利用的有效性和效率性只停留在形式上，不具有范畴、内容、理念、定位，处理不当会导致风险失控。

最后，存在资金断裂风险。缺乏管理就会造成资金回收风险，营销挑战增大。伴随科技的发展,更多企业采用了网络销售、微商销售、人脉销售、就近直接销售、B2C 模式、C2C 模式。销售渠道的不断拓展影响议价能力,竞争力减弱会使收入毛利率降低,这就需要加快营销的进度,延期销售会形成长期库存,同时增加冷藏费用和仓储成本。

资料来源:冷冻库存管理存在的问题[EB/OL].(2022-11-14).https://www.fx361.com/page/2022/1114/10934723.shtml.

问题:
1. 冷冻库存管理的风险是什么?
2. 带来冷冻库存管理风险的原因是什么?

6.2　冷链多级库存管理

在单级库存系统中,往往是从某个节点或环节的角度来考虑,不能对整个冷链物流行业进行优化。为了有效控制整个冷链物流,需采用多层次的库存控制方法,同步所有相关节点的运行,对所有冷链系统库存进行相对集中的管理和决策,以提高所有冷链物流行业的经济效益和盈利能力。

6.2.1　冷链物流多级库存的构成

多级库存是所有库存节点之间建立供需关系而形成的完整系统。理论上,多层次的库存水平可以是一个无限的供应链网络模型。然而,在现实中,供应链的层次并不是越多越好,而是越少越好。这是为了研究的方便,同时又权衡了冷链物流理论与实际的联系程度。

经典的三级库存控制模型足以说明冷链物流系统的运作。我们将冷链物流库存模型分为三个层次:第一层是生产地冷库,用于冷藏和预处理生鲜食品;第二层是中心冷库,用于在第一层的基础上深度加工,快速冷冻、储存;第三层为销售地冷库,用于配送、周转加工食品。冷链物流多级库存系统如图 6-5 所示。

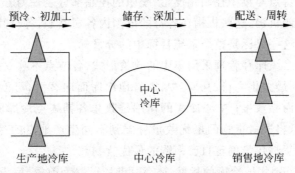

图 6-5　冷链物流多级库存系统

6.2.2　多级库存的相关概念

多级库存是一个完整的系统,其中所有库存节点连接在一起形成一种供需关系。例如,在冷链物流体系中有 n 个冷库(生产地库存、中心库存、销售地库存),从生产地到销售地各库存均为各个节点,分别为 $n=N,N-1,N-2,\cdots,1$。节点 N 为开端(生产端),所以节点 1 为终端(销售端),其关系为 N 节点供应 $N-1$,$N-1$ 供应 $N-2$……以此类推,具体如图 6-6 所示。

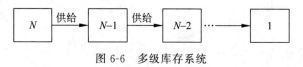

图 6-6 多级库存系统

若令 $Q_i'(t)$ 表示时刻 t 节点 i 的库存量,$Q_i(t)$ 表示时刻 t 节点 i 的级库存,则

$$Q_i(t)=\sum_{k=1}^{i}Q_i'(t) \quad i=1,2,\cdots,N \tag{6.13}$$

类似地,多级库存的储存成本也由级库存成本和点库存成本构成,如果假设 h_i 为节点 i 的级库存成本,则节点 i 的库存成本 h_i' 能够表述为

$$h_i'=h_i-h_{i+1} \quad i=1,2,\cdots,N \tag{6.14}$$

其 $N+1$ 阶段由外部供应者负责,设定 $h_{N+1}'=0$。由于维持库存的费用表示为供应链系统从上游开始到下游结束的全过程,故有

$$h_i>h_{i+1} \quad i=1,2,\cdots,N \tag{6.15}$$

根据式(6.14)可以得到整个供应链的各级库存维持费用为

$$h_i=\sum_{k=i}^{N}h_i' \quad i=1,2,\cdots,N \tag{6.16}$$

6.2.3 冷链多级库存管理方法

对于多级库存系统,它有两种控制方案:一种是集中控制,另一种是分散控制。集中控制以核心企业为主,由核心企业产生的供需关系控制和监控上下游企业。使用集中控制方式的主要目的是通过协调各个节点的供需关系,有效控制所有供应链系统,提高整体效率。分散控制的特点与集中控制相反,系统中的控制部分表现为若干个分散的、有一定相对独立性的子控制机构,这些机构在各自的范围内各司其职、各行其是、互不干涉,完成自己的目标。当然这些目标是整个系统目标中的分目标。[①]

对冷链物流的多级库存管理采用集中的政策形式,各节点不独立采购货物,组合后共同决策,以实现利润最大化为目的。其中,销售地冷库面向客群,可以根据外部市场的需求预测需要采购的商品数量;中心冷库的作用是收集各销售点冷库的进货情况,然后明确自己的进货情况,将进口货物的最优数量分配到不同生产地点的冷库进行生产;生产地冷库根据分配的货物数量确定自己采购的最优货物数量。

研究思路如下:销售地冷库的货量(R_{1i})以市场行情为前提,假设需求率是任意出现的,库存补充率十分大,所有缺货都能够迅速弥补。销售地冷库根据进货需求、冷库建设

---

① 分散控制[EB/OL]. (2018-06-08). https://baike.baidu.com/item/%E5%88%86%E6%95%A3%E6%8E%A7%E5%88%B6/1051566.

成本、冷库运营成本等明确所有冷库的最佳规模($Q_{10}{}^*$)和最佳进货量($Q_{1i}{}^*$)。中心冷库则收集销售地的年购货量,以此作为自身购货量(R_2)的标准,即

$$R_2 = \sum R_{1i} \tag{6.17}$$

中心冷库以明确的购货量和冷库建造费用、冷库生产费用为前提,计算出冷库最优规模($Q_{20}{}^*$)与最优进货量($Q_{2i}{}^*$)。同时将需求以不同生产地点的标准进行分配,构成生产地冷库的进货需求(R_{3i}),即

$$R_2 = \sum R_{3i} \tag{6.18}$$

生产地冷库进一步以分配的购货指标和库存建造费用、冷库生产费用为前提,计算出所有冷库最优规模($Q_{30}{}^*$)与最优进货量($Q_{3i}{}^*$)。由上述计算可知,冷链多级库存管理的思路如图 6-7 所示。

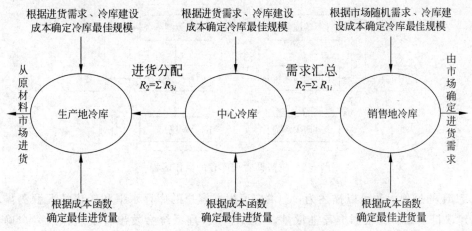

图 6-7　冷链物流多级库存进货模型流程

6.3　冷链供应商管理库存

6.3.1　VMI 概述

传统的库存管理注重各个环节,但各环节库存投入成本及相应的存储成本相对较大,且需求信息存在时滞或失真。现代库存理论将库存管理扩展到整个供应链,将库存控制嵌于供应链中的每个实体内部,存在于它们之间的信息流、资金流和物流的相互作用中。VMI 模式是一种现代供应链库存管理模式。它是以用户和供应商双方都获得最低成本为目的,在一个共同的协议下由供应商管理库存,并不断监督协议执行情况和修正协议内容,使库存管理得到持续的改进的合作性策略。这种库存管理策略不同于传统的各自为政的库存管理模式[①],体现了供应链的集成化管理思想,适应市场变化的要求,是一种新的、有代表性的库存管理思想。

①　杨芳,谢如鹤. VMI 模式下冷鲜配送中心库存控制的系统动力学模型[J]. 统计与决策,2014(16):49-52.

1985年,宝洁和沃尔玛率先采用供应商管理库存战略并取得成功。随后,壳牌、戴尔等公司也纷纷采用VMI策略优化库存管理,以降低成本、提高效率。在过去的30多年里,由于信息技术的发展和许多公司的成功应用,VMI变得非常普遍。其主要思想是基于供应链上下游节点企业的合作,对下游经销商或零售商的库存进行管理。供应商管理库存可以更好地解决因需求信息不足和牛鞭效应导致的库存成本增加,并有效预测市场需求,从而制定最优的库存策略,是一种协调共赢的库存管理模式。

VMI的重要前提是供应商可以实时查看用户的销售信息和当前库存,从而预测市场需求来决定是否补货和补多少。其核心思想是供应商可以根据实际消费进行补货,通过共享用户的库存和需求信息,主动为需求者补货,处理积压或损坏的货物。图6-8为供应商管理库存的操作流程。

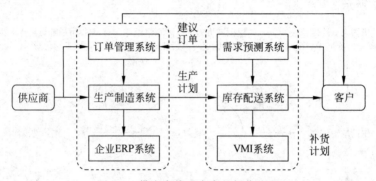

图6-8 供应商管理库存的操作流程

VMI的过程大致可以描述为:①供应商根据客户的库存水平和销售情况预测需求,提出建议订货量。②根据推荐进货量,ERP订单管理系统会发出补货通知给客户确认。③根据订单管理系统中的交货数量和时间,制造系统安排生产计划。④库存分配系统根据生产计划制订分配方案,客户确认实际补货。[①]

与以往的库存控制相比,VMI具有强大的优势:首先,VMI可以大大降低生产成本和库存成本。在实施VMI的过程中,可以统一分配供应商的物资资源,减少所需物资的数量,也减少了供应商自己持有的总库存。其次,通过统一部署配送车辆,VMI可以大大降低配送成本。供应商不再被动接受客户订单,而是通过现代计算机网络技术实时监控客户库存信息,制订主动计划,提高整车发货频率,或为距离较近的客户整合发货路线,与以前相比,成本大大降低。最后,VMI可以提高货物运输的服务水平,让客户得到合适的货物,因为供应商可以根据自己掌握的信息确定补货的优先级,有效平衡不同客户补货需求、化解其矛盾。

6.3.2 VMI模式冷链物流操作流程

基于VMI模式的冷链物流模型管理擅长满足和响应配送范围较小的市场区域。比如佛山等地就非常擅长利用VMI来激活和平衡当地市场。广州、深圳等省内较大的核心商圈对冷链物流的要求不同。它们需要通过区域供应链将产品供应到指定的冷链物流配送中心,由冷链物流进行配送。中心整合产品分类后,通过长途运输配送,发往各大零售直销点。在这个过程中,物流企业分担了自己的包袱,制定了各个环节的工作责任制,降低了企业的运营成本,节省了大量的人力、物力,形成了基于 VMI 的一体化冷链物流模式,成为全国学习的标杆。[①] 冷链系统 VMI 运行流程如图 6-9 所示。

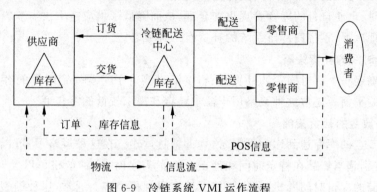

图 6-9　冷链系统 VMI 运作流程

在这种模式下,一方面,供应商可以监控配送中心的库存水平,并战略性地增加或减少对配送中心的供应;另一方面,供应商和配送中心可以从信息系统[如 POS(销售终端)系统和 EDI/互联网]获取零售商提供的销售量、库存余量信息,制定补库策略(如安全库存量、配送提前期、客户服务水平等),并根据自己的实际库存确定正式订单,按照约定将产品分发给不同的零售商。供应商、配送中心和零售商共同关注终端客户的需求,根据实时销售信息和零售商与配送中心的实际库存水平,积极协调补货,降低供应链整体库存水平。

6.3.3　冷链 VMI 模式的优势

(1) 从技术上看,基于 VMI 的冷链物流降低了物流成本,尤其是节约了存储成本,充分发挥了大量冷藏车的配送能力,提高了配送效率。面对不断扩大的产品需求形势,VMI 无疑是一剂解压良药,有效实现资源的合理配置和利用。

(2) 冷链物流供应链的协调性和敏捷性得到加强。这方面的加强,是因为 VMI 在冷链物流环节将生产者、加工者、分销机构、分销商和消费者紧密联系与整合,让原本处于积压状态的下游企业也可以实现产品零库存。此外,冷链物流企业在库存和配送两方面都取得了规模效应,也最大限度地降低了供应链的整体运营成本,为提升客户服务水平奠定了基础。

(3) VMI 注重信息共享和传递的特点在供应链节点企业间发挥了作用。它使生产计划和库存策略的灵活应用在各个环节的企业之间更加方便快捷,而完全不受供应链实际位置的限制。在考虑实际市场需求的同时,也可以从供应链发展的整体效率出发,制定更加全面、稳定的物流战略,提升对市场需求的响应能力,彻底消除供应链中的牛鞭效应,

---

① 曾艳英. 广东省农产品冷链物流优化的政策分析[J]. 南方农业,2015,9(18):130-134.

最终实现了敏捷、高效的供应链体系优势。

6.3.4　基于 VMI 冷链补货策略

在基于 VMI 的冷链库存管理模式下,供应商不再是被动地根据零售商的订单发货和补货,而是根据对众多客户需求的整体把握,主动安排合理的补货操作。在满足零售商销售需求的同时,也使自身的库存管理更加合理,从而降低了供应链中供需双方的成本。在一体化配送理念下,零售商冷链系统的补货有三种策略。①

1. 基于时间的补货策略

零售商确定一个相对固定的补货间隔,该策略侧重于实现一定水平的客户服务和分销规模效益的平衡。通常这种策略用于需求稳定和需求较低的零售商。

2. 基于数量的补货策略

当某个节点的库存达到库存下限时,立即补货运输。在这种策略下,可以保证客户的服务水平,特别是当产品在特定时间和地点有大量需求时,这种策略可以及时交付,但由于每个零售商的交付时间随机,分销可能无法实现规模经济。通常,这种类型的策略用于需求量大的主要零售商。与基于时间的补货策略相比,可以获得更高的服务水平,并且由于节点需求量大,可以获得规模经济的优势。

3. 基于时间和数量的混合运输策略

结合以上两种策略,动态跟踪零售商在配送区域的库存,当零售商的库存余额达到补货点时,为零售商补货配送。通常,该模式适用于需求量不大但重要的零售商节点。采取这样的策略来尽量降低其缺货率,确保此类客户获得更高水平的服务。②

6.4　紧急供货的冷链供应商管理库存③

在供应链管理中,为提高顾客服务水平、降低牛鞭效应,供应商管理库存应运而生。该库存管理模式源于快速响应及有效客户响应观念,其核心思想是供应商共享用户企业的当前库存信息,并依据实际的消耗趋势制定供应策略,从而确定用户企业的库存水平。该模式极大地减少了由于供需双方独立预测不确定性造成的资源浪费,提高了供应链运营效率。

自 20 世纪 80 年代末沃尔玛和宝洁公司成功实施 VMI 模式以来,该模式在众多供应链中得到广泛应用。近年来,科学技术的快速发展和市场竞争的日益激烈缩短了相关商品的生命周期,这使得 VMI 模式下报童类产品(如时装、生鲜等)的研究受到关注。对此,本节主要集中于以下三方面:①VMI 模式下的供应链绩效;②VMI 模式下的供应策略;③VMI 模式下的契约协调。

考虑由一个零售商和两个供应商构成的单周期二级供应链系统。该供应链系统采用

①　季芳.基于 VMI 的胰岛素冷链库存管理研究[D].上海:上海交通大学,2011.

②　唐燕,朱海燕,罗齐.VMI 在疫苗冷链物流中的应用研究[J].物流科技,2008(6):14-17.

③　侯欣汝,徐新生,郭丽彬.基于产品替代与紧急供货的供应策略研究[J].运筹与管理,2023,32(10):50-56.

供应商管理库存模式,即供应商基于自身效益最大,制定供应策略,从而确定零售商的库存水平。基于此,该系统的运行模式为:两供应商(分别记为 I,J)基于 VMI 模式分别向零售商提供一种产品,不妨设供应商 I 供应产品 I,供应商 J 供应产品 J,这两种产品功能相似并可互相替代。同时,零售商在随机市场需求下销售这两种产品。销售季开始前,两个供应商分别确定对零售商的供货量。销售季开始后,一旦出现产品缺货,则部分顾客选择缺货不补,部分顾客选择替代品。销售季结束后供应商处理未售出产品并获取清货收益。由于该库存系统运行周期短,故设运行周期内持货成本为零。为此,我们给出所需要的符号,如表 6-1 所示。

表 6-1　变量和符号说明

符　号	说　明	符　号	说　明
w	供应商的批发价格	p	产品的缺货惩罚成本
b	零售商的零售价格	β	产品的替代率
c	供应商的采购价格	d_I, d_J	产品 I,J 的市场需求
r	未售出产品的清仓价格	q_I, q_J	产品 I,J 的供货量
c'	供应商的紧急供货成本		

其中,产品 I,J 的供货量 q_I,q_J 为决策变量。不失一般性,假设上述参数满足: $b>w>c>r$ 和 $\beta \in (0,1)$。同时,我们做如下假设:市场需求 d_I 和 d_J 在形成过程中相互独立且均服从参数为 λ 的指数分布,即它们的概率密度函数均为 $f(x)=\lambda e^{-\lambda x}$,分布函数均为 $F(x)=1-e^{-\lambda x}$。而销售季开始后,市场需求明确,若顾客首选产品缺货,部分顾客会选择另一种产品作为替代品。

情形一:无产品替代的冷链供应商管理库存模式

作为比较标杆,首先考虑无产品替代的情形。在该情形下,若冷链产品出现缺货,则顾客选择缺货不补,即顾客不购买替代品。此时,对产品 I 的供货量 q_I,供应商 I 的期望利润为

$$E[\Pi(q_I)] = wE[\min(q_I,d_I)] + rE[(q_I-d_I)_+] - cq_I - pE[(d_I-q_I)_+]$$

其中,$d_+=\max(d,0)$。基于供应商 I 期望利润最大化得供应商 I 的最优供货量为

$$q^{(0)} = F^{-1}\left(\frac{w+p-c}{w+p-r}\right)$$

同理,供应商 J 的最优供货量为 $q^{(0)}=F^{-1}\left(\dfrac{w+p-c}{w+p-r}\right)$,且两供应商的期望利润最大值均为 $E[\Pi(q^{(0)})]$。在供应商的最优供货量下,零售商的期望利润为

$$E[\Pi_R^{(0)}] = (b-w)E[\min(q^{(0)},d_I) + \min(q^{(0)},d_J)]$$

情形二:带产品替代的冷链供应商管理库存模式

本部分考虑带产品替代的情形,并设产品替代率为 $\beta \in (0,1)$。基于此,当冷链产品 I 的库存量充足且产品 J 缺货时,冷链产品 J 的 $\beta(d_J-q_J)$ 部分过剩需求被产品 I 替代,$(1-\beta)(d_J-q_J)$ 部分的过剩需求自然消失。需要指出的是,产品替代不会增加缺货产品

的销售盈利,且产品缺货的供应商仍面临潜在的客户流失和商誉损失。也就是说,产品替代不会消除被替代产品的缺货惩罚成本。产品替代情形下,市场需求量和供货量之间存在以下四种关系。

(1) $q_I \leqslant d_I, q_J \leqslant d_J$。冷链产品 I 和 J 的销售量分别为 q_I 和 q_J,两个产品在销售季结束后都没有剩余库存。

(2) $q_I \leqslant d_I, q_J > d_J$。冷链产品 I 的销售量为 q_I,产品 J 的销售量为 $d_J + \min(\beta(d_I - q_I), q_J - d_J)$ 且产品 J 的剩余库存量为 $(q_J - d_J - \beta(d_I - q_I))_+$。

(3) $q_I > d_I, q_J > d_J$。冷链产品 I 和 J 的销售量分别为 d_I 和 d_J,剩余库存量分别为 $q_I - d_I$ 和 $q_J - d_J$。

(4) $q_I > d_I, q_J \leqslant d_J$。冷链产品 J 的销售量为 q_J,产品 I 的销售量为 $d_I + \min(\beta(d_J - q_J), q_I - d_I)$ 且产品 I 的剩余库存量为 $(q_I - d_I - \beta(d_J - q_J))_+$。

由于供应商 I 和供应商 J 的情况相同,下面以供应商 I 为例进行分析。

由(1)~(4),可得该情形下冷链产品 I 的销售量期望值

$$E[L_I^{(1)}] = E[\min(q_I, d_I)] + $$
$$E[\max(\min(q_I - d_I, \beta(d_J - q_J)), 0)]$$

由题设,市场需求 d_I 和 d_J 相互独立且均服从参数为 λ 的指数分布。故市场需求 d_I 和 d_J 的联合概率密度函数为 $f(x, y) = f(x)f(y) = \lambda^2 e^{-\lambda(x+y)}$,从而

$$E[L_I^{(1)}] = \int_0^{q_I} xf(x)\mathrm{d}x + \int_{q_I}^{\infty} q_I f(x)\mathrm{d}x + $$
$$\int_0^{q_I} \int_{q_J}^{\frac{q_I - x}{\beta} + q_J} \beta(y - q_J)f(x, y)\mathrm{d}y\mathrm{d}x + $$
$$\int_0^{q_I} \int_{\frac{q_I - x}{\beta} + q_J}^{\infty} (q_I - x)f(x, y)\mathrm{d}y\mathrm{d}x$$

而冷链产品 I 的剩余量期望值为

$$E[R_I^{(1)}] = E[\max(q_I - d_I, 0)] - $$
$$E[\max(\min(q_I - d_I, \beta(d_J - q_J)), 0]$$
$$= \int_0^{q_I} (q_I - x)f(x)\mathrm{d}x - $$
$$\int_0^{q_I} \int_{q_J}^{\frac{q_I - x}{\beta} + q_J} \beta(y - q_J)f(x, y)\mathrm{d}y\mathrm{d}x - $$
$$\int_0^{q_I} \int_{\frac{q_I - x}{\beta} + q_J}^{\infty} (q_I - x)f(x, y)\mathrm{d}y\mathrm{d}x$$

从而供应商 I 的期望利润为

$$E[\Pi_I^{(1)}(q_I)]$$
$$= wE[L_I^{(1)}] + rE[R_I^{(1)}] - cq_I - pE[(d_I - q_I)_+]$$

情形三:单供应商紧急供货情形

由于产品替代无法避免缺货,故企业在实际经营活动中会采取销售季紧急供货措施。首先考虑单供应商紧急供货情形,不妨设供应商 I 可以紧急供货,而供应商 J 不可以紧急供货。对此,销售季开始前,两个供应商分别确定对零售商的供货量。销售季开始后,

如果产品 I 面临缺货,供应商 I 会进行紧急供货以避免其产品缺货。如果产品 J 缺货,则供应商 J 无法紧急供货。此时产品 J 面临两种情况:缺货部分被产品 I 替代,缺货需求自然消失。不失一般性,设 $w \geqslant c' > c$。由于 $w \geqslant c'$,即紧急供货行为盈利,故若产品 J 缺货且产品 I 没有剩余库存,供应商 I 会为了替代产品 J 而进行紧急供货。对此,市场需求量和供货量之间存在以下四种关系。

(1) $q_I \leqslant d_I, q_J \leqslant d_J$。供应商 I 在销售季紧急供应产品 I,紧急供货量为 $(d_I - q_I) + \beta(d_J - q_J)$。产品 I 的销售量是 $d_I + \beta(d_J - q_J)$,产品 J 的销售量是 q_J。两种产品都没有剩余库存。

(2) $q_I \leqslant d_I, q_J > d_J$。供应商 I 在销售季紧急供应产品 I,以避免其产品被产品 J 替代,且紧急供货量为 $(d_I - q_I)$。冷链产品 I 的销售量为 d_I,没有剩余库存。冷链产品 J 的销售量为 d_J,剩余库存量为 $(q_J - d_J)$。

(3) $q_I > d_I, q_J > d_J$。供应商 I 不需要进行紧急供货。冷链产品 I 和 J 的销售量分别为 d_I 和 d_J,剩余库存量分别为 $q_I - d_I, q_J - d_J$。

(4) $q_I > d_I, q_J \leqslant d_J$。当 $q_I - d_I > \beta(d_J - q_J)$ 时,供应商 I 不需要进行紧急供货。此时,产品 I 的销售量为 $d_I + \beta(d_J - q_J)$,剩余库存量为 $q_I - d_I - \beta(d_J - q_J)$。产品 J 的销售量为 q_J,没有剩余库存。当 $q_I - d_I \leqslant \beta(d_J - q_J)$ 时,供应商 I 需要紧急供应产品 I 以替代产品 J,紧急供货量为 $\beta(d_J - q_J) - (q_I - d_I)$。此时,产品 I 的销售量为 $d_I + \beta(d_J - q_J)$,产品 J 的销售量为 q_J。两种产品都没有剩余库存。

基于上述分析,可得产品 I 的销售量期望值为

$$E[L_I^{(2)}] = E[d_I + \beta(d_J - q_J)_+]$$
$$= \frac{1}{\lambda} + \frac{1}{\lambda}\beta e^{-\lambda q_J}$$

产品 I 的紧急供货量期望值为

$$E[M_I^{(2)}]$$
$$= \int_{q_I}^{\infty} \int_{q_J}^{\infty} (x - q_I + \beta(y - q_J)) f(x, y) \mathrm{d}y \mathrm{d}x +$$
$$\int_{q_I}^{\infty} \int_{0}^{q_J} (x - q_I) f(x, y) \mathrm{d}y \mathrm{d}x +$$
$$\int_{0}^{q_I} \int_{\frac{q_I - x}{\beta} + q_J}^{\infty} (\beta(y - q_J) - (q_I - x)) f(x, y) \mathrm{d}y \mathrm{d}x$$

产品 I 的剩余量期望值为

$$E[R_I^{(2)}]$$
$$= \int_{0}^{q_I} \int_{0}^{q_J} (q_I - x) f(x, y) \mathrm{d}y \mathrm{d}x +$$
$$\int_{0}^{q_I} \int_{q_J}^{\frac{q_I - x}{\beta} + q_J} ((q_J - x) - \beta(y - q_J)) f(x, y) \mathrm{d}y \mathrm{d}x$$

这样,该情形下,供应商 I 的期望利润为

$$E[\Pi_I^{(2)}(q_I)] = wE[L_I^{(2)}] + rE[R_I^{(2)}] - cq_I - c'E[M_I^{(2)}]$$

情形四：两供应商紧急供货情形

两个供应商都可以紧急供货的情形下，两产品不会缺货，从而产品间不发生替代。不失一般性，仍假设 $w \geqslant c' > c$。由于供应商 I 和供应商 J 的情形相同，下面以供应商 I 为例进行分析。

冷链产品 I 的销售量期望值为

$$E[L_I^{(3)}] = E[d_I] = \frac{1}{\lambda}$$

冷链产品 I 的紧急供货量期望值为

$$E[M_I^{(3)}] = E[(d_I - q_I)_+] = \int_{q_I}^{\infty} (x - q_I) f(x) \mathrm{d}x$$

冷链产品 I 的剩余量期望值为

$$E[R_I^{(3)}] = E[(q_I - d_I)_+] = \int_0^{q_I} (q_I - x) f(x) \mathrm{d}x$$

供应商 I 的期望利润为

$$E[\Pi_I^{(3)}(q_I)]$$
$$= wE[L_I^{(3)}] + rE[R_I^{(3)}] - cq_I - c'E[M_I^{(3)}]$$

由最优性条件，供应商 I 期望利润最大值点为其导数零点，即供应商 I 的最优供货量满足：

$$q^{(3)} = F^{-1}\left(\frac{c' - c}{c' - r}\right) = -\frac{1}{\lambda} \ln \frac{c - r}{c' - r}$$

此时，零售商的期望利润满足：

$$E[\Pi_R^{(3)}] = 2(b - w)E[d_I] = \frac{2(b - w)}{\lambda}$$

其中，$\dfrac{2(b - w)}{\lambda}$ 是零售商可以获得的最大利润。

情形五：两风险厌恶型供应商紧急供货情形

对随机库存系统，任何决策都存在风险，而决策者对风险的态度会影响其决策。对此，本部分考虑 VMI 模式下两个可以紧急供货的风险厌恶型供应商的供应策略。由于供应商 I 和供应商 J 的情况相同，下面以供应商 I 为例进行分析。

根据情形四的讨论，两供应商紧急供货的情形下，供应商 I 的利润为

$$\Pi_I^{(3)}(q_I) = wd_I + r(q_I - d_I)_+ - cq_I - c'(d_I - q_I)_+$$

利用

$$(d_I - q_I)_+ = (d_I - q_I) + (q_I - d_I)_+$$

整理得

$$\Pi_I^{(3)}(q_I)$$
$$= (c' - c)q_I + (w - c')d_I + (r - c')(q_I - d_I)_+$$

对给定的风险厌恶度 $\alpha \in [0, 1)$，定义供应商利润的风险值（value at risk, VaR）：

$$\mathrm{VaR}_\alpha[\Pi_I^{(3)}(q_I)] = \sup\{v \in R \mid \Pr\{\Pi_I^{(3)}(q_I) \geqslant v\} \geqslant \alpha\}$$

其中，$\Pr\{\Pi_I^{(3)}(q_I) \geqslant v\}$ 表示供应商利润不低于 v 的概率；置信水平 α 反映了供应商的风险厌恶程度，其值越大，供应商的风险厌恶度越高。$\mathrm{VaR}_\alpha[\Pi_I^{(3)}(q_I)]$ 表示供应商在风险

厌恶度 α 下可获得的最大利润。

由于 VaR 值难以计算,且在处理利润不服从正态分布时会出现数值结果不稳定现象,对此,Rockafellar 和 Uryasev 提出了条件风险值(conditional value at risk,CVaR)。基于此,供应商利润 $\Pi_I^{(3)}(q_I)$ 的条件风险值为

$$\mathrm{CVaR}_\alpha\left[\Pi_I^{(3)}(q_I)\right]$$

$$=\frac{1}{1-\alpha}E\left[\Pi_I^{(3)}(q_I)\mid\Pi_I^{(3)}(q_I)\leqslant\mathrm{VaR}_\alpha\left[\Pi_I^{(3)}(q_I)\right]\right]$$

上式表示在风险厌恶度 α 下,供应商利润低于风险值 $\mathrm{VaR}_\alpha\left[\Pi_I^{(3)}(q_I)\right]$ 部分的期望值。对于风险厌恶型供应商而言,为提高收益,自然希望选择的供货量 q_I 可使收益低于风险值部分的期望值达到最大。这样便得到风险厌恶型供应商基于条件风险值最优的库存决策模型:

$$\max_{q_I}\mathrm{CVaR}_\alpha\left[\Pi_I^{(3)}(q_I)\right]$$

$$=\frac{1}{1-\alpha}E\left[\Pi_I^{(3)}(q_I)\mid\Pi_I^{(3)}(q_I)\leqslant\mathrm{VaR}_\alpha\left[\Pi_I^{(3)}(q_I)\right]\right]$$

基于 Rockafellar 和 Uryasev 提出的条件风险值概念,求解上述优化问题可化为求解如下优化问题:

$$\max_{q_I>0}\left[\max_{v\in R}H(q_I,v)\right]$$

$$=v-\frac{1}{1-\alpha}E\left[v-\Pi_I^{(3)}(q_I)\right]_+$$

且函数 $H(q_I,v)$ 关于 q_I,v 分别为凹函数。

对于该问题的求解及相关结论见侯欣汝等[①]的文献。

6.5　冷链联合库存管理

6.5.1　JMI 概述

在深入应用 VMI 的基础上,为了让供应链上下游企业共同参与管理,提出了联合库存管理模型,对供应链的权利和责任进行了转换。与 VMI 不同,JMI 是供应商与客户同时参与、共同制订库存计划,实现利益共享与风险分担的供应链库存管理策略。其目的是解决供应链系统中由各企业相互独立运作库存模式所导致的需求放大问题,提高供应链的效率。[②] 供应商不再单独承担繁重的库存管理计划工作。相反,通过供应链核心成员之间更紧密的合作,需求和生产信息得到充分、及时的交互,风险和收益的一致性得到加强,共同提升整个供应链的竞争力。

如图 6-10 所示,传统上,供应商和零售商各自持有一定数量的库存,并实施独立的库

---

① 侯欣汝,徐新生,郭丽彬. 基于产品替代与紧急供货的供应策略研究[EB/OL]. (2022-06-30). http://kns.cnki.net/kcms/detail/34.1133.G3.20220629.0954.002.html.

② 郭小花. 供应链背景下的管理库存模式选择研究[J]. 中国包装,2018,38(10):83-85.

存控制策略。考虑到需求和自身利益的突然变化,他们通常会将库存提高到更高的水平。但 JMI 系统设置了上、下游两个协调管理中心,利用协调管理中心的协调功能,实现供应链节点企业之间需求信息的共享,从而提高供应链运作的效率和稳定性。如图 6-11 所示,在以制造商为中心的供应链中,在原材料采购过程中,供应商取消自己的成品库存,直接存入原材料联合库存中心,然后从联合库存中心运输到制造商的生产线;同样,在产品销售环节,制造商将成品直接运送到产销联合库存中心,再运送到各个零售商处。这种库存管理模式可以降低库存水平、优化运输路线,促进供需双方信息共享,避免节点企业的短视行为和局部利益观念,提高供应链运行的稳定性。①

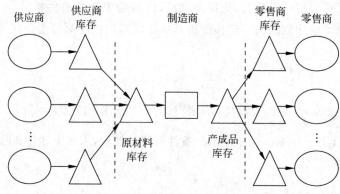

图 6-10　传统库存控制下的供应链系统

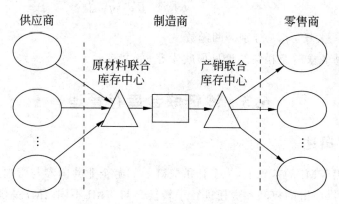

图 6-11　联合库存管理的供应链系统

JMI 将供应链系统管理整合到上游和下游两个协调管理中心。双方必须以整个供应链为起点,共同参与、共同制订库存管理计划,使供应链流程中的每一位库存管理者都能沟通、协调考虑,并确保需求预测是一致的,从而部分消除需求可变性。联合库存管理模式如图 6-12 所示。

JMI 克服了 VMI 单方面冒险的缺陷,体现了供应链管理中信息共享、风险共同分担的原则。JMI 中的缓冲库存作为供需双方信息交流与协调的中间环节,可以暴露供应链

---

① 高春瑜.联合库存管理的经济效益研究[J].经济与管理,2013,27(2):51-56.

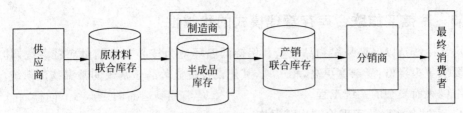

图 6-12　联合库存管理模式

管理中的缺陷,从而为提高供应链管理水平提供一定的参考。同时,JMI 也为实现供应链同步提供了条件和保障,减少了各节点企业独立运作带来的需求放大现象,以及需求不确定、供应不确定等因素带来的不确定性影响,有助于提高供应链的敏捷性和稳定性。在 VMI 中,供应商知道客户的库存数据,并负责维护客户所需的库存数量;管理团队由客户和供应商员工组成,这有利于数据传输的及时性,并促进了双方之间密切的工作关系。JMI 非常注重以客户为中心,因此建立和维护 JMI 的成本很高。

6.5.2　JMI 的实现形式

1. 货存供应商管理

存货供应商管理是指需方取得商品所有权而供应商保留商品的存货管理形式。具体来说,需求方通过支付押金、预付款、提供保证金等方式,在未来某个时间获得一定数量货物的所有权。但当前货物仍存放在供应商处,而供应商则负责货物的管理,实现货物的实际交付。在这种形式下,需求方可以简化订货流程,采用定期订货或定量订货等方式。同时,这种盘点方式可以保证交货期货物质量的稳定,为需方降低货物仓储成本,也可以规避需方库存过剩的风险。

2. 存货与需方联合库存管理

存货与需方联合库存管理,是指供需双方通过协商达成协议,将货物存放在需方指定的地点的存货管理形式。供需双方全权负责货物的日常管理和维护。在这种库存变现形式中,供需双方分别承担不同类型的责任,货物的质量责任由供方承担,货款责任由需方承担。供方根据需方定期提交的需求计划,在规定时间内将货物送达需方指定地点,并对货物的质量和管理承担责任。

3. 第三方联合库存管理

第三方联合库存管理是指货物的入库由第三方企业负责,供需双方不自行管理的存货管理形式。第三方物流系统相对于"第一方"供应商和"第二方"需求方,为供需双方提供产品运输、库存管理等专业物流服务。这种库存管理形式可以有效减轻供应链中库存和运输的额外负担,提高整个供应链的人力、财力、物力的使用效率。

4. 无库存管理

无库存管理是指核心企业和供应商均不设置库存的存货管理形式。供应商根据核心企业的生产进度,直接连续向核心企业的生产线供应小批量、多批次的货物。这种管理形式要求供应商的生产速度满足需求者的需求,并且快速、及时地实现对供应需求的响应,做到不缺货。

6.5.3 冷链实施联合库存管理模式的优越性

由于冷链是以保证易腐物品质量和保持低温环境为核心要求的供应链系统,其对系统的要求更为严格、复杂度更高,相应地,其建设投资显著高于常规的常温物流系统,形成了一个庞大而复杂的系统工程。

1. 通过合作联盟实现冷链物流运作

供应链下游的大量销售企业没有专业的冷链物流运营体系,也没有冷链物流配送中心。此外,建设冷链物流中心是一项投资巨大、回收期长的服务项目。这类企业建立冷链物流中心是不经济的。因此,不具备专业冷链物流运营体系的零售企业可以与生产企业或社会专业物流企业形成合作联盟,实现冷链物流业务。例如,一些大型超市与蒙牛建立了长期合作关系。[①] 其产品由蒙牛直接配送,通过蒙牛冷链运输直接到达超市冰柜,避免鲜奶在运输过程中变质,既保证了食品质量,又稳定了蒙牛的名声。

据统计,2022年,我国果蔬、肉类、水产品冷藏运输率分别仅有15%、57%、69%,运输车辆、仓储设施、温控标准等都没有达到标准要求。[②] 这是因为使用价格相对较高的冷链物流是一个有趣的问题。它涉及整个价值链中的各方。逐利是商业组织的共同特征,当一些供应商想提供正规的冷链物流服务,但零售商或消费者并没有给予额外的折扣和关怀,而只是给予与其他供应商平等的待遇,这间接鼓励了供应商使用不规范的运输车辆、低成本的经营方式来维持自己的利润。[③] 一些第三方冷链物流商以"数量为王"的理念实施无利可图的物流服务。这显然不能保证食品的质量,也阻碍了食品冷链的发展。冷链供应商、生产商、销售商、物流服务商应形成合作联盟,在一定程度上形成利益共同体,为冷链实施提供良好环境。

在联合库存管理模式下,企业建立了长期合作、互利共赢的关系,通过个体利益和整体利益的考虑和平衡,实现了食品冷链运营体系的可持续发展。

2. 整合需求,提升冷链运输和仓储的经济性

运营成本的有效控制与冷链的发展息息相关。冷链运输和存储是冷链物流的关键环节,其中能源消耗成本巨大。提高冷藏运输设备和冷库的利用率是提高冷链物流经济性的重要手段。联合库存管理模式可以整合分散的需求,然后由制造商的冷链物流中心统一配送,有利于提高冷库的利用率、减少设施的闲置时间、实现订单经济,这种模式特别有利于规模较小的下游企业,因为它们能够享受到更优惠的配送成本和提高市场竞争力。企业还可参与冷链体系,推动社会冷链物流的普及和发展,同时享受冷链保障易腐物品质量的好处。

3. 降低不确定性,优化冷链库存成本

在联合库存管理模式下,冷链各成员企业实现资源优势互补和信息共享。通过冷链各层级需求、库存持有量等关键数据的透明实时传输,协商制定库存决策,有效降低因需

① 张歆祺,何静.食品冷链联合库存管理模式的探析[J].江苏农业科学,2011,39(4):545-546.
② 预见2022:《2022年中国农产品冷链物流行业全景图谱》(附市场现状、竞争格局和发展趋势等)[EB/OL].(2022-03-22).http://new.qq.com/rain/a/20220322A02HIF00.
③ 张歆祺.基于灰色粗糙集方法论的食品冷链物流协同系统分析[D].上海:上海海洋大学,2013.

求不确定性造成的囤货、缺货、坏货等成本损失。通过联合库存管理模式,提高冷链运营的同步化水平,消除需求变化现象,优化冷链库存成本控制。

4. 建立整体成本概念,引入惩罚因子 k

冷藏、冷冻食品需要完整的冷链物流全程控制货物的温度以确保食品安全,其中包括对密闭环境、装卸货物时的储存和运输的严格要求,以及完整的冷藏食品供应链。它是食品安全的要素。除了质量的不可逆性,冷链物流的要求以及相应的管理和资金投入远大于常温物流[①],这也是制约企业严格执行冷链物流运作制度的主要因素之一。如果企业树立整体成本的概念,考虑如何利用合格优质的物流服务来减少货物的损失,降低冷链物流中的逆向物流成本,则能真切体会到冷链实施带来的好处。我们可以在单位时间总成本构成中引入坏货成本 DC,并假设 γ 为坏货率,理想存货体系下 $TC = U \times CD + (RC \times D)/Q + (HC \times Q)/2 + DC \times D \times \gamma$。供应链上的成员企业在进行库存决策时,通过坏货成本的量化和直观化,有利于更积极地实施合规的冷链物流,进行最优的库存决策。

联合库存管理模式下成员企业间信息共享,当易腐品在途存货由某一环节操作不当导致 γ 升高时,适当地引入惩罚因子 k 不仅可以督促相关环节成员企业的改进,还可以使供应链整体水平提升,从而保障物品的质量安全。

6.5.4　冷链实施联合库存管理模式需注意的问题

为了提高冷链运输和存储的经济性,联合库存管理模式下的冷链物流往往整合需求,采用共同的配送模式。然而,易腐烂的物品不同于一般的物品,当使用共同交付时,在选择需要混合的物品类型时应格外小心。例如,所有水果在生长过程中和成熟后都会产生乙烯。虽然农产品产生乙烯的多少与腐败程度无关,但一些对乙烯高度敏感的农产品与乙烯直接接触会过快催熟。为避免不良反应,需要避免将乙烯产率高的农产品和对乙烯高度敏感的农产品放在同一个密闭空间内。而且,大多产品对温度的要求都不一样。例如,竹笋是易腐烂的。0 ℃的冷链温度环境更能保证竹笋的品质。然而,一些热带水果和蔬菜,如杧果,对低温环境敏感,易受冷害。这就要求在实施冷藏运输和储存一体化时,注意不将温度要求差异较大的食品混在一起。

在冷链中实施联合库存管理不仅要考虑成本和经济性,确保物品质量安全和最大限度地减少损失是首要任务。

 **6-2**

企企通赋能鲜丰水果搭建特色数字化供应链协同系统,

领跑中国水果连锁品牌

2023 年,由企企通携手鲜丰水果股份有限公司(以下简称"鲜丰水果")打造的一站式

[①]　冷藏冷冻食品销售质量安全监督管理办法(征求意见稿)[EB/OL]. (2019-06-04). http://news. foodmate. net/2019/06/520984. html.

数字化采购供应链管理平台成功上线。

鲜丰水果项目顺利上线后，客户对企企通项目团队的努力付出作出了高度评价，并收到了来自鲜丰水果的感谢信：

"与企企通 SRM 采购供应链管理项目合作以来，经过双方的共同努力，较圆满地达到预期目标。在项目实施过程中，企企通项目组成员恪尽职守，展现了专业的能力和高度责任感，最大限度地做到了系统贴合业务实际，不但为项目的顺利开展提供了大力的支持和保障，同时协助我们科学地规划与准确地把握项目的实施目标和计划，并有效帮助协调研发资源，保障了项目按时落地，感谢企企通团队的辛勤付出。"

一、数字化采购管理布局，助力鲜丰领跑中国水果连锁品牌

鲜丰水果成立于 1997 年，是农业产业化国家重点龙头企业、浙江省农业龙头企业，也是全国规模最大的水果连锁企业之一。

历经 26 年发展，鲜丰水果已成为一家集新零售、智慧冷链物流和供应链 B2B 平台的全球化企业，更是成为杭州 2022 年第 19 届亚运会官方指定新鲜水果供应商。截至 2023 年 10 月，鲜丰水果全国门店数超 2 400 家，并拥有 23 个共计 48 万平方米的现代化冷链仓储中心，200 多位产品专家长年驻扎全球 300 多个种植基地。

作为平衡膳食的重要组成部分，水果是维生素、矿物质、膳食纤维的重要来源，向来在大众饮食中占据重要位置。2010 年以来，受市场需求的拉动以及各项政策的扶持，全国果园面积与水果产量均整体呈正增长态势。国家统计局数据显示，2022 年，水果产量再创新高，年产量超过 3.1 亿吨，稳居全球第一。

我国水果消费市场高速发展，消费者对果品的品质、供应及时性等要求也越来越高。但水果作为鲜食，在生产、保存、供应和食用方面比易储易携的加工食品成本高，很多季节不易获得。加之我国地域广阔和差异问题，不同季节和地区水果的运输难题也影响了一部分消费。

为了保证生鲜水果的质量和安全，供应链的顺畅运作至关重要。

基于优质的水果品质和周到的顾客服务，鲜丰水果近年来市场规模不断扩大，其企业采购规模和采购流程复杂度也逐步提升，需要一个更加高效、敏捷、稳定的供应链支撑，构建全球"领鲜"的数字化水果产业互联网平台。

企企通以专业的业务判断能力和丰富的 SRM（供应商关系管理）项目经验，为鲜丰水果定制了符合其业务特点的数字化采购解决方案，实现采购全链路在线与多端实时协同，并针对不同的采购场景设计了差异化的标准和规范，从而形成全新的数字化采购新体系。

二、鲜丰水果供应链协同平台上线，构建全球"领鲜"的数字化水果供应链

自项目开展以来，企企通团队成员深入鲜丰水果的采购业务，面对项目部分业务临时调整、国内外供应商业务及系统的复杂度高、项目时间紧迫等问题，双方积极沟通交流、齐心协力，识别和提出了各种风险及解决方案，对鲜丰水果数字化信息建设起到了重要作用。

在双方的共同努力下，鲜丰水果采购数字化及供应链协同系统已经进入尾声，项目

实现了鲜丰水果的供应商生命周期、线上多渠道寻源管理、采购协同、合同管理、质量协同、物流协同等，规范了采购流程，量化考核，提高了供应链运作效率，实现企业降本增效。

统一协同平台，集成多系统推动企业高效运转

通过集成 OA（办公自动化）、PUR、SAP、WMS、钉钉等多个系统，实现公司内部的集中管控。各个系统之间将共享并联动数据，避免"信息孤岛"的形成，实现信息的无缝整合，避免了重复数据的产生和浪费，最大限度地发挥企业整体信息化效益，达到高效运转的效果。

贯穿采购业务各环节，实现成本的精细化核算

系统支持采供双方在需求计划、采购订单、交货计划、收发货、对账等采购业务上的高效协同，实现了"需求—订单—交货—结算"的订单全过程管理，基于系统全面、清晰的采购数据沉淀，便于企业对多场景业务分析，实现成本的精细化核算。

量化考核供应商，优化科学、优质的供应商生态

目前鲜丰水果有过千家连锁门店，对接上百家供应商，通过系统实现从供应商开发、准入、合作、风险、绩效到淘汰的全生命周期管理，建立灵活、科学的供应商管理机制，从交货及时率、交货准确率、需求满足率多个维度量化考核供应商，帮助建立完善的供应商生态圈。

物流全过程及时响应，标准化、规范化质量管理

系统交货计划、交货状态、发货、在途、收货、退货的全过程管理，再辅以智能的提醒预警、外部物流平台集成以及条码/二维码等 IoT 技术，实现物流协同；与此同时，基于供应商在质量规范、来料检验及制程相关的质量数据、质量事件及整改、质量追溯质量费用、质量分析及评价等采购全过程的质量协同，帮助提高供应链的质量水平和效率。

系统数据分析与挖掘，助力企业应对未来趋势

依托采购供应链协同平台，鲜丰水果打通了供应链采购各个环节，形成业务、系统、人到物多维度集成协同，外部实现与供应商的全程协作、信息透明，内部达到信息数据的一致性、同步性、高效协作。系统通过 AI 赋能，深度分析与挖掘数据，提升企业运营管理水平，为管理层提供实时、准确的洞察支持，为企业提供有效的战略支撑。

鲜丰水果采购供应链协同平台上线后，现有系统与企企通平台集成，实现线上无纸化、规范化、流程化采购，新的模式下，鲜丰水果将完成多场景数字化转型升级。

以此次合作为契机，企企通将持续保障鲜丰水果数字化采购管理系统的稳定运行，并一如既往支持鲜丰水果在数字化采购方面的不断迭代升级，携手探索更多的数字化采购新场景和新模式，为更多企业的采购数字化转型提供优质、高效的解决方案。

资料来源：企企通赋能鲜丰水果搭建特色数字化供应链协同系统，领跑中国水果连锁品牌［EB/OL］.(2023-10-10). https://baijiahao.baidu.com/s?id=1779351489857317628&wfr=spider&for=pc.

问题：

1. 如何能更好地与供应商合作，形成供应链协同？

2. 怎样对生鲜农产品进行库存控制？

6.6 冷链供应中断的紧急补货[①]

随着全球市场经济的发展,冷链企业也将面临资本链破裂、需求中断、供应中断、法律风险等各种风险。其中,供应中断是一种常见的风险,可能会给企业带来更大的损失。为了减少供应中断造成的损失,作为补救措施,对于具有随机需求和随机产品供应中断的库存系统考虑紧急补货。

本节主要考虑了零售商在冷链供应中断期间的紧急补货策略,供应中断的恢复时间是随机的,采购价格随时间的延长而上升。对于这个问题,当零售商下一个更大的紧急订单,如果供应中断较早结束,零售商将遭受一定的损失;当零售商进行小型紧急采购,那么当供应中断结束时,零售商就会以更高的购买价格发出第二次紧急订单。因此,零售商应确定订购紧急订单的最佳时间和紧急订单的数量,以在冷链供应中断期间最大化它的利益。

对于一个相关的库存系统,由于需求率为 $t \in [0, t_e]\lambda$,该零售商的剩余库存 Q_0 在 $t_0 = \dfrac{Q_0}{\lambda}$ 时耗尽,其他符号说明如表 6-2 所示。作为对供应中断的补救措施,该零售商将在此期间发出紧急订单,主要讨论两种情况。

表 6-2 符号说明

符　号	说　　明	符　号	说　　明
K	启动成本	T	供应中断截止期限
λ	市场需求率	t_d	一次补货策略补货时间
h	单位时间持货成本	Q_d	一次补货策略补货数量
b	零售商销售价格	t_{d_1}	两次补货策略第一次补货时间
c	平常购买价格	t_{d_2}	两次补货策略第二次补货时间
Q_0	中断发生时剩余库存量	Q_{d_1}	两次补货策略第一次补货数量
t_0	剩余库存耗尽时间	Q_{d_2}	两次补货策略第二次补货数量
t_e	中断结束时间	$*$	表示最优值

情形一:零售商进行一次紧急补货

零售商发出一个紧急订单,由于不允许短缺,供应中断的截止时间为 T,零售商应在 T_0 或之前下紧急订单,数量为 $Q_d = \lambda T - T_0$,如图 6-13 所示。由于该事件的结束时间在 $[t_0, T]$ 中是随机的,因此零售商在 $[0, T]$ 中利润如下:

$$f_1(t_d) = (b-c)Q_0 + (b - C(t_d))Q_d - \frac{hQ_0^2}{2\lambda} -$$

$$K - hQ_d\left(\frac{Q_0}{\lambda} - t_d\right) - \frac{h(\lambda(T - Q_0)/\lambda)^2}{2\lambda}$$

---

① HU M, GUO L B. Optimal emergency ordering policy for inventory with a random-ending-time supply disruption[J]. Mathematical problems in engineering, 2022(1): 1-11.

对于此紧急订购策略,由于事件的恢复时间服从均匀分布,即 $t_e \in [t_0, T]$ 的概率密度函数 $\phi(t_e) = \dfrac{2(t_e - t_0)}{(T - t_0)^2}$,因此零售商在 $[0, T]$ 中的期望利润如下:

$$F_1(t_d) = \int_{t_0}^{T} f_1(t_d) \phi(t_e) \mathrm{d}t_e$$

$$= (b - c)Q_0 + (b - c_0 - \tau t_d)(\lambda T - Q_0) -$$

$$\frac{hQ_0^2}{2\lambda} - K - h(\lambda T - Q_0)\left(\frac{Q_0}{\lambda} - t_d\right) - \frac{h(\lambda T - Q_0)^2}{2\lambda}$$

情形二:零售商进行两次紧急补货

对于该策略,若供应中断结束时间 t_e 在 t_{d_2} 之后结束,即 $t_{d_2} < t_e$,则零售商将在 t_{d_1} 处进行第一次紧急补货,紧急补货量为 Q_{d_1};在 t_{d_2} 处进行第二次紧急补货,紧急补货量为 Q_{d_2},如图 6-14 所示。根据模型假设,$Q_{d_1} + Q_{d_2} = \lambda T - Q_0$,$t_0 + \dfrac{Q_{d_1}}{\lambda} = t_{d_2}$。因此,该补货策略下,零售商在 $[0, T]$ 期间内的库存利润为

$$f_{21}(t_{d_1}, Q_{d_1}) = (b - c)Q_0 + (b - C(t_{d_1}))Q_{d_1} + \left(b - C\left(t_0 + \frac{Q_{d_1}}{\lambda}\right)\right)(\lambda T - Q_0 - Q_{d_1}) -$$

$$\frac{hQ_0^2}{2\lambda} - 2K - hQ_{d_1}(t_0 - t_{d_1}) - \frac{hQ_{d_1}^2}{2\lambda} - \frac{h(\lambda T - Q_0 - Q_{d_1})^2}{2\lambda}$$

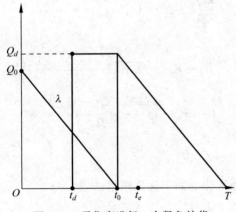

图 6-13　零售商进行一次紧急补货

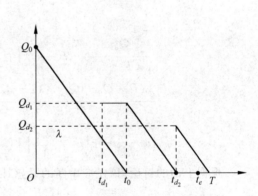

图 6-14　零售商进行两次紧急补货

对于该紧急补货策略,若供应中断结束时间 t_e 在 t_{d_1} 之后且 t_{d_2} 之前,即 $t_{d_1} < t_e < t_{d_2}$,则零售商将在 t_{d_1} 处进行第一次紧急补货,紧急补货量为 Q_{d_1}。显然,当第一次紧急补货销售完毕后,系统恢复到经典的经济订单批量模型,如图 6-15 所示。根据模型假设,$Q_{d_1} + Q_{d_2} = \lambda T - Q_0$,$t_0 + \dfrac{Q_{d_1}}{\lambda} = t_{d_2}$。因此,在该紧急补货策略下,零售商在 $[0, T]$ 期间内的库存利润为

$$f_{22}(t_{d_1}, Q_{d_1}) = (b - c)Q_0 + (b - C(t_{d_1}))Q_{d_1} + (b - c)\lambda\left(T - t_0 - \frac{Q_{d_1}}{\lambda}\right) - K -$$

$$\frac{hQ_0^2}{2\lambda} - hQ_{d_1}(t_0 - t_{d_1}) - \frac{hQ_{d_1}^2}{2\lambda} - \sqrt{2\lambda Kh}\,\frac{T - t_0 - \dfrac{Q_{d_1}}{\lambda}}{\lambda}$$

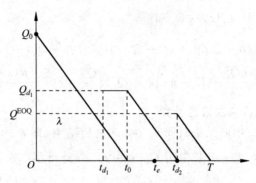

图 6-15　t_e 之后进行第二次紧急补货

由于供应中断结束时间 $t_e \in [t_0, T]$ 内服从概率密度函数为 $\phi(t_e) = \dfrac{2(t_e - t_0)}{(T - t_0)^2}$ 的概率分布，因此该紧急补货策略下零售商的期望库存利润为

$$F_2(t_{d_1}, Q_{d_1}) = \int_{t_0}^{t_{d_2}} f_{22}(t_{d_1}, Q_{d_1})\phi(t_e)\,\mathrm{d}t_e + \int_{t_{d_2}}^{T} f_{21}(t_{d_1}, Q_{d_1})\phi(t_e)\,\mathrm{d}t_e$$

$$= \left[(b - c)Q_0 + (b - c_0 - \tau t_{d_1})Q_{d_1} - \frac{hQ_0^2}{2\lambda} - hQ_{d_1}(t_0 - t_{d_1}) - \frac{hQ_{d_1}^2}{2\lambda}\right] +$$

$$\frac{Q_{d_1}^2}{\lambda^2(T - t_0)^2}\left[(b - c)\lambda\left(T - t_0 - \frac{Q_{d_1}}{\lambda}\right) - K - \sqrt{2\lambda Kh}\,\frac{T - t_0 - \dfrac{Q_{d_1}}{\lambda}}{\lambda}\right] +$$

$$\frac{(\lambda T - Q_0 - Q_{d_1})(\lambda T - Q_0 + Q_{d_1})}{\lambda^2(T - t_0)^2}\left[-2K - \frac{h(\lambda T - Q_0 - Q_{d_1})^2}{2\lambda} + \right.$$

$$\left.\left(b - c_0 - \tau\left(t_0 + \frac{Q_{d_1}}{\lambda}\right)\right)(\lambda T - Q_0 - Q_{d_1})\right]$$

根据上面的讨论，该供应中断的紧急补货问题可化为如下优化模型：

$$\max\{F_1(t_d), F_2(t_{d_1}, Q_{d_1})\}$$
$$\text{s. t.}\quad 0 \leqslant t_d \leqslant t_0$$
$$0 \leqslant t_{d_1} \leqslant t_0$$
$$t_0 < t_{d_2} < T$$
$$Q_{d_1} + Q_{d_2} = \lambda T - Q_0$$
$$0 \leqslant Q_{d_1} \leqslant \lambda T - Q_0$$

对于该问题的求解及相关结论见 Hu 和 Guo[①] 的文献。

①　HU M，GUO L B. Optimal emergency ordering policy for inventory with a random-ending-time supply disruption[J]. Mathematical problems in engineering，2022(1)：1-11.

 **6-3**

冷链物流飞上枝头

近年来生鲜电商行业发展迅猛,带动了国内冷链物流产业崛起。与此同时,我国在 2019 年 7 月首次提出实施城乡冷链物流设施建设工程,国家发改委、交通运输部、商务部等有关部门也陆续发布政策文件,从不同层面以最高级别的指导部署推动冷链物流行业健康发展。

早在 2016 年以前,冷链物流还一直处于不温不火的状态。眼下的冷链物流已飞上枝头,成为各大知名电商物流企业争相追逐的"香饽饽"。

冷链物流行业飞上枝头,成为资本市场的"宠儿"

2023 年,瑞云冷链宣布完成 5 亿元人民币 A 轮融资,主要用于夯实冷链零担全国网络、数字化运力平台技术研发、行业整合并购;冰山冷热收购松下制冷 100% 股权,旨在扩大规模、完善业务布局;数字冷链平台"运满满冷运"成功完成了数亿元人民币的 B 轮融资,平台通过大数据和强大的算法能力对货主端和运力端进行高效匹配和智能调度,提升交易效率、降低交易成本;冷链云工厂平台"粤十机器人",覆盖到机器人云平台、冷链无人工厂、冷链智能机器人三大领域,获得数千万元天使轮融资,本轮融资资金将用于加快推动海外产品的研发和市场拓展。

冷链物流飞上枝头,离不开国家政策的支持

在居民消费升级与线上经济高速发展的背景下,我国冷链物流行业市场规模稳步增长。2023 年中央一号文件《中共中央 国务院关于做好二〇二三年全面推进乡村振兴重点工作的意见》19 次提及冷链物流,国家层面发布《农业农村部办公厅关于继续做好农产品产地冷藏保鲜设施建设工作的通知》《全国现代设施农业建设规划(2023—2030 年)》等规划文件继续引导冷链高质量发展。

随着冷链物流产业布局更加完善,国家标准及利好政策逐渐落实,各行业对冷链物流的需求不断推动行业持续发展,2022 年冷链物流市场规模达 6 371 亿元,预计 2025 年将达到 8 686 亿元。

巨大的市场需求让冷链物流行业进入爆发期,风口之下,电商物流巨头争相入局,阿里巴巴、京东物流和冰山冷热等企业齐刷刷出现在赛道上。阿里巴巴旗下驯鹿冷链计划在中国建立 50 个大中型专业生鲜冷链仓库,布局 100 条生鲜冷链运输干线、100 条运输支线及冷链短驳。京东物流接连推出了冷链运输服务"京东卡班"、B2B 核心产品"冷链城配"以及首个平台化产品冷链整车,其京东大药房药品"自营冷链"能力已覆盖超 300 个城市。iiMedia Research(艾媒咨询)的数据显示,2022 年冰山冷热研发人员数量为 306 人,研发投入 7 679.3 万元,占总收入比为 2.7%。

目前,中国冷链物流行业正处在规范发展期,构建现代冷链物流体系、补齐冷链物流发展短板是行业发展目标,未来冷链物流行业将向智慧化、绿色化、标准化发展。

资料来源:艾媒咨询 | 2023—2024 年中国冷链物流行业解析及市场发展研究报告[EB/OL].(2023-06-16).https://www.iimedia.cn/c400/93954.html;年度盘点 | 2023 年冷链行业十大特点[EB/

OL]. (2024-01-31). https://zhuanlan. zhihu. com/p/680696004.

问题:

1. 冷链物流行业崛起原因有哪些?
2. 生鲜电商冷链物流特点有哪些?

6.7 冷链库存管理模型及优化

6.7.1 冷库规模的成本分析

在冷链物流中心的存货成本中,初始投资的建设成本应按年分摊,包括固定资产的初始投资成本、运维成本、巨额资金占用的机会成本等。

固定资产的初始投资成本,主要是指企业为使仓储服务投入使用而发生的一切合理费用,包括建设费、机器设备费、各种运输杂费、安装费、维修费等。这里假设冷库的固定资产在使用前已经全部投入,不会随着生产过程增加额外的固定投资成本。由于冷库的固定资产投资是长期固定的,而且厂房的规模也是固定的,所以冷库的投资成本是一个分段函数。

运维成本是指企业为维持正常的生产活动而发生的各种费用,如职工工资福利费用、燃料费用、辅助材料费用、财务费用、管理费用等。这里假设当物流中心的规模是固定的,所需的运维成本相对稳定,在冷库规模不变的情况下也不会发生变化。单位仓储没有固定成本,只有可变成本,这与冷库的规模密切相关。冷库规模越大,单位存储成本越低。上面的固定规模成本是不变的,所以这里的运营成本也是一个固定的分段函数。

巨额资金占用的机会成本是货币的时间价值,货币的升值是由银行年储蓄利率随时间变化而决定的。由于冷链物流前期投入较大,因此需要占用大量资金,投资周期长,需要计算资金流入的机会成本,冷库投资按复利现值系数分摊到每年,具体计算公式为

$$C'_j = \frac{C_1}{\frac{1-(1+i)^{-n}}{i}} \tag{6.19}$$

6.7.2 需求相对确定的库存最优规模研究

传统经济订货批量模型又称整批间隔进货模型 EOQ 模型,该模型适用于整批间隔进货、不允许缺货的存储问题,即某种物资单位时间的需求量为常数 D,存储量以单位时间消耗数量 D 的速度逐渐下降,经过时间 T 后,存储量下降到零,此时开始定货并随即到货,库存量由零上升为最高库存量 Q,然后开始下一个存储周期,形成多周期存储模型,可求得在 Q_j 规模下最佳进货量。在 Q_j 规模下的进货量使得储藏成本和进货成本之和最低。不过这里并没有引入固定资产的初期投入投资成本。所以应该是在企业达到最优规模的同时,固定资产初期投入成本、储藏成本和进货成本三者之和小,而不是两项的和。当固定资产初期投入成本等于储藏成本和进货成本两者之和时,总成本最低(根据当且仅当 $a=b$ 时,$a+b$ 之和最大原理),此时达到冷链物流企业的最优规模。

1. 参数符合说明

C_i——储藏成本和进货成本之和。

b_j——年存储成本。

r——总库存量中进货量的比例。

S——每次进货的费用。

D——全年进货总量。

2. 分析步骤

(1) 计算在 Q_j 规模下以及最佳进货量下的三项总成本和最佳进货量。

(2) 计算储藏成本和进货成本之和等于固定资产的初期投入成本时的最佳规模区间。

(3) 根据第二步得到的最佳规模区间来确定最终的最优规模。

下面列出计算过程：

$$C_i' = \frac{b_j r Q}{2} + \frac{SD}{rQ} \tag{6.20}$$

对其求导得出，当总成本最低时：

$$\frac{\partial C_i}{\partial} = b_j r - \frac{SD}{2Q^2} = 0 \tag{6.21}$$

根据式(6.20)，可得

$$Q_j = \sqrt{\frac{2SD}{b_j r^2}} \quad C_i = \sqrt{2SDb_j}$$

由于上述过程没有引入初始的固定资产投资成本，因此要采取上面的三步骤，引入初始投资成本，从而使总成本最低化。令

$$C_{总} = C_i + C_j' = \sqrt{2SDb_j} + \frac{C_1}{\dfrac{1-(1+i)^{-n}}{i}}$$

由于是分段函数，因而无法对其求导。根据当且仅当 $a = b$ 时，$a + b$ 之和最大这一原理得知，当且仅当 $C_i = C_j'$，$C_{总}$ 最低，最优规模容量也在此时得出。之后，可以计算不同规模下的 C_i 和 C_j'，记 $C_i = C_j'$ 时的规模区间为 (Q_1, Q_2)，即为冷库最优规模区间。约定如下。

若 $Q_j^* \in (Q_1, Q_2)$，取 $Q^* = Q_2$。

若 $Q_j^* < Q_1$，取 $Q^* = Q_1$。

若 $Q_j^* > Q_2$，取 $Q^* = Q_j$。

策划实例分析

生鲜电商经营

随着互联网的不断发展以及人们消费习惯的不断改变，生鲜电商开始走入人们的生活。自提出新零售的概念后，随着它的不断发展，传统的生鲜购买渠道受到冲击，企业巨

头纷纷在生鲜电商行业试水,O2O商业模式被运用得越来越广泛,已经成为生鲜企业未来的主要发展趋势。目前,我国的"宅"经济逐渐成为主妇们的新选择,阿里巴巴、京东、美团、拼多多等大型网商陆续加入生鲜电商激烈的市场竞争中去。生鲜产品对于物流和库存管理与配送时效的要求极高,短者半小时、一小时即可送达货物。如何提高供应链管理水平,成为决定生鲜电商经营成败的关键。

生鲜产品作为生活中的必需品,市场需求量大,购买频率较高。生鲜市场具有庞大的潜力,人们对于线上购买生鲜产品的需求日益增长,网购生鲜产品的消费习惯正在养成。最早网购的主体是年轻人,随着消费观念和习惯的改变,以及生鲜电商的发展,作为家庭生鲜产品主要采购者的中老年人也纷纷加入网购生鲜产品的大军中。根据经营模式的不同,生鲜电商分为综合电商、垂直电商、O2O、线下新兴业态、社区团购等类型。综合电商以线上平台运营为主,对线下生鲜店面的建设投入少;优点是流量充足,客户多,运营成本低;缺点是平台业务范围大,无法集中精力投入生鲜消费者,生鲜产品由第三方商家提供,品质无保障。垂直电商平台专业于生鲜产品的经营,线下注重产品质量和配送体系的建设;优点是可对供应链进行严格把控,保障了产品质量,且更聚焦于生鲜消费者;缺点是投入成本过高,在生鲜产品源头和冷链物流建设上投入过多,且获客成本较高。

由于生鲜产品对于新鲜品质的高要求,作为生鲜电商最理想的状态,就是订单量和库存量的一致,且能把从田间地头或是生产线上刚刚运回来的生鲜产品用最快速度送达消费者手中。但由于供需双方的信息不对称,生鲜电商很难对消费者未来时间段的购物需求有准确的了解,就造成采购数量和库存与销售环节的脱节,采购多了卖不完浪费成本,库存少了又不能及时满足消费者需求。有的电商为了节约成本、避免浪费,只能采取少量、多样的采购策略,即每样生鲜产品只采购很少的数量,保证了当日全部卖出,但会造成商品早早缺货、后面顾客买不到的现象。

生鲜电商为了保证产品的新鲜程度,对于采购回来的产品往往没有足够时间进行分拣和质量检查,常常进行简单的包装后就用最快速度送达消费者手中。由于生鲜食品的品质难以统一控制,人们对于在网上购买生鲜食品更是持怀疑态度。没有当面看到食品的质量好坏,人们很难产生购买的欲望。如果质量不好、菜不够新鲜,退还麻烦,且生鲜食品的保质期短,退货时容易产生矛盾。现实中缺斤短两、以次充好、活虾中掺死虾、鲜菜中混烂叶的现象时有发生,有的平台甚至把超市头天卖不完的生鲜产品重新包装打签后卖给顾客,或者在生鲜产品上喷洒化学药水用来保鲜,严重影响了商家信誉和消费者健康。

资料来源:基于冷链物流的生鲜电商配送模式研究[EB/OL].(2021-11-15).https://www.fx361.com/page/2021/1115/9495781.shtml.

问题:

1. 影响生鲜产品电商经营成败关键的因素有哪些?
2. 生鲜产品电商的供应链控制和管理策略有哪些?

【本章小结】

单级库存管理是指企业内部的单级库存管理。

EOQ 模型也称批量间隔采购模型。该模型适用于批量间隔采购且不缺库存的存储问题,即单位时间对某种物料的需求量为常数 D,存储量以单位时间内消耗 D 的速度逐渐降低,在时间 T 之后,存储量下降到零。

多级库存中所有库存节点连接在一起形成一种供需关系。它是所有库存节点之间建立供需关系而形成的完整系统。

供应链的级库存=某库存节点现有的库存+转移到或正在转移给后续节点的库存。

VMI 模式是一种现代供应链库存管理模式。它是以用户和供应商双方都获得最低成本为目的,在一个共同的协议下由供应商管理库存,并不断监督协议执行情况和修正协议内容,使库存管理得到持续的改进的合作性策略。

零售商在冷链供应中断期间的紧急订货策略,供应中断的恢复时间是随机的,采购价格随时间的延长而上升。

JMI 是供应商与客户同时参与、共同制订库存计划,实现利益共享与风险分担的供应链库存管理策略。

运维成本是指企业为维持正常的生产活动而发生的各种费用,如职工工资福利费用、燃料费用、辅助材料费用、财务费用、管理费用等。

【课后习题】

1. 简述供应商管理库存的概念。
2. 简要描述冷链单级库存管理与冷链多级库存管理的区别。
3. 简述多级库存系统的控制方案。
4. 画图描述 VMI 系统运作流程。
5. 冷链 VMI 模式的优势有哪些?
6. 零售商冷链系统的补货策略有哪些?
7. JMI 的实现形式有哪些?

即测即练

第 7 章

冷链物流库存控制

【本章导航】

本章主要介绍生鲜农产品、果蔬、海产品、医药的专业冷链库存控制,以及不同专业的冷链库存控制的功能、影响因素等,根据各自适用的库存控制方法 VMI 或者 ABC,归纳了专业冷链物流的库存控制建议。

【本章学习目标】

1. 熟悉生鲜农产品库存控制的概念、功能、影响因素及方法建议。
2. 掌握三种果蔬冷链库存控制策略。
3. 熟悉果蔬冷链库存的 ABC 分类。
4. 了解海产品冷链物流 VMI 的实施条件及改善策略。
5. 掌握医药冷链库存控制的含义、主要问题、影响因素及解决方法。

【关键概念】

生鲜农产品库存控制(fresh agricultural product inventory control) 医药冷链库存控制(pharmaceutical cold chain inventory control) ABC 虚拟药品单元(ABC virtual drug unit) 排序分析法(sort-based analysis)

生鲜经营过程中的损耗控制节点和控制方法

生鲜经营中的损耗控制问题,体现了习近平新时代中国特色社会主义思想强调的资源节约和生态文明理念。对于超市的生鲜经营者来说,生鲜经营的损耗控制问题如同"黑洞"一样困扰着众多生鲜经营管理者。

由于生鲜经营的特殊性和复杂性,损耗在经营过程中极易发生,解决生鲜损耗问题,需要运用科技手段提高物流储运效率,发挥专业人才智慧进行经营管理创新。此外,损耗控制(包括经营成本控制)业绩取决于整个生鲜区的运作状况和经营管理水平,反过来又在很大程度上影响着生鲜区乃至整个超市的盈亏兴衰。

超市的损耗有如下定义:损耗是店铺接收货物时的商品零售值与售出后获取的零售值之间的差额。这样看来,损耗产生的原因就不仅限于前述的理解,损耗应该是由盗窃、

178

损坏及其他因素共同引起的。这个定义比较着重于损耗在价值上的综合体现。有些企业将损耗理解为不明原因的商品或财产丢失。

一、生鲜经营中产生损耗的原因

（1）收货单据计数错误。在收货环节，由于相当一部分为非标准生鲜品和原材料，因鲜度、水分含量和冷藏温度等的不同，收货的标准受收、验货人员的经验影响较大，出现判断误差和计数错误的可能性较大，这里也不排除故意的人为原因造成的误差。

（2）内部和外部偷盗行为。生鲜商品和原材料因其可直接食用的方便性、保存陈列的方式和位置不同，一般来讲，水果、熟食、面点等部组的偷盗损耗率会高一些，而且一旦失窃不易查证。

（3）收银计数错误。这类错误常出现在两个环节：一是非标准生鲜品在称重计量时打错商品名称；二是收银台对商品扫描时。

（4）退换/索赔商品处理不当。部分超市未设立索赔商品管理组或专职人员，或管理工作不到位，对索赔商品得不到及时处理，无法取得合理的索赔商品补偿，使得本可挽回的损失扩大化。

二、生鲜区的损耗原因

（一）生产责任原因

（1）产品质量。部分由超市自行生产的产品质量达不到出品标准要求，而造成减价和报废所致的损失。

（2）工作疏忽造成损坏。员工工作疏忽大意导致设备和原料损坏。

（3）产品卫生问题。生产环境卫生达不到标准，影响的品质及其外观，最终影响销售。

（4）设备保养/使用不当。由于设备养护和使用失当，设备达不到原定的正常使用寿命而提前报废退役，或者加大了设备运行成本。

（5）生产正常损耗。这是指在产品加工过程中由于水分散失或工具沾带等原因造成的一定比例的损耗，这是所有损耗中唯一可视为合理的损耗。

（二）管理原因

（1）变价商品没有正确或及时处理。生鲜商品因鲜度和品质不同，致使价格变化比较频繁，如果管理不到位，变价商品得不到及时、准确的处理，就会产生不必要的商品或价格损失。

（2）店内调用商品没有登记建账。生鲜经营各部门之间常会发生商品和原料相互调用的情况，如果各部门的有关调用未建账或记录不完整，就会在盘点账面上出现较大的误差，造成库存流失。

（3）盘点误差：在生鲜盘点工作中，若管理无序，或盘点准备不充分，对于盘点的误差不能及时查明原因，必然出现常见的盘点误差损失。

（4）订货不准。生鲜部门订货管理人员对商品销售规律把握不准或工作不够细致，原材料或外购商品订货过量，往往无法退换或逾期保存而造成商品或减价损耗。

（5）员工班次调整。在员工班次调整期间，由于新的岗位需要一段适应时间，损耗在这个阶段属于高发期。

（三）后仓管理原因

（1）有效期管理不当。生鲜商品和原料需要进行严格的有效期管理,做到"先进先出",如果管理不当,就会出现较大的损失。

（2）仓管商品和原料保存不当而变质。生鲜商品和原料保存环境和温、湿度条件达不到要求,也会造成变质损失。

（3）设备故障导致变质。冷藏、冷冻陈列和储存设备运转不正常或出现故障,导致变质损失。

（4）破损/索赔商品管理不当。破损及索赔商品在待赔期间管理不当,发生丢失等,将无法继续获取赔偿。

（四）销售前区管理原因

（1）标价错误。生鲜销售区的商品标价错误,包括各种价格标签、POP 和品名等错误,造成售价损失。

（2）顾客索赔退换损失。这是指顾客对商品投诉出现的退、换货损失。

以上仅列出生鲜区日常管理中的一些损耗的常见原因,归结起来分析,出于盗窃的损耗仅仅是其中的一部分,更大的损耗集中在管理问题上,它主要产生于三个方面。

（1）管理操作标准问题。在生鲜管理中,必须建立一套严格的管理和生产操作标准,确保加工制作程序无误,才能生产出足够数量的合格产品,损耗的发生多与管理操作标准的制定和执行水平相关。

（2）产品管理问题。生鲜产品经营中保持供、存、产、销之间的动态平衡关系是生鲜区经营管理的关键,但由于人为原因和外界因素影响,同时管理相当数量的商品和原料也并非易事,如果把握不当或经验不足,损耗和积压往往频繁出现。

（3）人为因素。在生产过程中发生意外事故以及偷吃偷拿、有意打错价格标签的员工故意行为。

在经营过程中真正弄清这些原因,认真分析和积累经验,损耗的"黑洞"就会逐渐变得可以透视和可以控制,损耗控制的回报将从利润增加中反映出来。

资料来源:生鲜经营过程中的损耗控制节点和控制方法! https://mp. weixin. qq. com/s? __biz=MjM5ODc0NjIyMw==&mid=2651032844&idx=2&sn=43a680db2d290e59812b241235674d74&chksm=bd312c0c8a46a51a967cf979b76ad7946ee3d772c1c0ff31d7c432b08af9e16ef5675163e607&scene=27.

问题:

1. 超市常见的生鲜损耗有哪些?

2. 如何有效控制生鲜区损耗?

当前,冷链运输成本、冷库运营、基础设施建设、能耗与碳排放等问题一定程度上制约了冷链行业的可持续化发展。企业要坚持新发展理念,立足绿色低碳、安全高效的内在要求,加大技术研发和管理创新力度,推动装备升级和运营优化。

如何打造安全、稳定、可持续化的冷链发展格局,成为行业上下游关注的焦点。其中,企业深化改革是应对挑战、实现高质量发展的关键所在。冷链企业要牢固树立自我革命精神,以习近平新时代中国特色社会主义思想为指导,深入贯彻党的二十大和二十届历次全会精神,落实新发展理念,以创新引领冷链供应链高质量发展,努力开创冷链行业发展新局面,新的冷链供应链形态有望被重塑。

7.1　生鲜农产品冷链库存控制

7.1.1　生鲜农产品库存控制的概念及其功能

1. 生鲜农产品库存控制的概念

生鲜农产品的库存控制指生鲜农产品的经营企业在保证其供应的前提下,为在效益最大化的同时使库存产品的数量适当,而运用相应措施对库存量实施有效控制的管理方法,主要包括最优订货量、最佳订货时间及最优库存量等。

2. 生鲜农产品库存控制的主要功能

(1) 防止缺货,生鲜农产品的经营企业为更好地满足顾客需求,尽可能缩短从接受订单到将产品送达顾客的时间。

(2) 确保适当的库存,既防止生鲜农产品积压占用过多资金,又避免缺货造成缺货损失。

(3) 节约库存成本,降低总的物流成本,避免生鲜农产品在库存过程中产生不必要浪费。

(4) 确保供应的稳定性,避免因销售的不确定性产生的影响。

(5) 储存功能。

在生鲜农产品整个供应链中,要想优化整条链条,必须对库存进行合理的管理与控制,寻求最优库存量,尽可能降低企业总成本,提高生鲜农产品经营企业的市场竞争力和经济效益。

7.1.2　影响生鲜农产品库存控制的因素

通常情况下,生鲜农产品的库存控制模型由需求、订货、库存费用等因素组成。

1. 需求

在生鲜农产品库存系统中,需求就是从库存系统中取出一定量的生鲜农产品以满足企业加工或者消费者需求,但考虑到生鲜农产品的易腐性,库存量会因其腐烂与顾客需求而减少。生鲜农产品的需求可通过对以往销量的统计来进行预测或对市场进行调查分析后而获取。需求量可以是常量,也可以是随机变量,所以,需求可分为确定性与随机性需求两种。

2. 订货

生鲜农产品的库存量由于其自身的腐烂变质和市场需求而不断减少,为确保产品的正常供应,需要对其库存量加以补充。企业可以对订货时间及每次的订货量进行控制,为了在特定时刻及时补货,生鲜农产品的经营者需在库存量非零的情况下提前订货。这段时间即为订货提前期,其可以很长,也可以忽略不计,可以是某个确定值,也可以是随机变量。

3. 库存费用

生鲜农产品的库存费用指从生鲜农产品的订购、购入、储存到最后出库所发生的各项费用，以及因缺货或腐烂造成的损失，主要包括四种费用，即订货费、储存费、缺货费、腐烂费。

1）订货费

订货费指生鲜农产品的经营企业在订货时，从订单发出到产品全部进入库存系统所花费的费用的总和，主要包含订单发出、差旅路费、进货检验费、库存搬运费等固定费用，也包含每次采购的订货费。

2）储存费

储存费指从生鲜农产品入库到出库整个过程中用于库存保管的费用总和，包括保管费、管理费、折旧费等，通常假设存储费用随存储量的多少及货物存储时间长短变化。

3）缺货费

缺货费指对生鲜农产品的存货不足导致无法满足顾客正常需求而引起的损失，主要包括企业信用受损后发生的费用和收入方面的损失。当顾客愿意等待且需求在延后一段时间能得到满足时，这些费用会随短缺量与延迟时间的增加而增大，缺货费主要与缺货量成正比。实际中，缺货常会导致企业信誉下降给企业造成经济损失，同时缺货费较难用具体数值衡量。[①]

4）腐烂费

腐烂费指由于需求滞后，在保鲜期内仓库中的生鲜农产品未出库导致其腐烂变质，使产品降价或完全丧失使用价值给企业造成的损失。

7.1.3 生鲜农产品库存控制建议

1. 使用 VMI 方法

采用 VMI 方法，即让供应商来管理客户的库存，由供应商决定其生鲜产品的库存量和维持其库存水平。这种建立在客户与供应商合作基础上的库存管理方法，能使供需双方信息共享，从而降低库存成本。[②]

2. 联合库存管理方法

生鲜农产品客户也可以尝试联合库存管理方法，即建立在与供应商合作基础之上的一种风险分担的库存管理模式。与 VMI 不同的是，联合库存管理方法强调双方同时参与，共同制订库存计划，双方相互协调库存。

3. 更新库存管理设备

设备是库存管理的基础，客户应根据自身的特点与管理现状，结合需求与资金，尽可能保持仓库设施设备的更新，推广高科技在库存管理中的应用，提高自动化水平，同时对设备定时进行维修与保养，结合生鲜产品的特点，保障仓库时刻正常运转。

此外，对于易腐性强和保鲜期短的生鲜农产品，订货周期和订货量受到鲜度影响，所

---

① 徐春明.几类确定性时变库存模型和其优化[D].南宁：广西大学,2008.

② 程迪.生鲜食品超市库存控制研究[J].商,2016(33)：263.

以应采取少批量多批次的订货策略；而且要严格控制生鲜农产品货源和销售环节的管理工作，可以通过简易包装、对表面除尘和二次清洗等工作增加生鲜农产品的鲜度，尽可能降低人为的损耗；最后，可以将生鲜农产品的库存控制外包给第三方物流企业，这样可以借助第三方企业的专业性控制其库存损耗，企业也可以集中精力在自己核心业务上。[①]

 **7-1**

如何做好生鲜库存控制？

生鲜行业是近两年的一大风口，因此有很多创投者都想跃跃欲试。也许很多人会觉得生鲜很好做，不就是进生鲜、买生鲜吗？其实做生鲜生意是没有那么简单的，别说其他的，光生鲜库存的管理就是一项我们花心思解决的问题。那么，如何做好生鲜库存管理？生鲜商品在库存管理上还存在哪些问题？生鲜是易损耗产品，放置的时间越久，损耗越大，在越短的时间内周转掉，损耗也越低。我们设立仓库不仅是为了保证卖场的商品不断货、不缺货，也是为了更好地做好生鲜的订货量和控制存货量，减少损耗。所以我们在对生鲜商品进行库存管理的时候一定要下功夫。

首先，我们要对整个仓库进行一个功能区域的划分。通常来说仓库主要分为保鲜区、冷冻区、常温区、卸货区、分拣区等；其次，我们要对生鲜进行分类，然后根据它们的特性和所处的不同阶段放置在适合的地方。有序的管理流程不仅能够让员工形成熟练的工作路径，提高员工的工作效率，也能让生鲜产品降低损耗。一般来说，每一种单品都要集中分开存放，不同的单品不得混杂在一起，这样不仅更方便寻找商品，也避免生鲜堆放加快损耗。

周转率高的商品要存放在靠近通道等易拿、易放的位置。周转率很高的商品说明其订单量很大，我们将其放在靠近通道等的地方就便于工作人员就近取货，减少劳动量和节约时间。保鲜要求较高的商品一般都是采取"先进先出"的原则。比如豆制品、鲜肉等，它们对保鲜度要求高，在采购与供应链订购过程中，尽可能压后进库时间，做到分拣完即配送，以此降低运维成本。最后就是重要的生鲜产品要采取特殊的储存保护方式，我们要对其进行重点管理，定期进行盘点与整理，降低损耗和库存积压的风险。

目前我们的生鲜库存管理也还存在很多的问题：第一是库存盘点准确率会很低，盘点准确率低会严重影响企业的运营效率和运营质量。比如库存盘点不准确，仓库显示有货，但账上显示没有，就会造成有订单却不能卖、重复下采购单、占用资金、降低运营效率。相反，如果仓库里没货，而账上显示有货，就会造成承诺无效，影响服务质量和客户满意度。第二是拣货时可能找不到货，或者说，找货时间很长，甚至丢货。第三是信息化管理程度低，没有信息系统是很难管理的，员工很难记住大量的货物、货位，更不用说频繁更新的出入库数据了。对于这些问题，希望未来可以逐步改善和提高。

资料来源：如何做好生鲜库存管理？生鲜商品在库存管理上还存在哪些问题？[EB/OL].(2020-05-27).https://m.sdongpo.com/xueyuan/c-24796.html.

问题：针对生鲜库存管理目前仍面临的问题，提出几项合理措施。

---

① 邓琪.基于变质损耗的生鲜农产品订货策略[J].统计与决策,2013(6)：41-44.

7.2　果蔬冷链库存控制

7.2.1　果蔬冷链库存控制策略

实时监测果蔬的储存时间和订购果蔬的数量是果蔬冷鲜库库存控制的主要目的。依据果蔬冷鲜库库存检查时间、订购果蔬的周期以及订购果蔬的数量三个主要因素，可以有以下三种库存控制策略。

1. 定量订货(Q,R)策略

其主要优点根据果蔬供应商的情况和冷鲜库实际情况设计合理的订货量 Q，再根据销售预期设计合理的订货点 R，最后进行实时库存检查，随时检查库存果蔬数量。当某种库存果蔬数量下降到订货点 R 时，若继续下降，将影响其正常销售，应立即进行鲜果蔬采购，才能保证冷鲜库的正常运转，采购果蔬数量为 Q。

2.(R,S)策略

其主要优点是根据冷鲜库的实际情况设计最大库存，再根据销售情况设计订货点，并随时监控库存量。库存数量下降到订货点 R 时，应立即采取措施防止其继续下降，马上进行补货（订货），每次补货（订货）量到最大库存量 S。该方法需要持续监测库存物品的订货点、库存量等库存状态。

3. 周期性检查库存(t,S)策略

其主要特点是定期检查库存物品的库存状态，并进行补货（订货）。定期对库存进行检查，库存检查周期为 t，当监测到库存水平为 I 时，进行补货（订货），补货（订货）量为 S 减去 I。

7.2.2　果蔬冷链库存的 ABC 分类

要对果蔬进行有效的管控，首先要根据果蔬的种类、价格、体积等，对果蔬实行有区别的管理。

1. ABC 分类

针对果蔬的特性，主要采用 ABC 分类法，如表 7-1 所示。

表 7-1　ABC 分类 ％

类　别	货品品种占全部品种的比重	资金占用库存资金的比例
A	5～10	70～80
B	15～20	20～25
C	70～80	5～10

（1）收集数据。收集分析对象和分析内容的有关数据资料。例如，分析果蔬库存成本，应该收集果蔬库存相关费用、果蔬费用等有关数据。

（2）处理数据。计算和汇总各种果蔬的价格、数量、体积等数据。

（3）制作冷鲜库果蔬 ABC 分析表。

（4）依照冷鲜库果蔬 ABC 分析表的内容，确定果蔬分类等级。

2. ABC 分类法在库存控制中的应用

A 类果蔬：

（1）详细编号每件果蔬。

（2）对市场上果蔬需求量的预测要尽可能地精确。

（3）在不影响冷鲜库正常经营的情况下，尽量减少订货量。

（4）和供应商协调，最大限度稳定冷鲜库库存量。

（5）与供应商配合，减少准备鲜果的时间。

（6）定期订货，随时监控库存量。

（7）随时盘点，使果蔬账、物一致，便于临时决策。

（8）精确交货时间和发货时间。

（9）果蔬产品摆放在离发货区比较近的储藏区。

（10）对果蔬进行精细化包装。

（11）订货作业要经过冷鲜库经理同意后才可以进行。

B 类果蔬：

（1）适用定量订货方式。

（2）适当时机盘点果蔬。

（3）果蔬采购维持一般化即可。

（4）订货作业内容要经冷鲜库经理同意后才可以进行。

C 类果蔬：

（1）采用灵活的采购方法。

（2）扩大采购规模，降低采购价格。

（3）库存管理灵活化。

（4）尽量避免缺货现象，适当扩大库存果蔬数量。

（5）盘点时间灵活化，根据人力和物力决定。

（6）订货作业经过冷鲜库基层经理同意后即可进行。

对于 C 类果蔬一般采用比较粗放的定量控制方式，可以扩大果蔬进货量，一次订货量要达到冷鲜库库存峰值，并适当增加安全库存的数量。

7.3　海产品冷链库存控制

7.3.1　海产品冷链物流 VMI

海产品冷链物流成功实施 VMI 的重要条件就是供应商可以实时获得客户的销售信息和当前库存变化。[①] 这不但需要先进的冷藏保鲜技术，还涉及物流管理、信息技术、组织管理等多方技术及管理的融合。另外，海鲜品易变质的特点，要求对冷藏温度进行全程

---

① 崔芳,陈明.水产品供应商管理库存(VMI)模型的设计[J].微型电脑应用,2005(11):4,7-9.

监控,对冷冻海鲜品的变质率进行及时的跟踪分析,海产品冷链物流流程如图 7-1 所示。此外,补货要遵循多次数、少批量的原则。

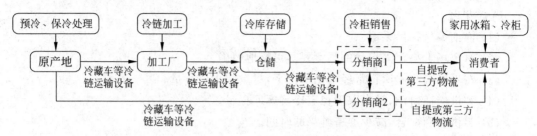

图 7-1　海产品冷链物流流程

资料来源:王琴钗.海产品冷链物流成本分析及优化[J].物流工程与管理,2021,43(6):45-47,56.

7.3.2　海产品的库存管理 VMI 模式

在 VMI 系统中,供货方(海鲜品加工贸易企业)和客户建立互信互利的战略联盟是非常必要的。在遇到特殊问题时,良好的合作关系和彼此的信任可以弥补契约的不足,双方本着友好的态度共同协商妥善解决问题。

1. 海产品销售企业实施 VMI 模式的优点[①]

(1)节省海鲜产品生产中的生产成本,减少海鲜类产品对安全库存的依赖;同时海鲜产品的供应商可以按照产品的需求地区不同,对库存产品进行合理的调配,以保证海鲜产品在全省乃至全国区域内生鲜市场中给予充足的货源补充。

(2)海产品的物流和库存成本将会显著减少,有助于海鲜类销售商降低其海鲜产品的库存量与库存管理,从而让销售商将更多的资金与精力用于扩大销售市场份额,完善销售服务网络。

(3)可以减少海鲜商品短缺量和存货积压量,提高生鲜商品的质量,且使生鲜商品库存成本明显减少;可以减少供应链物流环节的生产成本,进而导致价格的下降,从而增强消费者的购买力,提高公司营业销售额。

(4)对于海鲜商品供求双方来讲,双方的生产订单、运费、收款等贸易成本费用、工作时间成本费用,都可以大幅度降低,从而增加了经济收益;可以加强海鲜产业中供需双方的协作,进而提升供应商对商品需求量的灵敏度、增强整个海鲜供应链的综合实力。

VMI 是非常优秀的存货管理系统。VMI 的实现能够降低库存和成本、改善服务水平、缩短提前期、提升存货周转率、提升对市场需求预测的准确性、合理地对库存进行配比。但是,VMI 也有如下限制。[①]

(1)该系统需要供应与分销的各个主体参与进去,它们之间的协作水平并不是很高。

(2)VMI 要求双方之间有足够的信任。零售方一定要相信供货商,绝对不能干预供应商对发货过程的监控,而供货商也要做好自己的工作,让零售方认为其不但能管好自己的存货,而且能管好零售方的存货。只有相互信任,通过交往与协作才能解决实际存在的

---

① 李鲁慧.浙一鲜海产品有限公司存货管理研究[D].南昌:华东交通大学,2023.

问题。

（3）该系统强化了供应商在合作中的主体地位，决策流程中没有充分的磋商，难免会出现遗漏。

2．VMI 协议的订立

VMI 实施前，实施双方应进行坦诚细致的沟通，对如何实施 VMI 的相关流程进行协商，明确海鲜产品的最低到货率和产品补货地点，以便达成共识。所达成的共识写入合作条款中。条款中除实施方式、作业流程外，还可拟定一些特殊情况处理条款，如罚款条款、退货流程等内容，以合理的制度安排最大化供应链整体利益。

3．信息系统构建

在传统的补货作业中，信息传递的不完善，一直是快速补货作业最大的桎梏。而要实现海鲜供应商与超市的供应链一体化的思想，从技术上讲，关键就是建立信息共享平台。结合海鲜产品不易保存、易腐败变质、库存周期短的特点分析发现，供应商每次补货时应遵循多次数、少批量的原则；不同水产品货价寿命不同、保鲜度不同、储存条件也不同，供应商应以库位为单元进行库存管理、补充和库存监控。因此，VMI 的实施，需要一定的信息技术的支持，如 EDI/网络技术，条形码技术，POS 系统，补货决策系统等。一些大型的销售商或供应商采用更专业化的软件来实施 VMI 管理。

4．库存信息的透明度

信息的共享是 VMI 实施成功的关键，同时也是信息系统构建在实际执行中最大的障碍。客户要将自己的销售数据、库存信息实时与供应商分享，将涉及其经营的原始数据机密。

5．良好的三方物流

参与在 VMI 系统中，供货方要同时向多个销售点仓库配送，要求陆运的低成本、高可靠性。如果自建物流，从成本和效率的角度都是不合适的。所以物流配送这个环节一般是外包给第三方的物流企业，以得到更专业的服务。这样，供货方和客户都可以将精力专注于自己核心业务。另外，供货方还会选择离超市较近的第三方物流仓库，将冷藏仓储这个环节也外包出去。

但利用三方物流配送和仓储的模式下，需要将物流服务商也纳入 VMI 管理系统中，包括作业标准的建立、运作流程的统一。尤其在时间点的配合上，在超市收发货管理中显得特别重要。这就需要进一步引入 JIT 的供货管理思想。

另外，还有些要素对于 VMI 实际运作起着不可忽视的作用，如 VMI 实施绩效评估体系的建立、实施企业相关人员的培训、合理的风险防范机制等。

 7-2

某公司冷库管理规范

（1）除仓库管理人员外，其他人原则上禁止进入冷库。库外人员入库，应得到经理级以上领导批准，由仓库管理员陪同入库。

（2）库管人员入库需穿好棉衣、棉裤、防砸棉鞋、帽子、手套等必备安全保温服装，身上不得携带金属品(如钉子,刀、剪等),带入库内的工具,应随人员出库及时带出。

(3) 严格按照叉车驾驶规范驾驶叉车,严禁野蛮驾驶。

(4) 库门开启,人员或叉车进入后,应及时关闭。人员进入时,最多开启一人身位宽度,尽量减少冷气外泄。

(5) 货物入库前应进行预冷,不符合入库标准,货物禁止入库。

(6) 入库货物应码放整齐,货物入库应按货物类型进行分区分类码放。

(7) 出库后,及时关闭库门,防止冷气外泄。

(8) 每日专人定时更新成品库货位看板,严格执行成品库货物看板管理制度。

(9) 仓库应定期盘点,保证账、物、卡一致。

(10) 保持库内整洁,严格执行 6S 管理。

资料来源:孙亮.OZ 公司海鲜品库存优化策略研究[D].天津:天津大学,2016.

问题:

1. 海鲜品库存管理的注意事项有哪些?

2. 探讨企业进行冷库管理的目的和意义。

7.3.3 海产品冷链仓储管理的改善

海鲜冷库的采用为海鲜企业的标准化经营和经济效益提供了很大的质量保证。它不仅可以实现海产品的保鲜和储藏,而且可以调节市场的供求关系。冷冻可以使海产品实现 3~6 个月及以上的保鲜期,不同的产品有着不同的保鲜需求,这样就会造成对保鲜温度的要求不一样,同样的机械设备所要实现的制冷量、库房的保温性能也是有所差别的。[①]

1. 完善生鲜冷链仓储设施

加强和完善海鲜冷链仓储设施设备、智能技术的投入。硬件设施的完善是现有冷链仓储的基础,主要体现在冷藏车的制冷效果、运输成本以及仓储和冷藏。进一步改造海产品仓储和现有的冷链物流设备,同时引进新的设备,对提升我国海产品的质量和保持新鲜度具有重要意义。这样的改造不仅可以减少人力、物力资源的损失,还可以有效降低成本,为海产品供应链的高效运作提供支持。

仓储的先进先出(FIFO)管理对于海鲜品这样的易变质产品来讲,是非常必要的。

布局管理的方式有以下几个。

(1) 根据在库产品按品种数量进行分类。其可以分为三大类:单品小于等于 1 托盘;单品类 2 托盘到 5 托盘;5 托盘以上。

(2) 成品库内实行货架与堆垛两种模式。只在靠近墙的一侧设置单排货架,对于仓储量大的品种实行堆垛码放,有些高端的海产品只有一两托甚至几箱,就放在货架上,以便管理。

(3) 遵循单品类"大批量放里,小批量在外"的堆垛原则,这样就减少货物移动次数。

---

① 李鲁慧.浙一鲜海产品有限公司存货管理研究[D].南昌:华东交通大学,2023.

（4）设置退货临时存放区，也使用货架。退货不及时归类，会导致账实不符的情况出现，并且有时退货中某些商品接近保质期，如果不及时处理，将会给公司带来经济损失。因此，需要改善退货处理流程，可以每隔几日灵活地抽出一些时间对退货进行检验后归类。

2. 优化海产品冷链仓库管理系统

优化仓库管理系统可以实现仓库运作的信息化和自动化。通过采用仓库管理软件，可以实现库存的实时更新、货物的追踪和管理以及订单的处理等。此外，通过物联网技术，可以实时监控海产品在仓库内的温度、湿度和其他环境参数。

3. 控制海产品仓库库存成本

通过新建仓储配送中心、冷库以及购买冷藏车等设备，并结合运输配送中心和共享配送中心的基础设施，实施联合仓储配送，可以有效提升冷链库存效率、降低冷链运输成本，并提高冷链物流优化水平。

制定严格的仓库管理制度，务必遵守"货入账入，货出账出"，加强库内6S管理，账物卡一致。对于库内堆垛摆放制度严格执行。消除货物入库后不能及时按类归位、随意堆放的现象。制度制定后，关键在于执行。对库管人员培训，进行新制度的宣讲，转变员工观念，强调仓库管理对企业库存管理的重要意义，并明确岗位责任，实行考核绩效机制，有效约束库管人员的不规范操作。

 7-3

某公司成品库看板管理制度

一、目的

（1）成品库每个货位信息一目了然。

（2）便于盘点。今后以循环盘点为主，每周（暂定）盘点一个区域，盘点后信息与货位卡信息相核对。

（3）作为仓库规范管理的标尺和形象。

二、更新依据

出库：根据生产领料单，售出库单，其他出库单，调拨单（出）。

入库：仓库调拨单（入），产品入库单，超市退回货物的相关单据。以上当天出入库原始单据存放于专用盒中保管。

三、更新方法

本着"日账日清"的原则。

每天下班前，成品库库管员根据以上出入库原始单据，先更新手账，然后更新Excel货位表，当天更新内容用红色字体显示，然后根据Excel货位表，更新成品库货位图看板卡。填卡字迹清晰，如有错填，删掉一行，另起一行填写。

四、更新时间

货位卡实行每日更新制，即在每日下班前完成当日货物变动的更新。

五、监督管理

（1）每日下班前，成品库管员将当天更新好的 Excel 货位表发给物流科长。

（2）物流科长不定期（每周至少两次）监督、抽查货位看板及 Excel 货位表的正确率。对结果进行记录，抽查结果与库管员绩效工资相关联。

（3）抽查方法：物流科长在仓库统计部分实际货位的明细，根据此明细，对照 Excel 货位表及货位看办卡进行核对。

资料来源：孙亮.OZ 公司海鲜品库存优化策略研究[D].天津：天津大学，2016.

问题：结合成品库看板管理制度，简单分析如何有效管理海鲜品批发库存。

7.4　医药冷链库存控制

7.4.1　医药冷链库存

医药冷链库存是指药品流通企业在生产经营过程中为现在和将来的耗用或者销售而储备的需要在低温环境下保存的药品。广义的医药冷链库存还包括处于制造加工状态原料药和成药以及处于运输状态的药品。医药库存的主要流程包括药品的入库验收、在库存储、药品养护、分单打印、出库拣货、药品拼箱复核、批号调整等。

医药库存问题一直都是很多医院、药企管理者和学者非常关注的问题。与其他普通产品的库存不同，药品是一种特殊的商品，技术含量高，对安全、质量、有效期有严格的要求，再加上其种类繁多，仅《国家基本药物目录》（2018 版）中公布的化学药品和生物制品就有 307 种，中成药有 159 种，共 466 种药物，另外还包含一些中药饮片，这些都对医药库存管理尤其是冷链库存提出了更高、更复杂的要求。

药品库存管理的目标是在保证药品供应满足患者及其他用户需求的基础上，加速药品周转，减少库存，提高资金利用率，保证药品在库期间的质量，有效预防差错事故的发生。[①] 药品库存水准对于优化医药供应链成本具有很大的影响。与普通商品不同，药品对于储存条件和环境的要求非常严格，除了有效期、批次号外，对储存环境，如温度、湿度等，都有特殊的要求，还有些药品挥发性较强，在存放时要避免与其他药品串味。而医药冷链库存一般分为两种：一般注射剂的冷藏和特殊制剂的冷藏，例如，甲流疫苗一般要求保存在 2～8 ℃下，肿瘤制剂一般要求在 0 ℃以下进行存储。

7.4.2　医药冷链库存控制的主要问题及影响因素

1. 医药冷链库存控制的主要问题

1）库存药品质量与安全监管问题

近年来，我国药品安全事故频发，形势较为严峻。从"静脉注射用人免疫球蛋白

---

① 刘璐，吴军，李健，等.考虑合同保质期的快速失效药品的二级供应链库存策略研究[J].运筹与管理，2018，27(7)：1-9.

(PH4)"事件到"刺五加注射液"事件,再到"茵栀黄注射液"事件,有专家指出,注射液在库存管理中质量与安全监管出现了严重问题。注射液等快速变质的药品的库存质量与安全监管问题成为医药分销企业供应链管理的重中之重。在对国内许多大型医院及医药流通企业进行调研的过程中发现,注射液从冷藏库中取出来使用时,有些已经出现了沉淀与混浊(可能已变质)。失效的药品不但不能改善患者的病情,还会延误患者的治疗,甚至危及患者的健康和生命。

2) 医药库存成本问题

世界各国对其国民健康和医疗卫生系统日渐重视,主要原因有二:一是能够用于医疗卫生领域的资源有限,二是医疗卫生成本的不断上升。医疗消费在国民生产总值中占有很大的比例。例如 2022 年美国整体医疗支出达 4.46 万亿美元,同比增长 4.1%,2019—2022 年复合增速 5.9%,占国民生产总值约 17.8%。[①]

3) 医药库存周转问题

在许多国家中,医院和医药分销企业对产品生产和库存的管理大多是独立的,整个系统处于低效率运行状态,加上行业的特殊性以及并购等活动,提升了行业的不确定性,使得药品行业企业的库存周转率较之其他行业企业低。

中国一般的药企和中小型医院,合理的药品库存周期大约为一个星期,大型医药连锁超市的最佳库存周期大约是 24 天,但是由于库存控制方法的落后,很多企业往往需要 10～20 天库存周转时间。我国大型药品连锁超市的库存药品平均周转天数甚至长达 34 天,高出发达国家 6 倍之多。药品的库存占用了医院或者连锁医药分销企业 30%～60% 的流动资金,整个库存周转比较慢,丧失了投资其他项目的机会,严重阻碍了医院和企业的进一步发展。合理订购及补货,以优化库存结构、加快库存周转,避免库存缺货和积压,已经成为阻碍国内医药产业发展的主要瓶颈。[②]

2. 医药冷链库存控制的影响因素

医药冷链库存的中心问题就是计算在各种条件下的最优订购批量及相关库存成本。库存控制的主要因素包括两个:时间和数量。需求、补货模式、库存约束、失效率是影响医药库存的主要因素。

(1) 需求。需求包括需求量、需求率和需求模式。同一时期内的需求量可以为不变需求和可变需求。需求模式可以分为确定性需求和随机性需求,还可以分为独立需求和相关需求。对相关需求的库存最适宜采用"物料需求计划系统(MRP)"来控制,对独立需求物品通常采用连续或定期库存系统来控制。[③]

(2) 补货模式。补货模式就是指货物是以什么方式加入库存,包括瞬时补货、均衡补货和分批补货。

(3) 库存约束。库存约束指的是驾驭库存系统的限制。如库存的容量限度、库存投资金额限度、是否允许缺货等。

---

① 2024 年美国医疗行业专题研究:从支出结构和支付体系出发,美国医疗体系有何特点?[EB/OL].(2024-02-28).https://www.vzkoo.com/read/20240228f56e4a3dafa5af0ab2ba1e76.html.

② 黄音.医药供应链库存控制策略研究[D].长沙:中南大学,2010.

③ 于会强.供应链管理环境下库存控制策略研究[D].重庆:重庆大学,2005.

（4）失效率。失效率是药品等具有变质特征的商品的特有属性。药品的市场需求和药品的失效是导致医药库存减少的主要原因。

7.4.3 医药冷链库存控制的主要方法

医院药品种类繁多，每个品种的价格不同，且需求的特异性导致药品的库存数量也相差很大，这给冷链库存管理带来了很大的困难。目前很多医院和医药分销企业的做法是对药品库存上下限进行估算，大多依靠以往的经验值设定药品库存的临界报警线，一旦库存降到警戒线，便开始进行药品订购。这种做法缺乏具体的数据支持，而且主观因素很大，无法真正达到最优库存。也有医院和医药分销企业采用相对科学的医药库存控制方法，包括 ABC 分类法、虚拟药品单元最佳经济订货法、ABC 虚拟药品单元最佳经济订货法、排序分析法等。

1. ABC 分类法

ABC 分类法的目的是将冷藏库存药品分为 A、B、C 三类，以确定重点管理的 A 类、一般管理的 B 类以及放松管理的 C 类。因此，按照 ABC 分类法的步骤如下。

（1）将每次采购的单价与采购数量相乘，得到每一药品的采购额。再对每一药品的采购额进行汇总，得到每种药品的年库存总金额。

（2）依据药品总金额的大小进行降序排列。

（3）计算累积总金额，以及总金额的累积百分数。

（4）按照拟定的切割点（累积总金额占总金额 85% 的为 A 类，15% 的为 B 类，5% 的为 C 类）切割数据，形成 A、B、C 三类。

2. 虚拟药品单元最佳经济订货法

某些药品的使用具有相关性，使用频率相近的一类药品，虽然它们各有的需求总数不同，但每个品种的药品都具有非常相近的使用速率比例，即在相同的时间段，每个品种药品的使用量占各自总的使用量的比例是接近相等的，这样就形成了虚拟药品单元最佳经济订货法。其具体的操作是：将使用频率相近的药品在某段时间的需求总量等分（如按时间）[①]，具体等分的份数根据该类药品的使用频率来定，每个等分包含不同品种的药品，将这个等分看成一个虚拟药品单元，这样就可以运用单一品种的经济订货批量模型确定每次采购的虚拟药品单元的数量和订购次数。

3. ABC 虚拟药品单元最佳经济订货法

ABC 虚拟药品单元最佳经济订货法是将 ABC 分类法与虚拟药品单元最佳经济订货法相结合，根据药品的使用相关性，划分虚拟单元的方法。其具体分类步骤如下。

步骤一：根据药品的重要性及其需求的特殊性，将药品为重点管理药品和非重点管理药品两类。

第一类，重点管理药品：一般为应急药品，主要用于急救。例如，急诊部门的疫苗，主要用于防治生物恐怖主义袭击或快速传播的传染病，如 SARS（严重急性呼吸综合征）疫苗、甲流疫菌等；大型地震灾害发生时的急救药品等。这类药品的需求是非常紧迫的。

---

① 徐王权.基于区域性的医院药品"零"库存管理模式的研究［D］.合肥：合肥工业大学,2006.

这类药品的物流需求是不计成本来保证储备量的。因此，对于整个医院来说，它的总需求量是相对稳定的。而这些药品一般为疫苗、麻醉制剂、抗生素等，对于这类药品应该多储备，将缺货的可能降到最低。

第二类，非重点管理药品：一般为非应急药品，主要为常规药品。这些药品在每个临床科室的需求量变异很大。

步骤二：运用 ABC 分类法对非重点管理药品进行分类。

步骤三：对非重点管理药品的 A、B、C 三类药品采用虚拟药品单元经济最佳订货法进行计算，确定每种药品的最优订购批量和最佳订购频率。

4. 排序分析法

ABC 分类法的特点在于库存药品中每个品种的重要性仅用其年总费用的币值决定，而年总费用是单价与年购买量的乘积，这两者都对总费用的大小起着决定作用。因此，在同属 A 类或者 C 类的库存药品中，可能存在截然相反的情况，即一种药品可能是因为价格高而处于 A 类，而另一种药品可能是因为年购买量大但单价并不高而处于 A 类，显然，这两种药品都按照 A 类管理未必合适。为了克服 ABC 分类法的不足，美国的 Dann 教授提出一种新的库存分析方法——排序分析法。

排序分析法的目的是将库存药品分为重点管理类和非重点管理类，并对非重点管理类中用量较少的品种进行综合分析，以确定哪些可以从处方集中删除，哪些可以列入重点管理的范畴。因此，按照排序分析法的步骤如下。

（1）将每次采购药品的单价与采购数量相乘，得到每一药品的采购额，汇总采购额、采购量，计算加权平均价格，得到每一药品的年库存金额、年库存量和平均价格。

（2）依据年库存量的大小进行主降序排列；再按照库存金额和单价进行次排序；计算库存量累计百分数、库存总额累计百分数、单价累计百分数。

（3）计算年库存量总和、年库存总额、单价总和，然后，按照以下公式计算收益递减点（point of diminishing return，PODR），PODR 库存量 $= \sum$ 库存量/品种数，PODR 单价 $= \sum$ 单价/品种数。在库存量为主排序的一列找到大于 PODR 的最小值，以该值为界，大于等于该值的为重点管理部分，小于该值的为非重点管理部分。[①]

对于非重点管理部分的品种，如果它的库存金额大于 PORD 库存金额或者它的单价大于 PODR 单价，则把它再返回到重点管理部分。

对于按库存量排序的位于尾部的一些品种进行综合分析，有的可以从处方集中直接删除，有的则可以保留在药品库存中。

医药冷链物流产业结构持续优化

近年来，我国医药物流业发展势头良好，物流总额呈现逐年增长态势，且增速显著。

---

① 何腾辉，梁惠炫.中心药房库存管理现代化探讨[J].中国药物经济学，2021，16(1)：121-124.

中物联医药物流分会发布的《中国医药物流发展报告(2023)》显示,2022年,我国医药物流总额达到2 988.3亿元,同比增长6.91%;预计未来我国医药物流业将保持以8%以上的速度增长。其中,医药冷链物流市场规模保持较高增长,潜在市场空间巨大,同比2021年增长约18.9%,医药冷链物流费用规模涨幅较大,同比2021年预计增长13.0%。国家陆续发布利好政策、人们对医药安全的重视和对医药冷链产品需求的增加,推动我国医药冷链快速发展。

医药流通领域正在逐步变革

医药市场规模的稳定增长拉动了医药物流业的发展,《中国医药物流发展报告(2023)》显示,2022年,医药流通市场规模逐渐回暖,同比2021年增长约6.3%,增速较为平稳;医药物流费用规模呈稳步持续上升的趋势,同比2021年实现约5.7%的小幅增长,这主要归因于医药制造业、医药流通业的全面稳定增长,医药电商的持续蓬勃发展;医药物流仓储面积实现了小幅增长,同比2021年增长约3.0%。

产业结构持续优化

《2021年药品流通行业运行统计分析报告》显示,纳入我国医药物流直报统计的412家企业,配送货值18 393亿元,共建有1 253个物流中心,仓库面积约1 261万平方米;这些企业拥有专业运输车辆16 454辆,其中冷藏车占17.8%、特殊药品专用车占1.1%;84.3%的企业具有仓库管理系统,79.4%的企业具有电子标签拣选系统,64.6%的企业具有射频识别设备。

当前,我国医药卫生体制改革已进入"深水区",随着两票制、药品集中带量采购、分级诊疗的推进以及医保支付方式改革,药品拆零量激增,销售渠道不断下沉,很多企业的物流成本都处于上升状态。为了降本增效,医药流通链条进一步压缩,促进医药供应链向扁平化、集约化发展。

政策支持冷链物流健康发展

近年来,医疗冷运需求增长迅速,且增长动力强劲,尤其是药品冷链运输和配送需求日益增长,稳定支撑了冷链物流市场的规模扩张。

目前,国家层面的冷链物流行业政策主要围绕冷链基础设施建设、冷链食品安全防范、冷链追溯平台建设等几个方面展开,正在逐步推动整合冷链物流市场供需、存量设施以及农产品流通、生产加工等上下游产业资源,提高冷链物流规模化、集约化、组织化、网络化水平,不断完善行业管理规范。

数智技术加速医药物流智慧升级

5G、大数据等技术的广泛应用,驱动医药供应链数字化改造升级,促进行业企业"上线上云上平台"。药品流通传统模式逐渐优化,实现要素、结构、流程、服务的迭代式升级。数智化将推动行业运营管理标准化、经营决策科学化、预警防范精确化,形成成本降低、风险可控、质量安全的智慧医药供应链体系。

资料来源:重磅发布|《中国医药物流发展报告(2023)》核心数据抢"鲜"看[EB/OL]. (2023-07-05). https://www.sohu.com/a/687718368_99932987;冷链物流快速扩张 我国医药物流产业结构持续优化[EB/OL]. (2023-08-14). https://news.pharmnet.cn/news/2023/08/14/583230.html.

问题：

1. 我国医疗流通领域在哪些方面发生变革？

2. 医药冷链库存控制的主要问题有哪些？

【本章小结】

生鲜农产品的库存控制指生鲜农产品的经营企业在保证其供应的前提下，为在效益最大化的同时使库存产品的数量适当，而运用相应措施对库存量实施有效控制的管理方法。

生鲜农产品的库存控制方法主要包括最优订货量、最佳订货时间及最优库存量等。

生鲜农产品库存控制的主要功能：更好地满足顾客需求；防止生鲜农产品积压占用过多资金；避免缺货造成缺货损失；节约库存成本；确保供应的稳定性；储存功能。

影响生鲜农产品库存控制的因素：需求、订货、库存费用等。

生鲜农产品的库存费用：订货费；储存费；缺货费；腐烂费。

生鲜农产品库存控制建议：使用 VMI 方法；联合库存管理方法；更新库存管理设备。

果蔬冷链库存控制策略：定量订货 (Q,R) 策略；(R,S) 策略；周期性检查库存 (t,S) 策略。

果蔬冷链库存的 ABC 分类：收集数据；处理数据；制作冷鲜库果蔬 ABC 分析表；依照冷鲜库果蔬 ABC 分析表的内容，确定果蔬分类等级。

海产品冷链物流成功实施 VMI 的重要条件就是供应商可以实时获得客户的销售信息和当前库存变化。

海产品冷链仓储管理的改善包括：完善生鲜冷链仓储设施，优化海产品冷链仓库管理系统，控制海产品仓库库存成本。

布局管理的方式：根据在库产品按品种数量进行分类；成品库内实行货架与堆垛两种模式；遵循单品类"大批量放里，小批量在外"的堆垛原则；设置退货临时存放区，也使用货架。

医药冷链库存是指药品流通企业在生产经营过程中为现在和将来的耗用或者销售而储备的需要在低温环境下保存的药品。

医药冷链库存管理的目标是在保证药品供应满足患者及其他用户需求的基础上，加速药品周转，减少库存，提高资金利用率，保证药品在库期间的质量，有效预防差错事故的发生。

医药冷链库存控制的影响因素：需求、补货模式、库存约束、失效率。

医药库存控制方法：ABC 分类法；虚拟药品单元最佳经济订货法；ABC 虚拟药品单元最佳经济订货法；排序分析法等。

ABC 虚拟药品单元最佳经济订货法是将 ABC 分类法与虚拟药品单元最佳经济订货法相结合，根据药品的使用相关性，划分虚拟单元的方法。

排序分析法的目的是将库存药品分为重点管理类和非重点管理类，并对非重点管理类中用量较少的品种进行综合分析，以确定哪些可以从处方集中删除，哪些可以列入重点管理的范畴。

【课后习题】

1. 简述生鲜农产品库存控制的主要功能。
2. 简述医药冷链库存控制存在的主要问题。
3. 简述医药冷链库存控制的影响因素。
4. 什么是生鲜农产品的库存费用？
5. 简述医药冷链库存控制的主要方法。
6. 简述 ABC 虚拟药品单元最佳经济订货法。
7. 排序分析法的主要目的是什么？

即测即练

参 考 文 献

[1] 龚海辉.冷库结构与保温材料现状[J].物流科技,2010,33(2):121-123.

[2] 孙昌翰.冷库环境下货架的设计与应用[J].物流技术与应用,2016,21(6):145-147.

[3] 张远昌.仓储管理与库存控制[M].北京:中国纺织出版社,2014.

[4] 钱让龙,江发生,于强.港口冷库制冷安全与节能技术要点分析[J].中国高新科技,2021(2):159-160.

[5] 陈杰,潘卫刚.VMI策略下的综合生产计划研究[J].运筹与管理,2004,13(3):125-129.

[6] 徐伟,赵嵩正,孙宜然.供应链环境下多级库存管理模式的分析比较[J].物流技术,2008(6):93-96.

[7] 马士华,林勇.供应链管理[M].北京:机械工业出版社,2005.

[8] ZHAO H X,LIU S,TIAN C Q,et al. An overview of current status of cold chain in China[J].International journal of refrigeration,2018,88:483-495.

[9] 喻琤,陈恩繁,潘丐多,等.绿色物流视角下的电力物资包装标准化及仓储单元化研究[J].质量与市场,2021(20):157-159.

[10] 张卫国.冷链仓储解决方案分析[J].物流技术与应用,2016,21(S1):61-64.

[11] 赵宪忠,戴柳丝,黄兆祺,等.钢货架结构研究现状与关键技术[J].工程力学,2019,36(8):1-15.

[12] 傅莉萍.仓储管理[M].北京:清华大学出版社,2015.

[13] 李学工,李靖,李鑫峰.冷链物流管理[M].北京:清华大学出版社,2017.

[14] 汪利虹,冷凯君.冷链物流管理[M].北京:机械工业出版社,2020.

[15] 李洪臻.自动化高密度存储技术在冷链行业的应用[J].物流技术与应用,2020,25(S1):66-69.

[16] 童彤.人工智能技术减少香蕉冠腐病[J].中国果业信息,2021,38(11):41.

[17] 姜欢.区块链技术在冷链物流信息系统建设中的应用[J].中国储运,2021(11):140-141.

[18] 邵善兵."区块链+冷链物流"发展前景分析[J].合作经济与科技,2021(21):72-74.

[19] 张博源,张雅鑫,林千钰,等.信息系统设计在仓储管理当中的应用——以冷链物流为例[J].中国市场,2021(19):144-145,198.

[20] 韩佳伟,朱焕焕.冷链物流与智慧的邂逅[J].蔬菜,2021(3):1-11.

[21] 王少然,杨宝双,张艳芝."GS1+区块链"实现生鲜产品冷链物流防伪溯源[J].保鲜与加工,2021,21(2):128-132.

[22] 孙艳舫.区块链技术在农产品冷链物流管理中的运用[J].中国物流与采购,2021(2):55.

[23] 叮当快药发布全新一代智能温控药箱[J].物流技术与应用,2020,25(S2):39.

[24] 姜明君,刘永悦,胡津瑞,等.基于大数据技术的农产品冷链智慧物流信息平台构建[J].国际公关,2020(11):240-241,380.

[25] 徐俊,蔡梦欢,邹均,等.基于区块链的药品冷链追溯管理平台实现路径[J].网络空间安全,2020,11(6):30-37.

[26] 梅宝林.区块链技术下我国农产品冷链物流模式与发展对策[J].商业经济研究,2020(5):97-100.

[27] 无人车、无人机5G助推物流智能化时代加速到来[J].物流科技,2019,42(7):2-3.

[28] 任芳.智能技术助力冷链物流发展[J].物流技术与应用,2019,24(S1):17-19.

[29] 喜崇彬.区块链技术加持,冷链物流迎蜕变契机[J].物流技术与应用,2018,23(S2):22-25.

[30] 王敬仁,黄昀,王瑶瑶,等.疫苗冷链物流风险管理中物联网技术的应用[J].中国药事,2018,32(1):1-7.

[31] 张小蓉,赵敏.物联网视角下鲜活农产品流通问题及对策探析[J].山西农业科学,2015,43(12):

1693-1696,1714.

[32] 郭双盈,陈明晶,沈狄昊.大数据在冷链物流中的应用[J].商场现代化,2014(9):40-42.

[33] 马寅,徐来荣,孙烨祥,等.运用物联网技术建设疫苗冷链监测系统探讨[J].中国农村卫生事业管理,2014,34(1):41-43.

[34] 张根苗,黄祥国,谈剑.冷链物流信息化系统的构建[J].科技创业月刊,2013,26(9):85-88.

[35] 郑炜.食品企业物流信息系统在冷链物流中的应用[J].信息与电脑,2013(9):74-79.

[36] 叶勇,陈亦奇.农产品冷链智能仓储管理信息系统的初步研究[J].经济研究导刊,2012(29):213-214.

[37] 王璐超,刘军.无线传感器网络在物流中应用的关键技术与前景分析[J].物流技术,2010,29(5):141-143.

[38] 高无尽.海南生鲜农产品冷链物流库存控制仿真研究[D].海口:海南大学,2019.

[39] 冯继豪.基于 Flexsim 的生鲜农产品多级库存控制策略仿真优化[D].郑州:河南农业大学,2017.

[40] 郭丽彬,尚玉箫,王宜举.海外仓模式下考虑交付时间和平台信息共享的跨境电商运营模式选择[J].工程管理科技前沿(原《预测》),2023,42(4):89-96.

[41] 李铭辉.基于多级库存控制的食品冷链物流订货模型研究[D].武汉:武汉科技大学,2014.

[42] 王淑云,陈静.冷链库存建模发展研究[J].山东社会科学,2012(4):149-152.

[43] 程祥.农产品冷链物流库存管理应用研究[D].武汉:华中农业大学,2010.

[44] 王露露.YR 公司生鲜肉制品多级库存管理优化控制[D].南京:南京农业大学,2019.

[45] 王诗雅.基于 VMI 的易腐品库存路径问题研究[D].沈阳:沈阳工业大学,2020.

[46] 赵波城.基于 VMI 的生鲜产品库存运输联合优化问题研究[D].保定:河北大学,2017.

[47] 张曙红,彭代武,冷凯君.基于质量安全的农产品冷链物流 VMI 库存管理模式研究[J].物流技术,2011(12):17-18,33.

[48] 曾艳英.广东省农产品冷链物流优化的政策分析[J].南方农业,2015(18):130-134.

[49] 唐燕,朱海燕,罗齐.VMI 在疫苗冷链物流中的应用研究[J].物流科技,2008(6):14-17.

[50] 向金秀,孙高平,张莉.基于 VMI 管理的农产品冷链物流模式[J].物流工程与管理,2011(8):67-68.

[51] 任维哲,王林林.国内外食品冷链物流典型模式分析[J].广东农业科学,2013(2):212-215.

[52] 杨芳,谢如鹤.VMI 模式下冷鲜配送中心库存控制的系统动力学模型[J].统计与决策,2014(16):49-52.

[53] 张歆祺,何静.食品冷链联合库存管理模式的探析[J].江苏农业科学,2011(4):545-546.

[54] 张月娇.A 企业联合库存管理的模型研究[D].广州:华南理工大学,2012.

[55] 李珺,吴群琪.基于供需主体博弈的物流信息平台价值分析[J].公路交通科技,2018,35(11):137-143,152.

[56] 胡健歆,陈喜文.新零售背景下生鲜业态发展的阻碍及突破——以盒马鲜生与超级物种为例[J].商业经济研究,2020(5):108-111.

[57] 李海明.化工行业 RFID 管道识别解决方案[J].自动化博览,2019(10):36-37.

[58] 叶勇,张友华.中国冷链物流的最新发展和对策研究[J].华中农业大学学报(社会科学版),2009(1):69-72.

[59] 王大山,杨忻,沈陆俊.数字化驱动的冷链行业物流金融风险管理研究[J].中国物流与采购,2022(14):41-44.

[60] 国务院办公厅.国务院办公厅关于印发"十四五"冷链物流发展规划的通知(国办发〔2021〕46 号)[J].中华人民共和国国务院公报,2022(1):15-32.

[61] 胡非凡,张婷.电子商务背景下我国生鲜农产品冷链物流发展研究——以每日优鲜为例[J].物流

工程与管理,2019,41(12):11-13.

[62] 孙秀,程士国.机会窗口、产业技术范式转换与现代冷链物流体系构建[J].企业经济,2021,40(8):147-153.

[63] 童彤.南非:鲜食葡萄产量预计与上季持平[J].中国果业信息,2021,38(11):40-41.

[64] 张小栓,邢少华,傅泽田,等.水产品冷链物流技术现状、发展趋势及对策研究[J].渔业现代化,2011,38(3):45-49.

[65] 秦立公,吴娇,董津津,等.基于物联网的冷链物流设备管控研究[J].安徽农业科学,2012,40(18):9942-9945.

[66] 余建海.基于区块链技术的冷链物流供应链管理破壁研究[J].物流科技,2019,42(6):149-151,156.

[67] HU M,GUO L B. Optimal emergency ordering policy for inventory with a random-ending-time supply disruption[J]. Mathematical problems in engineering,2022(1):1-11.

[68] 侯欣汝,徐新生,郭丽彬.基于产品替代与紧急供货的供应策略研究[J].运筹与管理,2023(10):50-56.

[69] 李腾,张盼盼.服务供应链视角下生鲜农产品品质不确定性因素研究[J].保鲜与加工,2018,18(3):116-126.

[70] 浦玲玲,顾卫兵.南通市农产品冷链物流现状及问题分析[J].物流技术,2018,37(10):12-16.

[71] 买买提·海力力,阿克然木·图尔贡.乡村振兴战略背景下喀什市农产品冷链物流发展对策[J].物流科技,2022,45(3):151-152.

[72] 王南南.消费者对冷鲜肉安全信息认识及信任构建[J].食品界,2017(4):34-35.

[73] 卞宏,王克强.浅谈我国水产品冷链物流产业的发展趋势[J].辽宁经济,2013(4):70-71.

[74] 蔡南珊,安久意.我国冷链物流标准化问题研究[J].中国流通经济,2011,25(6):40-43.

[75] 胡天石.冷链物流发展问题研究[J].北京工商大学学报(社会科学版),2010,25(4):12-17.

[76] 苏玲利,李宏.城市冷链物流发展现状及存在问题探析[J].商场现代化,2007(36):2-3.

[77] 宗岩.我国铁路冷藏运输现状及发展建议[J].铁道运输与经济,2007(5):21-23.

[78] 王进,周鹏飞,邱晓荣.医药疫苗冷链物流监控系统的设计与实现[J].科技资讯,2016,14(5):5,7.

[79] 裴党帅,何艳龙,杨晓英,等.浅谈疫苗的冷链储存与运输[J].中国畜牧兽医文摘,2016,32(6):231.

[80] 白晓坤.浅谈血液冷链系统管理[J].中国医疗器械信息,2020,26(11):31-32.

[81] 张玉.生鲜电商物流效率评价体系研究[D].北京:首都经济贸易大学,2017.

[82] 杨璐.浅析生鲜电商发展趋势及发展战略[J].环渤海经济瞭望,2021(2):47-48.

[83] 钟艺晶.基于供应链角度分析我国电商冷链物流模式[J].大众投资指南,2020(6):68-69.

[84] 李骏鹤,李学工.跨境生鲜电商冷链物流海外仓模式创新研究[J].物流技术与应用,2021,26(S1):72-75.

[85] 杨宇.矿业集团物资管理信息系统的研究[D].包头:内蒙古科技大学,2012.

[86] 朱泽.基于VMI的成品油库存优化及系统开发研究[D].武汉:武汉理工大学,2006.

[87] 季芳.基于VMI的胰岛素冷链库存管理研究[D].上海:上海交通大学,2011.

[88] 郭小花.供应链背景下的管理库存模式选择研究[J].中国包装,2018,38(10):83-85.

[89] 高春瑜.联合库存管理的经济效益研究[J].经济与管理,2013,27(2):51-56.

[90] 张歆祺.基于灰色粗糙集方法论的食品冷链物流协同系统分析[D].上海:上海海洋大学,2013.

[91] 徐春明.几类确定性时变库存模型和其优化[D].南宁:广西大学,2008.

[92] 程迪.生鲜食品超市库存控制研究[J].商,2016(33):263.

[93] 邓琪.基于变质损耗的生鲜农产品订货策略[J].统计与决策,2013(6):41-44.

[94] 崔芳,陈明.水产品供应商管理库存(VMI)模型的设计[J].微型电脑应用,2005(11):4,7-9.

［95］ 刘璐,吴军,李健,等.考虑合同保质期的快速失效药品的二级供应链库存策略研究［J］.运筹与管理,2018,27(7)：1-9.

［96］ 于会强.供应链管理环境下库存控制策略研究［D］.重庆：重庆大学,2005.

［97］ 徐王权.基于区域性的医院药品"零"库存管理模式的研究［D］.合肥：合肥工业大学,2006.

［98］ 何腾辉,梁惠炫.中心药房库存管理现代化探讨［J］.中国药物经济学,2021,16(1)：121-124.

［99］ 李鲁慧.浙一鲜海产品有限公司存货管理研究［D］.南昌：华东交通大学,2023.

［100］ 冷链仓储管理的流程? 仓库主管都收藏的冷链管理流程［EB/OL］.(2019-12-23).https://www.50yc.com/information/guanli-jiqiao/16487.

［101］ 冷库仓储管理准则：冷库管理流程及人员职责和权限［EB/OL］.(2021-10-11).https://news.cangxiaoer.com/detail/10790.

［102］ 优化冷链仓储的4个方面［EB/OL］.(2022-07-11).https://zhuanlan.zhihu.com/p/540116724.

［103］ 冷链仓储管理流程中冷库不可忽视的节能及措施［EB/OL］.(2015-11-24).https://www.50yc.com/information/guanli-jiqiao/986.

［104］ 冷链仓储单元化与标准化［EB/OL］.(2018-10-27).http://www.brxlc.com/hynews/article74.html.

［105］ 提高仓储管理运作效率的四大途径,实现仓储效益最大化［EB/OL］.(2020-01-02).http://news.soo56.com/news/20200102/89379m1_0.html.

［106］ 每日优鲜出新举措,智能化仓储管理让生鲜安全到家［EB/OL］.(2021-12-28).https://baijiahao.baidu.com/s?id=1720373035079870005.

［107］ 分散控制［EB/OL］.(2016-06-08).https://baike.baidu.com/item/％E5％88％86％E6％95％A3％E6％8E％A7％E5％88％B6?fromModule=lemma_search-box.

［108］ 《冷藏冷冻食品销售质量安全监督管理办法(征求意见稿)》公开征求意见［EB/OL］.(2019-06-04).https://www.cqn.com.cn/zj/content/2019-06/04/content_7184662.htm.

教师服务

　　感谢您选用清华大学出版社的教材！为了更好地服务教学，我们为授课教师提供本书的教学辅助资源，以及本学科重点教材信息。请您扫码获取。

❯❯ 教辅获取

本书教辅资源，授课教师扫码获取

❯❯ 样书赠送

物流与供应链管理类重点教材，教师扫码获取样书

 清华大学出版社

E-mail: tupfuwu@163.com

电话：010-83470332 / 83470142

地址：北京市海淀区双清路学研大厦 B 座 509

网址：https://www.tup.com.cn/

传真：8610-83470107

邮编：100084